SERVICES MARKETING

何明涛　著

服务即营销的终极秘密

代理记账公司的管理与营销

上海财经大学出版社

图书在版编目(CIP)数据

服务即营销的终极秘密：代理记账公司的管理与营销 / 何明涛著.
—上海：上海财经大学出版社，2019.9
ISBN 978-7-5642-3319-8/F·3319

Ⅰ.①服… Ⅱ.①何… Ⅲ.①企业管理-财务管理 Ⅳ.①F275

中国版本图书馆 CIP 数据核字(2019)第 144840 号

□ 责任编辑　李嘉毅
□ 封面设计　贺加贝

服务即营销的终极秘密

——代理记账公司的管理与营销

何明涛　著

上海财经大学出版社出版发行
(上海市中山北一路 369 号　邮编 200083)
网　址：http://www.sufep.com
电子邮箱：webmaster @ sufep.com
全国新华书店经销
上海锦佳印刷有限公司印刷装订
2019 年 9 月第 1 版　2022 年 8 月第 6 次印刷

710mm×1000mm　1/16　25.5 印张(插页：2)　414 千字
印数：10001—11000 定价：89.00 元

序一

中国的代理记账行业发展不过二十多年的时间，虽然起步晚但发展速度很快，截至2018年年底，中国有许可证的代理记账公司有34 115家，加上一些没有许可证的小型代理记账公司，中国实际的代理记账机构体量能达到五万多家。虽然与中国几亿的市场主体相比，代理记账公司的占比不高，但从行业发展的速度来看，正是方兴未艾之时。

在这五万多家代理记账机构中，真正具有影响力的标杆企业不过是凤毛麟角的数十家，上海企盈中小企业服务平台就是其中之一。企盈的创始人、董事长何明涛是我在行业内结识的颇有认知高度和创业情怀的企业家之一，他在代理记账行业十余年的管理经验积累和提炼总结是非常有价值的。现在，他将这些管理经验整理出来编写成书与公众分享，这对于行业发展而言是一件非常有意义的事情。

我是财务专业、注册会计师出身，但何明涛的教育背景与财务毫不相关，然而有时候正是这种看似“门外汉”的反差让他从专业领域的局限里抽离出来，通过更大的格局和视角来看待公司的管理和发展。例如，本书的主题——服务即营销，在我们普遍的认知里，服务和营销是两个截然不同的概念，并不存在天然的关联，但何明涛却将两者融会贯通，认为提升服务质量就是增加营销机会。他原创的“服务鱼骨图”理论，将复利原理应用到代理记账的服务流程中，通过量化每一个服务环节，实现公司管理流程的标准化，来达到提升服务质量的目的，这对于服务行业来说是非常重要的理论创新。

何明涛在这本书中不仅分享了他在提升服务质量方面的经验，而且涉及了许多代理记账企业管理的问题，我相信这也是目前中国大部分代理记账企业管理者的普遍"痛点"，如公司组织体系的搭建、人力资源的管理、销售团队的激励等。这些针对实际工作问题的解答，是我推荐这本书的重要原因，我相信大家目前所遇到的大部分问题是何明涛曾经历的。他把自己曾经遭遇的挫折、教训，尤其是积累的成功经验，用心总结成代理记账公司管理与营销的方法论，这种方法论是非常具有实用性和指导意义的。

我曾经带领上海代理记账行业协会的会员到企盈参观，两千多平方米的办公区里，三百多位员工各自忙碌，作为管理者的何明涛每天要处理大大小小各种公司事务，但是，在这种忙碌状态下，他仍然能够拨冗写出这几十万字的书分享给所有同行，足见他对这份事业的热爱。

我希望这本承载了何明涛十余年宝贵管理经验的书能够让大家有所启发，在实际工作中获得新的视角。

上海市代理记账行业协会会长　王友军

2019 年 6 月

序二

我与何明涛是多年的好友，我俩有许多相似之处，其中之一就是我们都是连续创业者。我深耕财税行业二十余年，其中经历了三次不同的创业，所幸都取得了一点成功。何明涛也同样经历了三次成功的创业。值得一提的是，在我第三次创业，也就是创建云帐房之前，我经常找何明涛商量，他为我提供了许多建设性的意见，给了我很多启发。

认识他这么多年，我最大的感受是，何明涛一直是一个率真热情的人，说话语速很快，思维非常活跃，个子不大却胸怀天下，他一直想要做的就是提升整个中国的代理记账行业的服务质量和认知水平这件事。所以，当我得知他要出一本关于代理记账企业管理的书的时候，我并不惊讶。

《服务即营销的终极秘密——代理记账公司的管理与营销》这本书是何明涛十几年来管理代理记账公司经验的沉淀，也是他带领他的企盈一步步走到今天，成为上海市代理记账企业前三位的最好见证。我很高兴他能将这些成功经验无私地分享给大家。

从我的角度来说，我们云帐房给代理记账企业提供记账工具，所要做的是帮助它们提高效率。但仅有工具是不够的，一个好的工具是否能够被有效利用，还取决于人，而这也是企业管理中所要解决的核心问题。通过流程的标准化来提升人的效率、加快企业运转的速度，是我们云帐房想要达到的目标，也是何明涛编写这本书的目的。我相信，大家在代理记账企业管理上遇到的许多实际管理“痛点”都能在这本书中找到答案。

我们身处这个巨变的时代，唯有学习才能让我们不被时代的洪流击退。我希望这本书能够成为代理记账行业的一个标杆，让我们彼此能够在不断的学习中前进。

南京云帐房网络科技有限公司 CEO　薛兴华

2019 年 6 月

前言

2018 年，我推出了音频课程“服务即营销的终极秘密——代理记账公司的管理与营销”，顾名思义，这是针对代理记账行业的管理课程，应该也是行业内第一个音频系列的管理课。如今，这本同名书就是在该音频课程的基础上进行修改与完善的，希望能与同行们分享我的经验和理解。

>> 我来介绍一下自己

我是上海企盈中小企业服务平台（以下简称“企盈”）的董事长。企盈是一家传统的代理记账公司，专门从事公司注册、代理记账、商标注册、人事代理，也做税务筹划。企盈在上海有一定的规模，目前存续的代理记账客户超过 10 000 家，每年新增代理记账客户二千多家。在最高峰的时候，企盈做到过单月新增量突破 1 000 单的业绩；2016 年 11～12 月，我们打了个冬季战役，连续 2 个月突破了每月新增订单 1 000 单。在这十多年的发展过程中，我们积累了很多经验，也得到了一些教训。我很愿意通过这本书把这些经验和教训分享给大家。

如果说，除了企盈以外，非得让我用一个词来夸夸自己最满意的地方，我觉得就是两个字——学习。我是一个很爱学习的人。关于如何学习？如何向别人学习？如何向同行学习？学习什么？如何带领团队一起学习……这些内容，我会在后面的人力资源一章（第 5 章）中专门与大家分享。在撰写这本书的过程中，我不断总结，从中获得了新的学习体验，可用于企盈的管理实践。我希望能与大家分享学习的乐趣，能在与大家的互动中向大家学习。

>> 聊聊我的创业经历

我是典型的草根创业者。2007年年初我开始经营代理记账公司，那时我的公司只有3个人，公司网站非常简陋，只有一个简单页面，那便是最早的获客来源之一。

我会去各个会场做演讲。我请求主办方给我10分钟时间讲合理避税。我记得当时很多现场有很多演讲嘉宾，有的人甚至会讲一两个小时，而我只有10分钟。可让我意想不到的是，我讲完之后有很多人排着队与我交换名片，于是我有了第一批"种子"客户。

当时我只做一个地区——上海崇明岛——的业务，只为注册在崇明的客户提供注册公司、代理记账、税务筹划服务。

在创业初期，有个心得非常值得与大家分享，那就是：靠谱！

当时，代理记账行业的口碑并不好，缺乏诚信。我和团队决心把政策研究透，把服务做到位，专业地解决客户的问题，经营一个"靠谱"的公司。当时并不懂什么叫"战略"，只知道正确的事就应该去坚持，将所有资源都集中在一个点，效果还真不错。尽管公司很小，但是有很多客户会转介绍新的客户给我们。

在行业中，我是最早一批投百度广告的。2006～2007年，代理记账行业在百度上的尝试才刚刚开始，几乎没有同行相信在网上点击一下就要付费的模式能获得客户。那个时候的业务员大多是一张桌子、一部电话，就开始做招商、做注册公司、做变更。而我做得比较早，算是抓住了百度的"红利"。我记得当时在百度上，一个月只需要投两千多元就可以获得二十多个客户，算下来获客成本才一百多元，这在当时已经非常厉害了。

从2013年年底到2015年，我和EMBA的同学创办了一家移动互联网公司。这家公司后来并入携程，我便在携程工作了一年多。也就是说，大概有两年的时间，我几乎没有认真从事代理记账行业。直到2015年，携程那边的项目交接得差不多了，我才开始考虑未来的方向。在这个节点，有两件事促使我回归了代理记账行业：

第一件事是我观察到，资本开始进入代理记账行业，新的互联网面孔也开始加入该行业。我渐渐意识到，代理记账行业其实是一个企业服务的入口，借着"大众创业、万众创新"的"红利"，这个入口的价值会非常大。

第二件事是我在携程工作的2年中打开了一个新的视野，学会了从另一个角度审视代理记账行业。

以前做代理记账的时候，总觉得这个行业很难标准化，服务很难做好。而做不好的原因往往不是代理记账公司本身所能控制的，存在很多客观因素。但在携程待了一年多之后，我开始转变这个看法，不再简单地看待事情。携程从事的也是服务业，携程的产品比代理记账行业的产品更加难以标准化。例如，订一个酒店，酒店的房间有楼层差异、等级差异、床型差异等；再如，一个旅游团从中国到瑞士，需要到法国转机，在没有领队跟随的情况下，要与每个地方的导游交接好，不出差错。这些都是很考验管理水平的事，携程却有能力把它们做好。

除了携程，链家地产也给了我同样的启发。二手房中介这个行业在中国已经存在了几百年。由于每套房子都不一样，因此这个行业也很难标准化，而且受政策的影响很大。但链家地产却把这个行业提升到了一个新的高度。

所以我的理解是，对于任何一个行业，如果你认为它没有什么标准，其实是对这个行业的理解不够深刻。携程和链家整合了业内资源，做到了标准化，将不可控的天气和政策因素也纳入了管理系统，它们成了伟大的公司。它们能把复杂的事情标准化，我们的服务与它们相比可就简单多了。

我想，公司注册不外乎四个步骤：名称、执照、银行、税务。我们把这四个环节管理好，公司注册的客户满意度就会提升很多。后来我在做代理记账行业的管理软件时，把这些标准流程固化在系统中，对企盈来说，起到了非常好的效果，客户的体验也得到了有效提升。

基于以上两点认识和思考，在 2015 年我决定回归代理记账行业，重新主导企盈这家公司。2017 年，上市公司金财互联投资了我们。

>> 我为什么要写这本书

回顾自己创业以来的经历，可以说是亲身经历了这十多年代理记账行业的变化和发展。在漫长的实践和探索过程中，我一直试图通过内在的思考和学习，以及外在的沟通和试错，提炼代理记账公司管理和营销的方法论，当我逐步把这些方法论用在自己的企业发展中时，它们被证明是行之有效的。如果能把这些方法论分享给同行，对代理记账行业的发展应该是非常有价值的。

代理记账行业应当是一个将蛋糕不断做大的行业，身处这个行业，最紧要的是抓住机遇，群策群力，共同规范和发展这个行业，促进它的繁荣；而不应该恶性竞争，“劣币驱逐良币”，去做你死我活的零和博弈。我始终认为：同行之间的合作应该大于竞争，行业好了，大家获益。

我在线下也会给一部分代理记账公司的管理层讲课，大家普遍反映我讲的内容触动了代理记账行业的“痛点”。我记得有一次在杭州讲课，讲到鱼骨图的核税环节和人力资源的会计招聘环节，把一位来自郑州的阿姨讲哭了。她告诉我，这两个问题是她多年来的“痛点”，一直没有解决，今天从我这里找到了答案。我的课程让她产生了共鸣，这让我也很有感触。这些来自同行的反馈给了我很大的信心，也让我坚信我的分享是有价值的。

于我自身而言，把我这么多年的经验、知识都系统化地整理一遍，也是一个自我提升的过程，相信对我自己公司的发展也一定大有助益。

>> 你能从本书中获得什么

本书内容主要分为五大类，共十二个模块（十二章）。

第一大类，讲的是服务即营销的终极秘密，也就是我归纳总结出来的、针对代理记账行业服务的客户鱼骨图。什么是真正的服务即营销？它背后的逻辑是什么？我们该怎么实施？我都将通过一张服务鱼骨图来逐一说明。

第二大类，讲的是认知和思维层面上的战略思考。认知无比重要，因为选择往往比努力更重要，我们只有做出正确的选择，在这个正确选择的基础上，才能形成真正的战略，尔后才能去执行。

第三大类，讲的是代理记账公司的人力资源管理。因为战略一旦确定，就需要人去执行，尤其是管理层。如何激发管理层及全体员工？这个问题非常重要。因此，在人力资源部分，我会详细讲解人力资源的战略规划、人力资源鱼骨图、招聘、组织、培训和学习，还会涉及员工关系。人力资源的各大模块，我基本上会结合代理记账行业把它讲透，并且让它可执行。

第四大类，讲的是针对代理记账行业的市场营销。我们的产品是什么？如何定义我们的产品？该如何定价？我们的渠道在哪里？在这个过程中，我还会讲到政府与公共关系，讲一下如何做微信营销，怎么管理我们的营销团队。

第五大类，讲的是技术变革。代理记账行业要发展，必须用技术去推动。我们的管理软件,以及现在市面上的代理记账软件,到底该如何辨别、如何使用?我会用一个模块的篇幅专门讲解,并且会从各个角度来讲解如何实施。

我会在本书的结尾展望代理记账行业的未来,并指出代理记账公司的出路。

>> 这本书写给谁看,对谁有用

代理记账公司的老板及其管理层当然需要阅读本书。如何将老板的战略落地,让员工和客户感知,是本书最重要的内容之一,不能让公司的战略只是老板头脑里的战略。

如果你目前只是一名基层员工,但你热爱学习、有上进心、不想止步于现状,那这本书对你一定会有非常大的帮助。

就算你不从事这个行业,但是你对服务行业有很大的兴趣,我觉得这本书也会给你很多启发,因为各类服务行业有很多共性,本书中的很多思想和方法值得借鉴。

中国现有的三千多万家中小企业中,70%以上是代理记账的,也就是说,有两千万以上的企业是通过代理记账公司来做账、报税的。代理记账行业的规模不容小觑。

然而长久以来,代理记账行业在整个税务系统中一直没有得到充分的承认。今年,我有机会与一位税务征管科的科长沟通,他说:“如果你们行业有‘龙头’企业,有比较好的机构来协调,我们愿意给你们行业开‘绿色通道’,这样也有利于更好地服务纳税人,提高我们税务的效率。”我也深刻地感受到:如果大家能够一起把这个行业的口碑做好,一定会给以后的代理记账工作带来很大的便利。

所以,我越来越觉得编写这本书非常有意义。在编写过程中,我将书中的内容分享给一些同行,让他们以读者的身份来判断是不是“干货”,不是的部分坚决删除。

希望这本书能够给大家带来新的理解和启发,帮助大家把自己的公司做强做大,共同维护好代理记账行业,在未来大展宏图。

何明涛

2019 年 7 月

目录

第1章

服务即营销

第 1 讲 ｜ 代理记账——资本追逐风口上的行业

中国代理记账的市场有多大？价值有多高？

代理记账原本是个默默无闻的行业，可近几年突然得到资本和很多大公司的关注，究竟是为什么呢？

2014 年，小米的创始人雷军在微博上发了这样一句生动而又有趣的话："只要站在风口上，猪都能飞起来。"

我要恭喜从事代理记账行业的朋友们，因为不管是有意还是无意，我们所处的这个行业如今也变成站在风口上的"猪"了。这个现象可能与我们一直以来的自我认知有些偏差。想起以前，我跟别人说我是干代理记账的，有的人会说："哦，你们这个行业嘛，很传统……"这是一种比较委婉的说法。还有不给面子的会直接说："你们这个行业很 low（档次低）呀。"为什么代理记账这么一个原来不起眼的行业，突然之间摇身一变，站到资本的风口上了呢？

>> 代理记账行业不仅是企业服务的入口，而且是赚钱的入口

近年来，越来越多的人认识到：代理记账行业其实是企业服务的天然入口。"入口"这个词与"风口"一样，都是资本圈非常高频、非常有诱惑力的词。如果说一个细分行业成了更大的一根行业链条的入口，那它的战略价值再如何受到重视都不为过。

企业服务市场的覆盖面非常广，包括知识产权、人力资源、教育培训、办公用品、金融等各个方面。正因为这是一个非常大的市场，所以它就成为"商家必争之地"。那些看到了这个市场的整体价值的人，谁不想马上进来分享这块大蛋糕呢？但具体怎么进场、通过何种方式参与，大家就得各显神通了。这个时候，代理记账行业的入口作用就开始被资本所关注。

代理记账行业为什么能成为入口？首先是借助于它的主营业务，也就是包括公司注册在内的工商服务，以及包括代理记账在内的财税服务。

任何一家企业，不管要进入多大规模的行业，都要先设立，而公司注册正是代理记账行业在做的工商服务之一。

一家企业完成了公司注册，开始生产经营，就一定会产生记账的需求。据统计，截至2018年6月，全国有三千多万家存量企业，其中有70%是通过代理记账公司来做账、报税的（如表1-1所示）。也就是说，代理记账行业触及全国七成的企业，即两千多万家企业，这背后隐藏着多大的企业服务市场需求啊！

表1-1　2016～2018年全国企业数量统计

年　份	期末实有	新登记
2016	2 596.1万家	552.8万家
2017	3 033.7万家	607.4万家
2018	3 474.2万家	670.0万家

数据来源：国家市场监督管理总局。

不仅如此，代理记账行业这个入口还是个赚钱的入口。

大部分入口因为竞争激烈而亏钱。例如，“滴滴”和“快的”为了抢用户、抢流量入口，不仅不赚钱，而且要亏钱来补贴。但代理记账行业不一样，我们不用补贴，本身就赚钱，而且赚钱的规模还不小。

仅2017年，全国新增的企业数量就达到600万家（不包括个体工商户）。按照全国一年有600万家新增企业来算，企业注册的业务，加上每年的年报公示和变更等，此类工商服务就已经是千亿级的市场规模了。国内三千多万家中小企业，70%是代理记账，那么，按300元/月的平均费用来算，大概有七八百亿元的市场。

正因为如此，看起来不太起眼的代理记账行业，其实是很有意义，也很有商业价值与潜力的。

>> 代理记账行业进入发展红利期

由于最近几年国家政策的变动，代理记账行业进入了快速发展的红利期。

2014 年 3 月，国家取消了注册资金的验资制度，改为认缴制。我把这个政策变化看成代理记账行业的重要转折点，因为这相当于大幅度降低了企业注册的门槛，此后，工商注册的企业数量大幅上升。此外，最近几年政府大力号召和扶持"大众创业、万众创新"，所以新注册的企业数量更多了。

2017 年全国新增企业数量多达 600 万家，相当于全国平均每分钟就新增 11 家企业。到 2018 年 6 月底，全国企业总数是 3 300 万家，而整个市场上各类主体的总量已经达到 1.1 亿。

如此大的增速和总量，给了代理记账行业空前的发展机遇。

在此，我想与大家分享一个有趣的数据指标——中国人均拥有公司数量。假设全国有 3 000 万家企业，平均来看，全国每 50 个人就拥有一家公司。我专门调出了几个城市的数据，发现我国一线城市大约每 20 个人拥有一家公司，二线城市大约每 30 个人拥有一家公司，三四线城市大约每 40 个人拥有一家公司。这个数据在美国是多少呢？大约是每 10 个人拥有一家公司。你看，我国的一线城市数据已经逼近美国了。

可见，我国代理记账行业的市场非常大，未来的想象空间也大，这么大的行业，资本怎么可能视而不见呢？

>> 代理记账行业业务的三大明显优势

一是客户黏度比较高。业内人士都知道，代理记账的客户总体流失率不高，整个行业基本上保持在 10%以内的总体流失率，相对于其他行业来说，这样的客户黏度是非常高的。

二是高频低额。从事代理记账，几乎每个月要与客户沟通，这个频率在企业服务领域算是高频了。但我们的服务单价并不高。资本一向特别青睐这种高频低额的行业，如支付业务中的滴滴打车、共享单车等。高频低额，说明客户有黏性，后期的服务才有持续的延展性。

三是现金流很好。代理记账费基本是向客户预收的。从企业经营的角度来讲，现金流比利润更重要。只要是持续经营，这些现金流就属于企业。

总结起来，代理记账行业之所以能站到资本风口上，原因有三：第一，它是一个巨大的企业服务的入口，而且是赚钱的入口；第二，它处于发展红利期，市场体量非常大；第三，它具有客户黏度高、高频低额、现金流好三大明显优势。

那么，代理记账行业中的每一家企业又该如何利用好风口，让自身有最大化的发展和收益呢？这就是本书想要解决的问题。

思考题

在这一讲中，我们提到了目前代理记账行业的新增市场是在高速增长的，这给代理记账公司带来了宝贵的发展机遇。以企盈为例，公司2017年的客户新增同比增长了30%，而根据上海工商局发布的数据，2017年上海内资企业户数同比增长了14.5%，外资企业户数同比增长了5.6%，可见，“企盈速度”跑赢了“上海速度”。

你们公司2017年新增了多少客户呢？相比你所在城市的企业户数增幅，是快了还是慢了？你觉得原因是什么？

第 2 讲 | 实现服务即营销的“三驾马车”

“服务即营销”的终极秘密是什么?

>> 把企业经营中的成本项变成营销机会

在代理记账中,有一项很麻烦的业务,叫税务报到(即“核税”)。核税的地点很多在郊区,一去就得花上大半天时间,很多资深的老会计不愿意跑这一趟。尤其是在报税期,对一个老会计来说,半天可以做很多家企业的账,从时间成本上考量,出外勤核税是非常不划算的。

老会计不愿意去,公司一般会派新会计去,有时候人手不够,甚至派一个实习生去做核税。核税这件事,本身并不复杂,但有时候也会碰到这种情况:让一个刚来的小姑娘去做,她没有实践经验,面对税务专管员难免会紧张,一紧张就容易出错,一出错,就可能会遭到税务专管员的埋怨:“你怎么搞的,连这个都不懂怎么来核税啊?”想象一下这个场景:税务专管员说我们派去的小姑娘不专业,而客户就在边上,不用我说你也知道有多糟糕了。

在这种情况下,很容易产生的后果就是:一方面,这个小姑娘去核一趟税,回来可能委屈得想辞职;另一方面,客户感觉不好,怪我们派了一个不专业的会计,他可能会要求换一个会计,甚至换一家代理记账公司,这就导致了潜在的客户流失问题。

造成这种状况的最根本的原因在于不管是老板还是员工,都认为核税是成本,谁都不愿意增加成本。

这个问题真的无解吗?答案是否定的。请大家思考一下,我们的业务人员要约一个老板,占用他(她)30 分钟的时间来向他(她)介绍公司注册、代理记账或者商标注册,那是很难的。但是,在核税的时候,我们有机会与老板面对面接触一两个小时。在这段时间里，如果我们的服务既热情又专业，就不仅留住了既有客户，而且可能通过他（她）的推荐，将更多客户和业务介绍给我们。所以我要说："当一个老板在你面前时，你没有珍惜，最后只能追悔莫及！"

我们完全可以把核税环节从一个成本项变成一个营销机会。也就是说，以前我们要花成本、花时间、花精力去做核税；但现在换个角度，如果这是我们非常好的营销机会，那工作动力就大不相同了。

正如第1讲中所介绍的，我国一线城市中，平均每20个人中就有一个人拥有公司，而一家公司至少有2个具有决策权的人，也就是说，平均每10个人中，就有一个人能决策一家公司的注册和代理记账服务该怎么做、给谁做，而老板身边的老板的比例只会比这个数字更高，假设是1/5的话，就相当于在我们的客户（老板）周围，每5个人中就有1个人是老板。所以，如果我们的服务做好了，这个老板有很大的可能会介绍他身边的朋友与我们合作。

在企盈，通过改善核税环节，前来要求代理记账和注册公司的新客户比例明显提高。

由此我们可以得出一个道理：很多成本项可以变成营销机会。每一个与客户接触的点都是我们的营销机会。这就是"服务即营销"，通过改变传统思维，既改善服务又增加营销机会，何乐而不为呢？

基于复利原理的代理记账行业服务鱼骨图

核税是一个在服务上可以提升的点，认识到了这一点，实际做起来并不难。现在企盈的老财务都抢着去核税，甚至连我们的业务人员也申请带客户核税，因为大家都认识到这是营销机会。

诸多服务节点都针对同一个客户，如果每个节点的效率都提升10%，1加上10%的十次方，最终结果就会是原效率的2.59倍。这就如同银行存款"利滚利"的复利原理。代理记账公司如果在每个服务环节都能提高10%的效率，整个服务的效率就能提高2倍多，从而客户满意度也会相应提升，转介绍率也一定会提升。

那么，具体有哪些节点值得提升？每个节点又该如何提升呢？这里，我要给大家介绍我总结出的"代理记账行业服务鱼骨图"理论。所谓"代理记账行业服务鱼骨图"，就是让大家像平常吃鱼那样，把服务的主要环节当成鱼骨，梳理出来，再一一拆解，在这个过程中，逐渐认清哪些服务环节存在问题、原因是什么，以及怎样针对性地做改善和提升。

如果进行深入解析，整个代理记账行业的服务流程中至少有一百多个节点，如企业名称申请，企业变更、注销等。我的这张“代理记账行业服务鱼骨图”（如图 1－1 所示）根据代理记账行业的业务流程，从最常用、最关键的 10 个节点入手，从鱼头到鱼尾，分别是：（1）客户线索；（2）业务商机；（3）客户接待；（4）合同签订；（5）项目交接；（6）申请名称；（7）完成交接；（8）企业核税；（9）如何做账；（10）处理投诉。

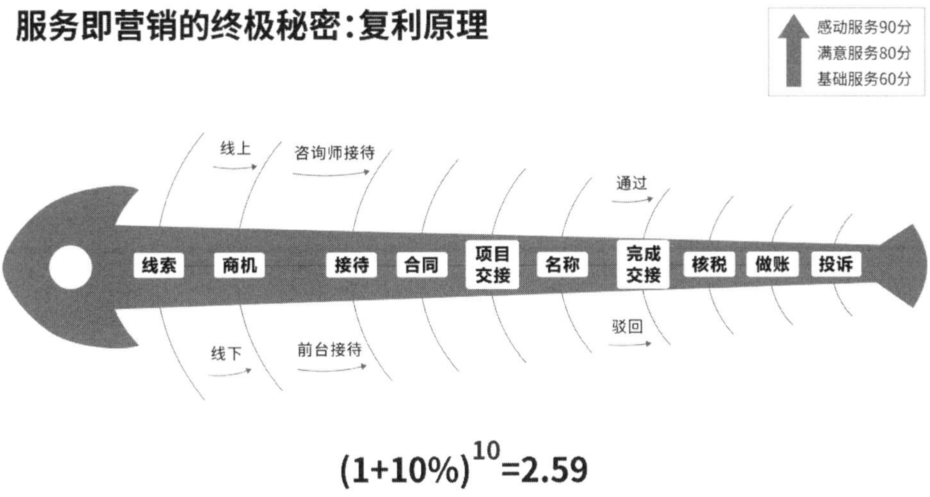

图 1－1　代理记账行业服务鱼骨图

我总结“代理记账行业服务鱼骨图”的主要目的有两个：一是帮助大家迅速着手解决最迫切的问题；二是教大家一个方法论，以后大家可以根据各自的实际情况，细化并制作自己公司的服务鱼骨图，不仅是服务鱼骨图，基于上述复利原理，还可以总结出其他的鱼骨图，如本书后续章节讲到的“代理记账行业人力资源鱼骨图”。

>> 服务标准的量化改善

对于服务质量，如果没有量化指标，仅靠一个概念，员工是很难执行的。因此，我们需要一套量化的标准来指导服务的执行。我将服务标准设为三个等级，并且对应一定的分数：基础服务 60 分、满意服务 80 分、感动服务 90 分。

举个例子，一个外国人去中餐厅吃饭，服务员在接待他的时候，如果只是告诉他所订的位子在 205 包房，然后让他自己去，那这个服务大概是 60 分，属于基础服务；如果服务员还为他领路，带着他走到了该包厢，随后及时送上菜单，面带微笑地讲解菜单并做了推荐，帮他摆好餐盘、倒好茶，这就算是让人满意的服务，能打上 80 分。如何达到 90 分，从而达到感动客户的程度呢？这就需要在服务细节上花更多心思。假设这是一位美国客人，身在异乡中国，在他就餐前，餐厅先用美国风情的装饰品对包厢进行了一番装点，当这位美国客人进来后，他一定会感到惊喜和感动，进而对这家餐厅产生深刻的印象。其实，这种方式在男孩追求女孩的时候经常用到，叫 surprise（惊喜），如果我们用在客户上，就叫给客户惊喜，感动客户。

思考题

在你的公司里，有能达到 90 分从而感动客户的服务案例吗？

第3讲 | 拆解服务鱼骨图第一招：抓住“黄金60秒”

怎么做到在向我咨询后，客户就不用去找别人了？

什么是“黄金60秒”？我们在与潜在客户用电话或者微信沟通时，需要在第一个60秒里就紧紧抓住他，否则他就容易去找其他的公司来进行对比。一个优秀的业务人员不应该给客户比较的机会。

如何抓住这个“黄金60秒”呢？有三个办法：(1) 用客户熟悉的语言与他交流；(2) 用成功案例说服客户；(3) 结构化咨询，流程规范化，全员执行。

用客户熟悉的语言与他交流

这是业务沟通中的一个基本原则。这个方法基于一个基础，就是“我问你答”，而不是“你问我答”。正如你去看病，一定是医生问，你回答，而不是你问一大堆问题，医生逐个解答。所以，如果客户问你注册公司的相关问题，千万别被客户牵着走，而应该你问他答，双方快速进入愉快的对话模式。

举个例子，一个客户来问：“怎么注册一家公司？”我们该怎么回答？一种是先给他介绍目前注册公司的相关政策和办理流程。另一种是对客户说他找对人了，我们公司在这方面十分专业，什么样的公司注册都能完美搞定，以及我们的收费标准十分合理、服务十分到位等。

在我看来，这些都不是好的回答，因为它们都不是用“客户熟悉的语言”与客户沟通，也不是“我问你答”。第一种回答的问题在于，客户根本不需要了解那么多具体环节，否则他还要找代理记账公司干吗？我们需要记住的是，他寻求的是业务代办服务而不是信息咨询服务，是让我们帮他解决问题而不是普及知识。至于第二种回答，客户对于我们连最起码的信任基础都还没建立，就做过多的推销，只会徒增他的反感和防备心。

所以，我对业务员的要求是珍惜“黄金60秒”，用客户熟悉的语言与客户沟通，收集有效信息，迅速地推进话题。对于注册公司的潜在客户，第一个问题一定是我问：您主要做什么行业？

问他做什么行业，就是回到客户熟悉的话题，他就会愿意继续开口告诉我们更多信息。谈得越多、越深入，成交的可能性就越大。

假设客户回答，他想做的是广告行业，接下去我们又该怎么说呢？

这个时候，我的业务人员就会向他介绍，在工商注册时，广告行业的经营范围有四个标准描述，分别是设计、制作、代理、发布国内外广告业务。然后再问他主要是想做哪一块，是想做设计制作，还是想做代理发布。

如果你是一个足够熟悉业务的老板，就会明白业务员这么问是有道理的，因为做广告代理和发布需要使用广告专用发票，要交3%的文化事业费；而如果只是做设计和制作，那就是普通的服务业，不用交3%的文化事业费。

当听业务人员介绍到这里时，如果你是客户，会有什么感受？是不是觉得业务人员很专业，既了解你的行业情况，又了解注册公司的各种税务政策，你找他是找对了。按照我们之前说的服务量化标准，我认为在“黄金60秒”环节，如果业务人员能做到如上所述，这样的服务可以打70～80分了，也就是说，高于常规标准，接近让客户满意，与客户之间第一步的信任感基本建立了。

>> 用成功案例说服客户

还是举刚才的例子，如果客户说他准备注册一家广告设计公司，我们就有必要向他介绍我们代理注册过的同类型公司，特别是一些知名公司。企盈就注册过许多知名的设计公司，包括为万科服务的设计公司。如果我们把这些知名公司展现给客户，客户会瞬间进入羊群效应，认为你们服务过这么多公司，也服务过这么多大牌公司，在业务实力和资质上肯定没问题。这就像找餐馆吃饭，门可罗雀的餐馆我们通常不敢进去，担心其是不是饭菜口味不好或有质量问题；如果一家餐馆门庭若市、大排长龙，我们反而愿意去排队，这就是从众心理，或者说羊群效应。

用客户熟悉的语言与之沟通，再用成功案例说服他，顺利的话，整个沟通过程最多60秒，单子就签下来了。

当然，在这个"黄金60秒"里，也不能太程式化，要随机应变地与客户交流其关注的各种问题。例如，他想要一些优惠政策，你就要重点介绍这方面的信息。

结构化咨询

有些同行可能会说，前面两个办法，好是好，但太依赖业务人员的个人临场发挥了。这个时候，我们就会需要用到第三个办法。

为了提升"黄金60秒"里的沟通效果，企盈专门研发了一个系统，将沟通方法固定到系统中。一旦业务人员与客户开始沟通，系统就会随时显示与沟通内容相关的案例和信息。例如，有客户要注册广告公司，系统就会显示设计、制作、代理、发布国内广告业务这四个不同的业务类型，业务人员只需要把这些关键词报告给客户即可。再如，有客户想要注册医疗器械公司，系统就会跳出注册一类、二类、三类医疗器械公司的不同政策（如图1-2所示）。

图1-2　结构化咨询界面

通过系统的规范提示，业务人员就可以在第一时间非常专业地回答客户的提问，这就是"结构化咨询"。

代理记账行业培养一个优秀的业务人员很难，原因是行业对业务人员的要求很高，既要懂公司法、税法，还要熟悉众多行业和政策。所以，我们做了一件事情：把这个知识库固化在系统中，让业务人员经过简单培训后，就能在第一时间专业地应对客户了。

思考题

当客户询问注销公司需要多少钱时，你该如何回答？

第4讲 | 拆解服务鱼骨图第二招：前台接待也是营销

前台接待员工也能帮助我们销售，是真的吗？

有的人可能会想，前台接待，不就是迎来送往、打打电话、收收快递吗？事实并非如此简单。

假设我是一位客户，来到你的公司谈业务，前台接待一般会怎么接待我？

第一种是最常规的方式，她会问我："先生您好，请问您找谁？我来帮您通知。"这种方式，听起来好像没什么问题。如果你的公司对前台这个岗位有比较高的要求的话，我相信这位前台接待员工的语气、态度都会很好。

按照量化服务的标准，这位前台接待的表现能打几分呢？我认为是60分。因为这只是完成了这一岗位的基础要求而已。

第二种接待方式：如果我来到你的公司，还未通报姓名，这位前台接待就面带笑容地问我："您好，请问您是何先生吧？"我的反应肯定马上说"是的"，但是心里会有点好奇，"我好像不认识她，以前我也没来过，她怎么会认识我呢？"这个时候，前台接待又问我："哦，您是跟我们的王小姐约好了，来谈公司注册的事情对吧？请稍等，我帮您联系。"

这种接待方式与第一种相比，会给客户带来截然不同的感受。在这种方式里，客户有被重视和被尊重的感觉。这就是通过改变方式给服务质量带来的明显提升。

要做到这一点其实并不难。在企盈，我要求不仅是业务人员，所有操作人员，只要约了客户上门，都需要提前在前台做登记，通过企业微信，可以快速便捷地实现这个操作，所有登记信息会自动生成一个列表，前台接待能够随时在线查看。

有了这样一张登记表，前台接待能够清楚地知道哪天在哪个时间段会有哪位客户因为什么事情来拜访哪位职员。然后，她就可以很方便地做到用对应的话语来实现对客户更贴心的接待。

当前台接待服务做到这个程度时，已经可以打 80 分了。但是，还有没有更好的接待方式呢？我们拆解服务鱼骨图，就是要在服务环节不断地思考、优化，让客户更满意，从而逐步达到“复利”的收获。

根据我的一些观察和经验，还有以下几个细节可以提升接待质量：

一是把客户安排在哪里等待。代理记账行业是服务型行业，遵循“客户是上帝”的理念，但我发现很多代理记账公司老板的服务意识比较淡薄。经常出现的情况是，客户到了之后，在前台站了半天也没人接待，或者让他自己随便找个地方坐，导致客户的心理体验非常不好。此时，应该让前台接待安排客户到接待室这类专门的接待区域。那么，接待区域的布置就显得十分重要了。现在很多同行的公司把接待室装饰得非常温馨大方。在硬件到位的基础上，软件，也就是服务意识也应跟上，客户才会真正满意。

二是给客户倒茶水的学问。给客户倒茶水也是很有讲究的。我拜访过上海一家服务外资客户的代理记账公司，客户落座后，他们有专门的饮料单，会问您是喝咖啡还是饮料。如果你说喝水，他会问你：带气泡的还是不带气泡的？这种服务的体验足以打 80 分了。当然，对于普通的代理记账公司而言，还没有到如此烦琐的程度，但至少可以问客户喝热水还是常温水等，这样一句简单的询问也能提升对方的满意度。客户感受到了周到的接待，在随后的业务对接环节又感知到足够的专业度，那么，客户还会纠结代理记账费用是 500 元还是 600 元吗？

三是停车服务。在大城市，停车非常麻烦，如果公司的前台接待能够与保安提前沟通好，只要是到公司的客户，在门口登记好车牌，保安就主动做一些引导，甚至有的公司帮客户支付停车的费用，这样，客户上门一趟的感觉就会是舒适和愉悦的。

前台接待服务如果能够做到以上细节，客户就比较满意了，能打 80 分。那么，前台接待服务有没有可能做到 90 分，就是让客户不仅满意，而且感动呢？答案是肯定的，只要有心，一定能做到感动客户。

假设有个外资企业的客户上门，他是个外国人，你在做到上述服务以外，还可以在接待室的办公桌上放一面对方国家的小国旗（一般是中国国旗和外国国旗交叉，如图1-3所示)，就像省市级甚至是国家级别的外事接待一样细致，相信一定能大概率地感动客户，或接近感动客户的程度。

图1-3　中外国旗交叉图示

前台接待是一个实践性很强的服务环节，有很多可以去琢磨的学问，有些方法不能完全生搬硬套。但只要大家重视这个环节，就能想出好的办法。在前台接待这个环节把客户的体验提升10%～20%是非常容易的。

思考题

在你的公司里，前台服务做得怎么样？你能打几分？还能从哪些方面提升服务水平？

第 5 讲 拆解服务鱼骨图第三招：销售也需要道具

销售也需要道具吗？代理记账公司的业务人员要准备哪些道具？

衡量一项服务好不好，客户满意度是一个很重要的指标。借用我的老乡雷军的一句话："客户满意度，不是来源于我们为客户做了什么，而是来源于客户感受到我们做了什么。"简言之，就是我们向客户提供的服务一定要让客户感受到。这就如同谈恋爱，你爱她（他）就要大声说出来，否则，做得再多，对方感受不到也没用。从事代理记账行业的我们做了那么多与工商、税务相关的专业事情，明明很辛苦，结果却因为某个明面上的服务环节不到位，导致客户认为我们的整体服务不专业，这对于我们来说是非常不公平的。所以，我们一定要想办法在各个环节让客户感受到我们的专业性。

在第 3 讲中，我就强调在第一次电话或者微信沟通中，一定要让客户感受到我们的专业性。那么与客户见面之后，该如何让客户继续感受到我们的专业性呢？我要教大家一个很重要的方法：准备好基本的销售道具。

>> 服务过的企业的营业执照模板

我们服务过的企业的营业执照模板一定要分门别类地整理在文件夹里，客户来的时候向客户展示。例如，从各个行业的营业执照中分别选出 3～5 份，分行业贴好标签，把它们汇总到一个文件夹里，客户到来后，在了解客户所从事的行业后，就可以快速找到该行业的营业执照案例，客户看了营业执照样本后肯定就放心了，觉得你们服务过这个行业的这么多企业，肯定靠谱；同时，因为营业执照上有经营范围，所以可以现场与客户沟通需要做哪些主要业务，这样的对话就能遵循用客户熟悉的语言与客户沟通的原则。客户如果从事的是广告行业，就用广告行业的语言与他沟通营业执照上的经营范围，自然切入注册公司的过程，先帮客户做名称核准、确定经营范围，再介绍工商注册的过程。

与客户签过的合同

与客户签过的合同往往是重要的说服工具。

财政扶持协议

在做税务筹划时，有的政府会给企业提供一定的财政扶持，那么，这些财政扶持的协议也可以提前准备好。一般政府会提供一个盖好章的协议模板，等客户来的时候，可以直接与客户签署协议。这种政府提供的模板会让客户更放心，从而增加客户的信任度。[①]

商标的 45 个分类以及商标注册案例

面对一些有商标注册需求的客户，我们需要把商标的 45 个分类提前准备好，同时准备一些之前的案例来与客户分享。对客户而言，商标这种知识产权产品，案例说明是最直观、最具有说服力的。

虽然每种业务都有差异，但有一点是肯定的，如果能把这些销售道具准备充分，在与客户沟通时就会比较从容，客户也会比较容易感知我们的专业性。

很多业务人员在与客户沟通的时候，仅仅是面对面的直接沟通，什么工具也没有，很难展现其专业性，这样的沟通效果就不太理想。如果公司历史上做过的案例和成果都想不到呈现给客户，那么每一次沟通就相当于是从零开始了。而如果能把公司多年的沉淀展示给客户，让客户感受到这是一家有历史、有经验的公司，曾做过很多成功的案例，就可以打消客户的很多顾虑。

咨询模板

企盈的业务人员每次接待客户都会准备一张咨询单（如图 1 - 4 所示）。这张咨

① 很多地方没有财政扶持，我这里只是举例说明，如果有相关政府背书的文件，应尽量展示给客户，因为政府背书对于代理记账行业是很有价值的。

金盈企业管理咨询（上海）有限公司
QiYing Enterprise Management & Consulting (shanghai) Co.,Ltd
专业 诚信 服务 共赢

企业注册[内资]首次咨询信息单

主营业务	
经营模式	
发票内容与对象	
注册资金	万
有效营业额	
特殊需求	
办证费用	【含执照规费、基础印章,不含银行开户费、税控及发票打印系统】
财务代理	
注册地	
企业缴税	
财政扶持	
其他服务	□社保公积金代理　□商标注册　□发票打印机　□其他
客户联系方式	
备　注	

图 1-4　企业注册(内资)首次咨询信息单

询单是企盈内部反复讨论后优化出来的一个咨询模板，上面列出了要向客户咨询的主要内容，方便业务人员一边与客户沟通，一边记录。

使用咨询模板有以下两个好处：

一是能把公司与客户咨询的最优化流程固化在这张表中，业务人员始终能采取最优的沟通方式，而且这种沟通方式可以向全员推广。如果有优秀的业务人员总结出新的、更有效的沟通经验和技巧，我们会不断更新优化这个咨询模板。

二是为客户的个性化解决方案提供信息基础。我们填写完这张咨询单后，是允许客户复印一份带走的。我们一般会慷慨地对客户说："如果你还要去其他地方咨询，这个模板就送给你做参考。"事实上，这个咨询模板是我们为客户量身定做的一个注册公司的解决方案，其中融入了客户自己的意愿和想法，可以说已经是一个双方沟通得比较好的解决方案。所以，我们大可以自信地把这套解决方案提供给客户，不用担心他会去找别人，因为他找别人的意愿和概率已经非常低了。

思考题

除了前面介绍的五大销售道具，你觉得在代理记账行业的业务接待环节，还能准备哪些有用的销售道具？

第 6 讲 | 拆解服务鱼骨图第四招：立即成交的秘诀是帮助客户做决定

客户跟了很久，临门一脚的签单却不行，怎么办？

>> 必须立即成交——这是一个原则问题

在这样一个快节奏的社会，客户花了很长的时间，大老远地到你公司咨询了许多问题，就已经表明他有非常大的成交意愿了，能不能成交，就是“临门一脚”。

在某些行业，如保险业，他们的营销通常有一套“养客户”的做法，也就是说，当你在推销保险产品的时候，如果对方暂时没有买保险的意向，那么不要操之过急，你可以持续联系他，耐心经营，维护你们之间的关系，说不定哪天他就会被你说动。

但是对于代理记账行业来说，一般不存在“养客户”的情况。因为我们的服务是对公的，对公业务有一个特点，就是非常理性。就拿公司注册这个业务而言，一定是客户已经确定好要成立一家公司才会找代理记账公司为其办理业务。这样的客户，如果“养”下去，大部分情况是“养”到别人家公司去了。所以，我们要做的就是说服客户立即成交，不要让客户再转向其他公司。

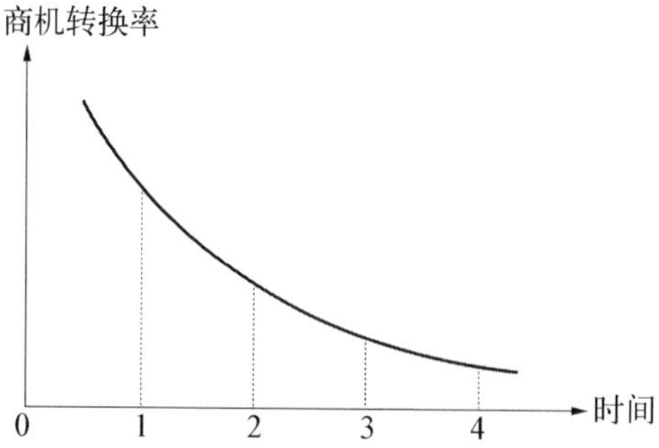

图 1－5　商机衰减图

图 1－5 是一张商机衰减图，图中的横坐标表示时间，纵坐标表示商机转换率。从图中可以看到，随着时间的延长，商机转换率会越来越小。也

就是说，越是短时间内谈妥，业务成交的概率就越大。正如我之前提到的，对公业务是理性的，所以效率非常重要。交易时间拉长对交易本身是非常不利的。

如何实现立即成交

请记住一句话：我们要帮客户做决定。

我们工作中一定都碰到过这类客户，与他沟通了半天，他还是很犹豫，似乎可以定了，但又想再问问别人。出现这种情况，说明业务人员在沟通方法上有问题，没有做到帮客户做决定，给了客户过多选择和犹豫的机会。

企盈的业务人员平时接待客户的一般流程是：客户到来后，一边与其沟通，一边填写咨询单，然后把这张咨询单复印一份给客户。接着，业务人员就会自然地把代理合同和收据拿出来给客户，也就是说，这时业务人员默认客户已经同意签署合同，准备进入下一个流程了。记住，不需要过多征求客户的意见，如问他今天签不签合同？而是直接进入签署合同的环节，除非客户明显提出反对，还有其他一些疑问和意见，否则就顺势进入下一个流程。此时，客户往往会被我们那种“理所当然”所感染，进而也会认为，到了这个环节就应该成交。

只要我们的服务是专业的，我们的产品是好的，我们帮客户做决定就没有问题。

当然，帮客户做决定后，后续的服务我们要立即跟进。一般来说，签注册公司的合同，有几件事是必须要做的：一是签署合同，二是付清首付款，三是准备名称核准的相关材料。这时，我们可以现场直接帮客户复印身份证，与他一起策划一些备用的名称。取名称的时候，我们一般会准备一本新华字典或者名称库，供客户参考。要把客户自然而然地带到取名称的环节，而不要去纠结签署合同这件事。

思考题

在代理记账行业，是否存在不必立即成交，而是通过“养客户”把业务开展得更好、让客户更满意的情况？

第 7 讲 拆解服务鱼骨图第五招：部门之间无障碍交接

部门之间扯皮，老板很苦恼，怎么办？

作为公司的老板，很多时候是在公司当裁判。两个部门相互推诿：业务部说注册部太慢了，客户每天催促；注册部说，客户不配合工作，一直不提供相应材料，问题在客户。这个时候，往往老板也很茫然。

对于绝大部分代理记账公司而言，业务部与操作部（我们讲的 OP 部）是分开的。既然是分开的，中间就存在一个步骤：业务人员把单子签好后，交给操作部门的人员操作。

为什么我要把这个环节做进服务鱼骨图，并且单独讲解？因为签约后，就开始由操作部门操作，马上涉及跨部门交接的问题。交接是否顺利、高效非常重要。如果公司内部的沟通和交接没有做好，就一定会影响外部客户的体验。另外，从公司管理的角度来说，两个部门之间做交接是最容易相互“踢皮球”的。如果在这个环节纠缠的话，对业务的推进一定会产生负面影响，所以内部交接一定要明确责任。

就公司注册业务而言，企盈对内有非常严格的规定，主要从以下两个方面来考核：（1）交接必须达到规定的要求；（2）交接过程中必须及时完成与客户的沟通。

>> 交接必须达到规定的要求

这是指业务部门向操作部门做交接时，必须交接三件事：一是与客户签署的合同。如果合同都没签就让操作部门去执行，是很容易出问题的，因此，除非得到主管的许可，否则没有合同是不能交接的。二是首付款要付清。合同签了，首付款没有付，如果日后客户不付钱，就会产生纠纷。三是名称核准的材料。名称预先核准的基本材料由业务人员与客户沟通时收集最方便，主要包括客户的身份证复印件或者原件、客户认可的基本名称等。

在完成交接三件事的同时，关于合同的一些具体要点也需要交接给操作人员。例如，合同要求加急的，就要走加急通道；如果客户希望有特殊的名称，而这个名称本身很难通过，需要做一些特殊处理，那就要有特殊名称的做法。

把合同、首付款和名称预先核准材料都准备好，后续的工作就会很顺畅。如果操作部门发现业务部门这三点没有做好，是可以拒绝交接的。我要强调的是，严肃的拒绝反而会提高效率。越是紧急和重要的事，越是要按流程来。如果不合规则地走流程，日后会产生很多麻烦，既浪费时间，又影响客户体验。

确定好内部流程也能使客户感觉到专业性和条理性。我们现在把这个流程固化在了系统里，业务人员会把合同的具体要点、首付款是否已付，以及名称核准材料是否收齐等一系列信息保存在管理系统中（如图 1－6 所示）。

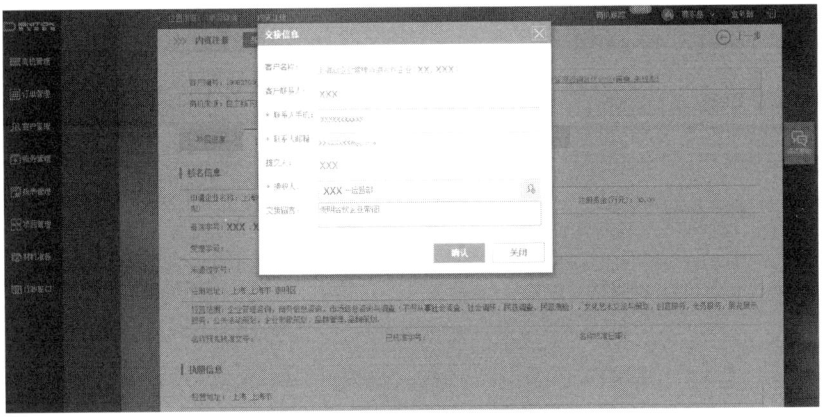

图 1－6　业务流程交接图

当这三件事都交接好后，企盈的业务人员会在系统中点击“合同签约完成”，再点击“交接”，流程就会进入操作部门。操作部门看到后进行审核，如果没问题就确认该合同，开始进入名称核准环节；如果有问题，就直接驳回，待业务部门三项交接材料都准备好后再提交。这样，两个部门之间的界限和责任就非常清晰了。

>> 交接过程中必须及时完成与客户的沟通

第一，给客户发专门的交接通知。由于内部流程交接完后，接下来跟进的工作人员换了人，因此，这个时候一定要给客户发一个专门的通知，告知业务的下一步怎么执行、由操作部的谁来负责，不要让客户产生自己刚签完单就被随便甩给其他人处理的不舒服的感觉。

第二，建一个微信群，把相关人员，包括业务部门的人员、收款的财务人员、操作部负责名称预先核准的人员拉进群里。之后有任何与客户业务相关联的事情，都可以在群里做有效沟通。

对于微信群的名称也需要做到规范，企盈的规范是“客户名称＋企盈＋业务类型”，做到一目了然（如图1－7所示）。例如，“万科广告－企盈－注册”，看到这个微信群名称就知道，这是一个帮万科广告公司做企业注册的业务群。一定要注意，群名称不要只取客户的名称，如“万科广告－注册”。为什么要注意这个细节呢？因为我们做任何事情都应该从客户的角度去思考，给客户带来便利。现在大家工作都用微信，微信列表里往往加了好几个公司的内部群，如这个“万科广告”的客户，也许在他的微信里有“万科广告人事部”“万科广告高管群”“万科广告大群”等。我们的业务群名称为“万科广告－企盈－注册”，客户有事要找我们时搜索我们的公司名称就可以了。而如果群名称起成“万科广告合作群”或者“万科广告注册群”，没有出现“企盈”这个关键词的话，就很容易与他自己的内部群相混淆，客户搜索起来很麻烦。这种细节上的提升，很受客户欢迎。

图1－7　微信群名称设置样图

思考题

你遇到过的最常见的部门之间扯皮的事情是什么？你是如何解决的？

第8讲 拆解服务鱼骨图第六招：客户的名称被驳回，你伤心了吗

客户名称总被驳回，甚至有客户因为名称老通不过而取消合作，该怎么办？

在公司注册名称的环节提升服务水平，让客户满意，主要有三点：（1）名称核准后，我们该如何告知客户？（2）在办理营业执照的过程中，该如何与客户沟通？（3）如果客户提交的名称被驳回，该怎么办？

名称核准后，我们该如何告知客户

一家新企业的名称核准，对于业务人员来说司空见惯，但对于客户而言，意义就不一样了。客户新创立一家公司，公司名称通过了，这一定是一件让他非常欣喜的事，尤其是对那些初次创业的客户来说，其第一家公司名称的确定更是有重大的意义。所以，在公司名称核准后，我要求员工第一时间恭喜客户，无论是发微信还是打电话，都要真诚地恭喜他，与他一起享受那种兴奋的感觉，而不是带着不重视、无所谓的心态忽略这个环节。

在办理营业执照的过程中，该如何与客户沟通

一般来说，公司名称通过后就要开始收集办理营业执照的相关材料，如确定经营范围、章程、股东会决议等重要文件。除了需要客户配合的事情外，我们还需要提醒客户自己同步去做一些必要的工作，如设计公司 logo（商标）。如果我们有能力代客户设计的话，这时候可以向客户推荐设计 logo 的服务。

在办理营业执照的过程中，最重要的是公司章程和股东会决议这些法律文件，如果有部分客户需要深度咨询，如怎样设置股权，我们就必须专业地告知客户相关知识，如51%和67%(34%)这类常用的股权比例关键节点：51%常用于经营决策权；67%或2/3多用于重大事项决策权，包括增加或减少注册资本、变更董事会、公司注销等；34%常用于重大事项否决权，也就是34%的股权可以否决上面提到的重大事项。这些关键点必须让客户清楚知晓，从而有利于客户在其公司内部确定好股权与股东之间的关系，也能帮助我们顺利办好后续的营业执照。当然，在办理营业执照前，还有很多专业的公司法相关问题需要我们提供专业的建议和服务，专业性是我们服务的根本。

>> 如果客户提交的名称被驳回，该怎么办

我们工作中经常会碰到这种情况：客户绞尽脑汁想好的名字，一提交却被驳回。这时该怎么办呢？

遇到这种情况，我们要真心为客户感到遗憾，只有感同身受，才会想方设法帮助客户解决问题。随后，立马着手补救，迅速给客户提供一些有用的建议。例如，客户喜欢哪个字，就主动帮他查找有哪些带这个字的名称可能通过。当然，更好的方式是介绍类似“企查查”和“启信宝”这样的工具给客户，让他亲自去查，他和股东们在一起的时候就可以很方便地讨论和确定名称了。

此外，不同的地方还有些不同的规则。比如在上海，三个字的名称往往比两个字的名称更难通过，因为上海的规则是“两两查询”，如ABC，是AB、BC都要查询的，两个组合中只要有一个重复就不让通过。但在北京就宽松一些，四个字的名称比较容易通过。我们有必要把当地关于名称核准的规则用通俗的表达及时告知客户，避免客户误解和走弯路。

思考题

你碰到过的最多的名称被驳回的原因是什么？如何降低驳回率？

第9讲 拆解服务鱼骨图第七招：不能像卖白菜一样把营业执照交给客户

营业执照可不只是一张纸，上面所承载的价值和意义要怎样才能让客户感知到？

营业执照的交付环节就是向客户展现我们工作成果的最好时机，所以，千万不能像卖白菜一样随意地把营业执照交给客户。营业执照的交付需要有一定的仪式感。

客户找我们注册公司，成功的标志就是拿到营业执照。一家公司拥有了营业执照，社会上就诞生了一个新的法人，营业执照上的社会统一代码就是法人的身份证号码。

对客户来说，拿到营业执照是具有里程碑意义的。对创业者来说，他和他的团队将像对待自己的孩子一样"哺育"它，并且开始倾注自己的梦想。这么重要的事情，我们当然不能像卖白菜一样把营业执照交给客户。把它交付给客户时，应该有一定的仪式感。

怎样做到有仪式感？我以同行的四个方法为例，与大家分享。

仪式感一：祝贺信

代理记账公司的老板可以写一封祝贺信，恭喜客户新的事业起航；除了恭喜，还应写清楚后续注意事项，包括银行开户、核定税种、购买发票、知识产权等。

仪式感二：证照盒

应把祝贺信、营业执照、公司公章等相关物品一起放到一个精心定制的证照盒里交给客户；当然，也可以选用质量比较好的袋子。无论是证照盒还是袋子，重点是资料齐全，客户的所有与营业执照相关的资料都可以在里面找到。

>> 仪式感三：开业锣

当公司准备开业的时候，让创业者郑重地敲一下开业锣，让创业者感觉到：我的创业开始了，希望未来能到交易所去敲上市的锣。

>> 仪式感四：拍照

把营业执照交付给客户和敲开业锣当然要拍照发朋友圈，这实际上也是一次推广。

总之，交付营业执照的过程不能草草了事，而应通过仪式感，塑造服务的专业性，让客户感受到我们的细心和贴心，同时把客户带入创业的心理环境中，促使其给自己一份感动。

不要单纯地把为了建立仪式感而使用的证照盒、袋子等当作成本的增加，因为这些盒子、袋子上面可以印上公司的 logo 和业务介绍等，在不影响美观的同时能起到业务宣传和品牌传播的作用，客户以后每次从里面拿出营业执照或公章的时候，都能想起这家公司，这是一件一举两得的好事。

把营业执照交给客户是一个非常好的与客户沟通的过程，是推荐其他增值业务的好机会。

创业者刚成立公司时，大多对企业知识不熟悉，如知识产权问题。那么，我们在交付营业执照时，就应该根据客户的需求，针对性地介绍一些知识产权的案例，再问问他是否需要注册商标，商标分为哪几类，以及不注册商标的后果。对于那些想要发展壮大的公司，肯定会关注这些，这样的话就可以把我们注册商标的业务推荐出去。

很多创业者并不熟悉与人事相关的管理，有时甚至会导致不必要的劳动纠纷。在这种情况下，我们就可以把握时机，把一些基本的人事规则，如社保、公积金、劳动合同、员工手册、考勤制度等相关的规范模板提供给客户，这样就很自然地开启人事业务了。

此外，客户的营业执照下发后需要立即刻章、签订单、去银行开基本户、去税务核定税种，这些都是我们要告知创业者的后续需要做的工作，同时提醒他，这些都可以放心地交给我们去做。

我们向客户传达的一个理念是："关注您的核心业务，把行政事务性的工作交给我们。"意思就是，企业主专心做自己的业务，那些工商、税务、财务、人事、知识产权的事情都可以放心地交给代理记账公司去做。因此，对于像营业执照交付这样与客户接触的环节，包括其他任何类似环节，都可以把对常规工作的执行变成我们推荐自身业务的机会，这也就是我反复强调的"服务即营销"的理念。

思考题

除了我前面提到的这些方面，在企业营业执照交付环节，还有哪些细节可以提升服务，从而提高客户的满意度？

第 10 讲 拆解服务鱼骨图第八招：如何让老会计抢着去核税

老会计不愿意去核税，新人又搞不定，怎么办？

拿到营业执照、开好银行账户后，该去核税（税务报到）了。谁去核税最合适？

在代理记账行业中有一个现象，就是很多老会计不愿意带客户去核税，他们认为浪费时间。但是核税这个环节又非常重要，是公司财务人员第一次真正意义上与客户负责人的亲密接触，很大程度上关系到客户对我们服务的满意度，以及与客户合作的稳定性。那么，如何让老会计抢着去核税呢？方法主要有：（1）成本项也是营销机会，这也是本章节的核心；（2）一次机会可以多方利用；（3）激励机制要配套。

>> 成本项也是营销机会

要让老会计抢着去核税，得先让他们认识到核税这个环节的重要性。一方面，这是财务人员与客户第一次真正的业务接触。就像相亲一样，如果第一次接触，客户对你的感觉不好，后面就很难深入合作了。另一方面，快速帮客户完成核税是后续代理记账工作开展的重要前提。因为我们对客户的收费往往是从核税开始的，所以提升公司的核税率，实际上就是在提升公司的现金流和利润率。只有核税完成后，费用才开始计算，所以应特别重视核税的作用。

具体到工作考核上，有两点需要关注：一是核税率。核税率 = 核税完成客户数/代理记账签约客户数。如果很多签约的客户之后没有核税，也就是说没有代理记账，那实际上是我们没有履行代理记账合同。二是核税的时间。如果核税的时间拖得很长，这实际上推迟了代理记账费的收取。这两种情况对公司而言，损失是很大的。例如，有的公司当月签了 100 个客户，有 60 个客户签了财务代理合同，但是交接到财务做账的只有 30 家，这其中有很多客户退出了，或者说推迟了几个月才来支付代理记账费，这对公司来说，损失是很大的。

由此可见，我们一定要把核税当成一次营销机会。我在公司把这个逻辑讲明白后，就有很多人抢着去做核税，因为在这个过程中，客户如果对我们的专业服务满意，就很可能会帮忙转介绍客户资源，还可能加做其他业务，如人事代理或者商标业务。

现在，甚至一些比较积极的业务员也开始提出，如果会计来不及，能不能由他们带客户去核税。因为业务员对税务的基本税种也比较熟悉，能够胜任带客户去核税的工作，而过程中可能出现的转介绍机会，业绩就可以算到业务部门。

所以，现在企盈出现的一个良性现象就是，业务部门的业务员和财务部门的会计都抢着去核税。

>> 一次机会可以多方利用

我现在对公司的要求是，老会计带着客户去核税的时候，要把新人也带上，无论是实习生还是新来的财务都可以带去。这样做既提高了客户的满意度，也提高了转介绍率，税务专管员还会认为我们很专业，同时让新人得到了锻炼。

只要把思路换一换，就会有完全不一样的效果。核税环节最能体现“服务即营销”理念的效果。

>> 激励机制要配套

让员工抢着去核税的背后还得有一套行之有效的人力资源绩效和激励机制。如果没有设定合适的激励机制，付出努力之后没有一定的奖励，员工的积极性会大打折扣。

思考题

在带客户去核税的过程中，怎样才能好好聊天，既让客户开心，又提高转介绍率呢？

第 11 讲 | 拆解服务鱼骨图第九招：如何让客户感知会计的劳动成果

会计的工作得不到客户的认可，怎么办？

代理记账行业提供的包括工商和财税在内的各种服务，具有无形性，不能让人直观地去看、去触摸或者去试用。但我们仍需要做到“无形的服务，有形的感知”。

一般来说，一件产品大致有三种属性：一是搜索属性，如我们在买衣服或者买汽车的时候，这类产品的价格和品牌可以通过事先搜索，或者通过标准化的描述来感知；二是经验属性，如餐饮、旅游和美容美发，这些服务的品质在消费过程中是能够直接感受到并做出判断的；三是信任属性，如代理记账行业里的工商和财税服务，以及去医院看病，这类服务事后很难去专业地判断好坏。

正因为工商和财税服务具有很强的信任属性，所以我们需要把这种无形的服务让客户有形地感知，这也是我们拆解整个服务鱼骨图的目的。

下面，我介绍五种让客户感知我们的劳动成果的方法：

>> 每个月与客户沟通

沟通其实是一个服务的过程。有的会计不愿意与客户沟通，怕打扰客户；有的存在过度沟通，成了一种骚扰。那么，哪些内容应该与客户沟通？哪些内容不应该与客户沟通？这需要掌握一个度。

>> 告知客户我们对他的关注以及我们为他做的工作

我们公司有个小男生，公司经常收到客户对他的表扬。后来我们发现，他会把自己的工作及时告知客户。例如，客户让他帮忙买发票，他会告知客户“虽然已经是周五下午 4 点多，税务老师快下班了，但我们为了能帮您尽快把发票买回来，不影响您周一的开票，我们跟税务老师说了好多好话，老师终于答应了。周一上午我们收到发票后，会在第一时间把发票给您。”你看，客户的满意度会提高很多吧。

>> 会计凭证的装订一定要专业

在日常工作中，我非常强调要把会计凭证装订得足够专业。什么叫足够专业？上海代理记账行业协会的会长单位——瑞和财务的会计凭证是非常值得大家学习的模板。他们给客户的凭证本做得非常详细和标准化，明细账册前还有目录，就连给客户的凭证纸张都用了印有公司 logo 的专用纸（如图 1－8 所示）。

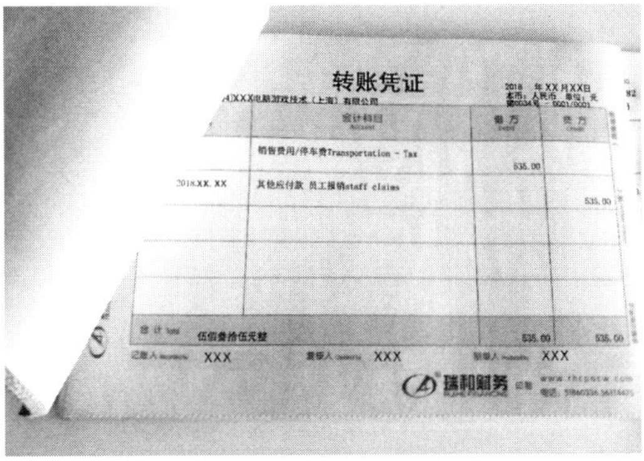

图 1－8　瑞和财务会计凭证图

>> 会计报表

我们一般在每个月的会计报表完成后就会将资产负债表、利润表和现金流量表发给客户，但这其中存在一个很多会计没有注意到的问题，就是客户的老板中，很少有人仔细看那三张表，所以我们的这项服务，老板们往往是感知不到的。因此，我建议公司的会计专门给客户准备一份简易报表，把营业额、成本、费用、毛利润、净利润和税收这些客户老板最关注，也看得懂的指标整理出一个简易的版本，以便他们快速浏览，这样客户的满意度就会显著提高。

>> 为高端客户做简单的财务分析

例如，某客户公司的毛利率与整个行业的比较，其管理费用或营销费用在整个营业额中的占比，以及广告投入的变化等，把这些简单分析一一列出来，就能够辅助客户做一些业务和营销上的决策，这是很好的额外服务，也是代理记账会计劳动成果的直接体现。

总之，要通过务实的工作，让客户感知到我们服务的专业性和品质，也就是要把无形的服务用有形的方式展示出来。除了以上这些,我们还可以发散思维,从办公室装修、VI(视觉识别)形象设计,以及政府给企业的认证和荣誉等各个方面提升服务。

思考题

除了这一讲提到的五个方面,你还能想到哪些办法以展现代理记账公司会计的劳动成果,让客户感知呢?

第12讲 | 拆解服务鱼骨图第十招：客户投诉，先处理情绪后处理事情

客户投诉，你认真对待了吗？

关于投诉，大家的第一个反应就是很头疼。但很多事情都有正反两个方面的作用，关键在于我们怎么看待。

真正因为不满意而来投诉的客户，其实只占所有不满意客户的10%左右。从图1-9中我们可以直观地认识到，来投诉的客户只是冒出水面让我们看到的冰山一角，绝大部分不满意的客户隐藏在水面之下。也就是说，如果有一个客户投诉，就意味着有10个客户不满意。如果我们意识到这一点，那就一定不要只觉得头疼，而是要认真对待这个投诉，反思我们的服务了。

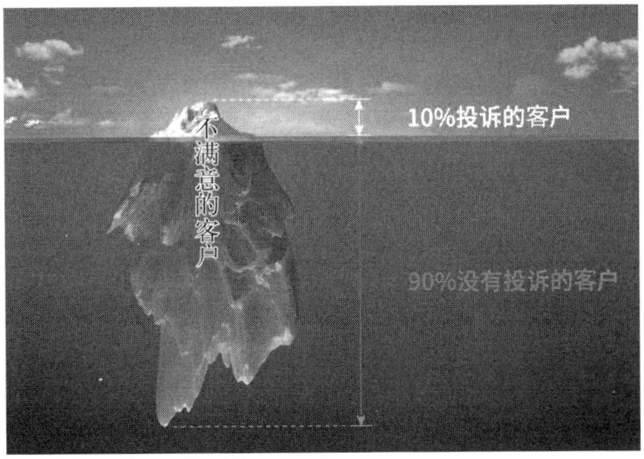

图1-9 客户投诉冰山图

如何处理投诉，我列举了以下四点意见：(1) 认清客户投诉的原因；(2) 正确看待投诉；(3) 用正确的方式处理投诉；(4) 设置机制，谨防投诉升级。

认清客户投诉的原因

客户投诉的原因在各个行业是具有普遍性的，基本有以下四种：一是由于提供

的服务不好、不专业，给客户带来了麻烦，要求补偿。二是因为服务态度不好，客户觉得没有得到尊重。三是客户觉得公司管理得不好，要展现一下自己，指出公司的问题，这类客户大部分是来求重视的。四是得理不饶人，这类客户不是求解决问题，而是在发泄负面情绪。

>> 正确看待投诉

消费者投诉方面的专业调查显示，投诉的客户肯定是有不满意的地方的，但是不满意的客户不一定会投诉。如果客户既不满意，又不投诉，那么继续合作的可能性大概只有 9%；而在投诉的客户中，如果在投诉之后问题还是没得到解决，那么他们 80%以上是不会继续合作了；如果投诉过的问题最终得到解决，大约有一半的客户会选择继续合作；如果投诉的问题能被迅速解决，那么大约有 80%以上的客户会继续合作（如表 1－2 所示）。

表 1－2　客户投诉和合作概率表

客户状态	投诉状态	解决情况	继续合作的概率
不满意	不投诉	无法解决	9%
	投诉	无法解决	<20%
	投诉	获得解决	50%
	投诉	迅速解决	>80%

所以，客户产生不满意但却选择不投诉的后果才是最严重的；愿意投诉的客户，其实是愿意来解决问题的。

对投诉要有正确的认识。我们经常讲如何应对危机，一个单纯的客户投诉，对我们来讲就是一种危机。危机，就是危险和机会。危险情况产生以后，我们首先应该分析有哪些问题，然后看看能不能把它们转化为机会。如果我们能把投诉处理好，其实也可以增进与客户的沟通，这样反而可以培养客户的忠诚度。如果把投诉处理得特别好，让客户满意甚至感动，他还会帮我们做正向的传播，这就有助于树立良好的公司口碑。所以从这个角度来看，投诉也可以变成推广。从另一个角度来看，如果客户投诉反映了我们工作中存在的问题，那就是给我们改进自身服务提供了一次机会。处理投诉是一个成本项，但如果我们把处理投诉反过来看成一次提升公司管理水平的机会，这也符合了“服务即营销”的理念。

>> 用正确的方式处理投诉

除了认知之外，最重要的是怎么处理投诉。在这里，我要向大家重点强调一个基本原则——先处理情绪，后处理事情。情绪没有控制好的时候，争吵是没有用的。

对第一种求补偿的客户，除了要安抚他，关键是给出解决方案。如果真的出了问题导致赔偿，赔偿的方案也需要与对方沟通，目的是最终让客户满意。

对于第二种投诉客户，如果是我们的服务态度有问题，我们就要真诚地道歉，给客户足够的尊重。

对于第三种求重视的客户，我们一定要表示出对他的尊重，因为有的时候我们真的可以从他那里学到有用的东西。

至于第四种单纯发泄情绪的投诉，听完、接受，别的什么也不要说。

>> 设置机制，谨防投诉升级

投诉的过程是一个不断升级的过程。我们能想到的最好的方式就是在客户稍有不满的情况下，及时把问题扼杀在“摇篮”中。解决好投诉问题的前提是公司重视这个问题。在企盈，我们有专门的投诉电话公开在公司网站上，有专人来负责投诉受理，受理投诉的人员会把每个投诉记录下来，形成一张表，一层一层反馈到公司，从管理层到董事长都能了解每个投诉的详情。与业务人员相比，处理投诉的人员是第三方，能做到相对公平和公正。

综上所述，公司要为投诉处理设置一套机制，一方面不至于让客户投诉无门，另一方面要让客户对投诉的处理结果感到满意。另外，还有一些无法处理的投诉，要及时向客户做解释，启动危机公关，不能让它扩大化，甚至看着它升级为恶性事件。

思考题

你被客户投诉过吗？如果遇到投诉，你是怎么解决的呢？

第2章

认知与思维

第 13 讲 | 选择比努力更重要

代理记账行业能实现标准化服务吗?

为什么人们常说,老板的高度决定了公司的高度? 我的理解是,任何一家公司,如果老板的认知层次较低,这家公司就不太可能有大的发展。马云之所以把阿里巴巴做得那么大,正是因为他有极高的认知,他说要做一家 102 年的企业。为什么是 102 年呢? 阿里巴巴创立于 1999 年——20 世纪的最后一年,如果做到 102 年的话,它就是一个跨越三个世纪的公司。这个目标听起来就令人热血沸腾。从这个例子里,我们很容易看出马云作为一个顶级企业家的野心,或者说格局。

代理记账行业一直以来被认为是一个层次较低的行业,很多年前,我自己也是这么认为的。但如今我要说,这是一种很可怕的认知,因为当我们这么认知的时候,我们的企业就注定做不好了。我的企业进入快速发展的轨道,正是在我转变和提升了对行业的认知之后。我亲身体会到了认知的重要性,深信选择比努力更重要。

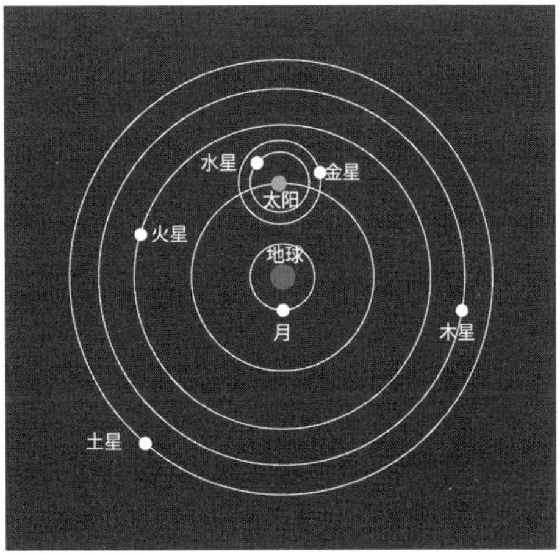

图 2-1 地心说

我在行业里看到很多努力的老板,但如果仅努力就能成功的话,这个世界上的成功者至少要翻 10 倍。事实上,努力的人中最多只有 1/10 的人成功,基于认知基础上的选择(战略)起了很大的作用。

在 1 300 年前的欧洲,大家对世界的认知是地心说(如图 2-1 所示),认为所有行星和太阳都是绕着地球转的。这是当时的权威思想。当时也有很多科学家观测到了不同的结果，但他们不仅不敢质疑，反而为地心说做了很多辅论。这些科学家后续的种种研究做得非常复杂，但因为方向错了，以至于其中有的科学家后来不堪重负地说:“如果我是上帝，我绝不造出这么复杂的世界。”

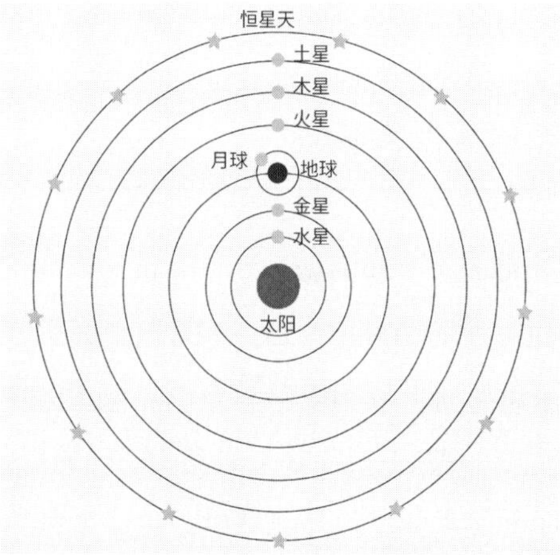

图 2－2　日心说

一直到哥白尼提出日心说(如图2－2所示)，困扰那么多科学家的问题才一下子变得简单了。这就印证了我前面的观点，成熟的认知带来的正确选择往往比努力更重要。如果我们一直困在“地心说”这么一个错误的理论和认知中，之后的所有努力就都是白费的，不可能获得有益的结果。

还有一个类似的例子是蒸汽机。当瓦特发明蒸汽机后，工业革命快速发展，大大提升了整体的生产力。当时，很多工程师就想方设法去提升蒸汽机的效率。但是再怎么提升，人类都没法靠蒸汽机把飞机送上天，一直到内燃机的出现。蒸汽机和内燃机(如图2－3所示)是两套不同的体系，只有换了一种思维方式后，飞机上天才成为可能。这也就是认知的改变。当然，这里面也有一个从量变到质变的过程。

图 2－3　蒸汽机与内燃机

我想强调的是，如果我们的认知能够快速升级，对我们的实际工作就会有很大的推动作用。那么，应该如何提升认知？有两个简单的思维方式：一是从高处俯视低处，二是从未来思考现在。

>> 从高处俯视低处

2018 年的“十一”假期，我和家人去了马六甲海峡。众所周知，马六甲海峡具有非常重要的战略地位，是连接太平洋和印度洋最快捷的通道。然而，当我们无比期待地到了当地，却感觉它与一般的海湾没什么区别（如图 2－4 所示）。怎样才能直观显示马六甲海峡的重要性？只有把马六甲海峡缩小到地图上来看（如图 2－5 所示），也就是把我们放到更高的位置，才能看出它的战略地位。这就是从高处俯视的效果。

图 2－4　马六甲海峡

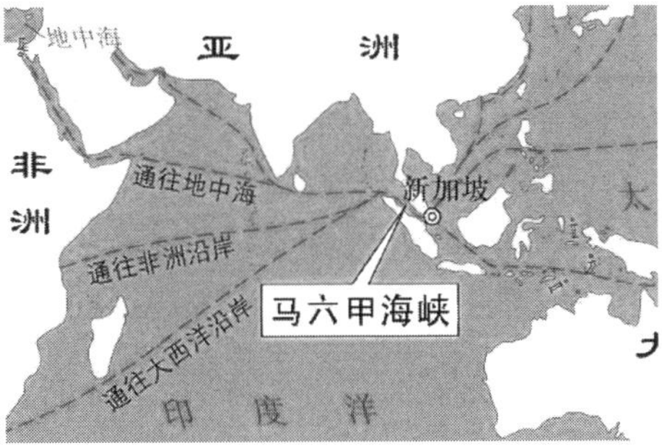

图 2－5　地图上的马六甲海峡

我们要理解所处的行业，也要从高处来看，从整个大环境来看，就会得到另一种认知。

>> 从未来思考现在

代理记账行业 10 年以后会变成什么样子？如果 10 年后它会是那个样子，那么我们现在该怎么做？这就是从未来思考现在的思维方式。如果我们能这样去思考，那么现在做事就可以从对 10 年后的理解、预测、规划出发。这种思维方式带来的效果相比以前肯定会有很大的区别，也会让现在的努力变得美妙。

我们提升对行业的认知，首先要了解整个行业现在的生态是怎么样的。然后要看行业的未来，如未来10年、20年它会变成什么样，可能出现哪些情况。再思考我们在整个生态和未来的变化中能够扮演什么样的角色、提供什么样的价值……如果能够不断思考这些问题，我们在当下做事的时候就会更有底气，也能更清晰地选择、执行自己的战略。

我与很多同行沟通过这么一个问题：我们这个行业到底能不能实现标准化？以前我认为不行，因为我们对客户的服务不仅取决于我们自己，而且时时受工商、税务部门的制约，必须由他们来配合，所以很难标准化。但后来，我了解了携程和链家这两家企业，发现它们处在比代理记账还要难以标准化的行业，却实现了行业标准化。它们的成功给了我很大启示：我们做不到，不代表别人做不到；我们现在做不到，并不代表未来做不到。改变了对于“不能标准化”的认知后，我现在坚信，整个代理记账行业的服务未来是可以标准化的，即使有工商、税务等变量因素，我们也可以始终标准化地向客户提供良好的服务。

所以，要相信“相信”这个词的力量。当你的认知提升了，相信会实现现在看来不可能的目标，相信会有一个美好的未来，那么这个未来就会真的到来。如果没有相信，就永远不可能开始行动，选择相信，就成功了一半。相信了，就能去努力改变，就能在实践中提升认知，就会发现解决问题的方法远比我们想象的要多。9/10的人是因为认知不够高，对自己想做的事情不够相信而最终放弃了。

思考题

代理记账行业的工商服务和财税服务中，你觉得哪个是最难以标准化的：公司注册、公司变更、公司注销、商标注册、税务筹划？

第 14 讲 | 代理记账行业如何面对企业服务生态链

行业里这么多大鱼在，我这条小鱼该如何生存？

>> 企业服务生态的类型

代理记账行业处在各种企业服务的生态链中，要谈应对，首先要梳理一下目前有哪些主要的企业服务生态（如图 2－6 所示）。

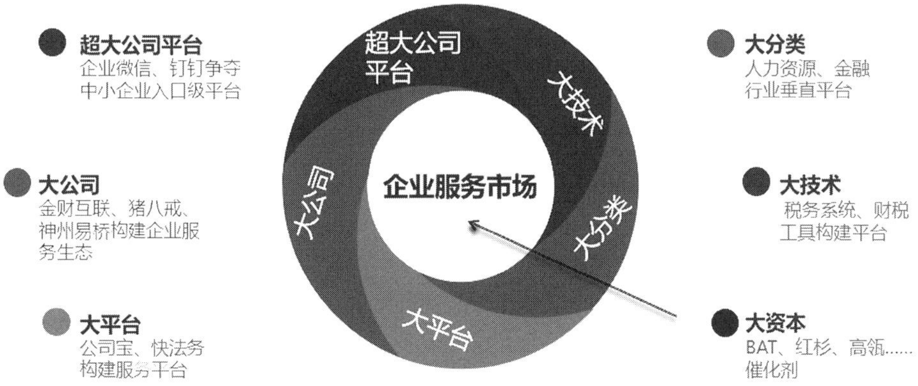

图 2－6 企业服务生态图

第一种生态是超大公司的超大平台，主要包括两大体系：一是腾讯系的企业微信，二是阿里系的钉钉。两者都在争夺整个中小企业服务的入口。目前，很多中小企业已经习惯使用企业微信或者钉钉的一些基础功能来实现公司的考勤签到、简单的 OA 审批等。

企业微信和钉钉这两大工具平台的目的是通过给中小企业提供基础服务，甚至是免费服务，把大量中小企业吸附在平台上，从而争夺企业服务的入口。2018 年阿里系钉钉的新品发布会是在腾讯的大本营——深圳举行的，还通过深圳卫视做了直播；而腾讯的企业微信最近一次的发布会是在阿里巴巴的大本营——杭州举办的。可见，超大平台对中小企业服务入口的争夺已经进入了白热化阶段。

第二种生态是比较大的上市公司和一些“独角兽”企业，它们正试图建立企业服务的小生态，典型的有做税务局端的系统的公司，如金财互联、税友等，它们从税务的角度切入企业服务市场；又如神州易桥，是从资本的角度切入企业服务市场；再如“猪八戒”，经过这么多年的发展，开始从知识产权角度切入企业服务市场，他们现在有专门针对税务的板块。以上这些公司还在不停地发展和进化。

第三种生态是拿到了资本投资的较大的平台公司，如薛蛮子投资的公司宝、雷军投资的快法务，还有小微律政等，都是想从工商和财税的入口切入企业服务市场。在建立平台级公司的时候，同样会碰到线上线下相结合的问题，因为面向企业的服务比较繁重，周期又比较长，所以，怎么把这些客户黏住，就成了大家共同面临的挑战。

第四种生态是一些大的分类，如人力资源、金融等垂直领域的企业。它们中有一些也得到了资本的支持。

说到企业服务生态，不得不说资本。任何一个行业的快速发展都必须得到资本的推动。目前，不管是 BAT，还是像红杉、高瓴这些知名的创投企业，都进入了企业服务领域，而企业服务本身也是供给侧改革的重要部分。与美国的硅谷相比，之前资本一直低估了企业服务的巨大潜力，现在，整个企业服务行业正处在资本的推动中。

>> 如何面对各类企业服务生态

梳理清楚了上面这些基本的企业服务生态后，代理记账公司又该如何面对这些生态呢？我认为：

第一，积极主动融入平台，享受平台给予我们的各种能力。如果说代理记账公司是整个企业服务生态中的一滴水，那么一滴水最好的生存方式就是融入大海，否则就可能会迅速蒸发掉。融入这个生态，我们自身才可能发展得比较好。

第二，积极拥抱变革，尤其是技术带来的变革。最典型的例子就是内部 OA 系统的应用，现在可以通过企业微信或者钉钉方便地实现，而且几乎是免费的。另外，要选择一款适合自己的财务软件，并充分利用它来提升工作效率。

第三，做好服务。至少在未来5年内，工商和财税的线下服务不会被替代，温情的人还是好过冰冷的机器，创业者需要很多温情的服务，所以打造我们自身的专业服务和温情服务是我们生存的基础。人工智能再怎么发展，在可以遇见的未来，也只能解决科学问题，而管理是“科学＋艺术”，我们对创业者的服务，除了科学，还有很多艺术的部分，这些部分机器暂时是难以替代的。

第四，关注未来。随着个税改革，个税按照家庭征收，家庭的合理避税需求会非常巨大，我们服务的客户也会是家庭个税服务的客户。所以，努力增加服务的客户数量总是没有错的。

第五，成为学习型老板和学习型公司。2018年8月，在上海举办的软件评测论坛上，我提出，行业总是要发展，有些公司一定会被淘汰，但有一点是肯定的，就是总有前20%的企业会留下来。也就是说，只要进入行业前20%，你就基本上不会被淘汰，并进入下一轮的转型升级中。怎样才能进入前20%呢？答案只有一个：学习！世界和行业在快速变化，但“二八原则”[①]不变，只有不断快速学习的老板和公司才能不断提升认知，成为前20%，才能引领行业的变革，自己也才能生存下来。

思考题

企业微信、钉钉，你用了哪个，还是都没有用？用或者没用的原因是什么？

① 巴莱多定律（也称“二八定律”或“二八原则”）是19世纪末20世纪初意大利经济学家巴莱多发现的。80%的社会财富集中在20%的人手里，而80%的人只拥有社会财富的20%，反映了一种不平衡性。

第 15 讲 | 工商与财税服务：一个赚钱的入口

随着市场竞争的加剧和人工智能的发展，代理记账变得越来越简单，那么，代理费会越来越便宜，甚至降低到 0 吗？

代理记账公司的主营业务就是工商与财税服务，而这正是企业服务的入口（如图 2－7 所示）。

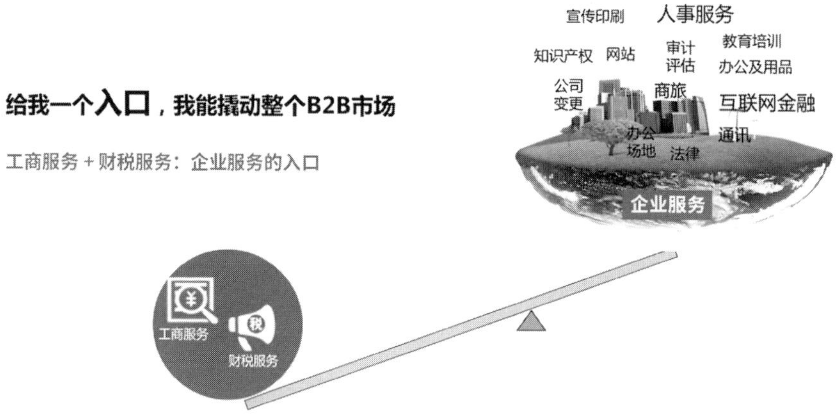

图 2－7　一个赚钱的入口

企业服务覆盖的内容非常多，包含金融、人力资源、教育培训、知识产权、审计评估、商旅、法律、办公场地、网站等。它的入口在哪里？就是工商和财税服务，因为任何一家企业首先要注册，公司注册好之后，是相对高频的财税服务，每个月都需要报税。正是工商和财税服务这个入口的价值催生了代理记账行业的巨大价值。与此同时，它本身还是个能赚钱的入口。在互联网领域，很多入口是不赚钱的，或者在竞争中被迫变成了不赚钱的。像当年的滴滴和快滴通过补贴来恶性竞争，就是为了抓住入口，抢夺用户资源；共享单车的竞争也是一样，使得入口本身没法赚钱了。

那么，这个赚钱的入口到底有多大？

工商服务主要是指企业的注册、变更和登记业务。我国每年新注册的公司有六百多万家，2018 年年底的存量是 3 500 万家，这些中小企业每年都要做年报，也有大量变更需求，这个服务市场的价值超过千亿元。

财税服务的规模就更大了。我国现有的 3 500 万中小企业中，有 70％采用了代理记账服务，仅代理记账一个业务就是数百亿元的市场规模。再加上评估审计、税务筹划等各类财税服务，整体规模就更大了。除了主营业务外，代理记账公司还会提供很多增值服务，如基础的人事服务，代发工资，商标和专利申请等。所以，整个入口的市场规模至少是数千亿元，而且这么大的体量本身也还是赚钱的（如图 2－8 所示）。

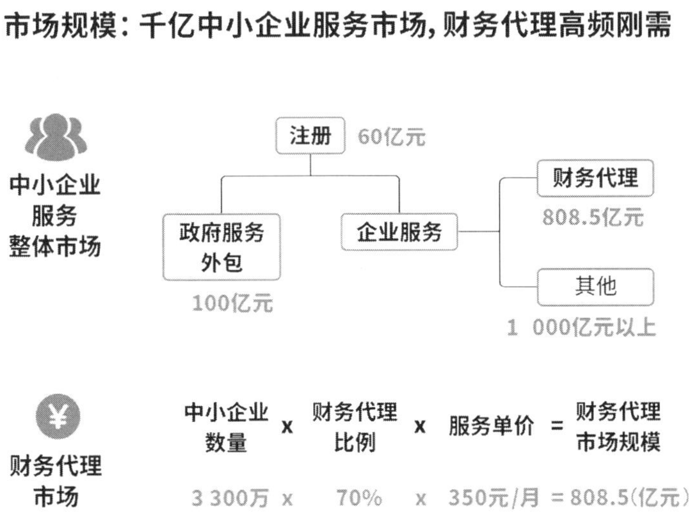

图 2－8　财税服务市场规模

在企业服务中，工商和财税服务是相对高频而又低额的服务。高频是指报税需要每个月做一次，加上工商、知识产权、网站等增值服务，因此代理记账公司每年平均要为客户提供不下 50 次各种各样的服务，而平均单价在 170 元左右，按照一年八千多元的服务费来算，这在 B 端市场领域是相对低额的。

这一高频低额的特点最受资本青睐。如同支付业务、打车软件、共享单车这些高频低额的产品获得了巨额资本注入一样，如今也有不少人看中代理记账这个入口的金融价值。金融价值是由行业自身决定的，我们自己要清醒地认识到这一点。

这个生态里的资本争夺战已经开始升级，主要体现在以下三个方面：一是通过技术来提高行业的效率，提升入口的效率；二是资本助推；三是随着技术的提升和资本的助推，这个入口本身会下沉，也就是说，为了抢夺企业入口，可能未来代理记账就不赚钱了。如果通过技术能够提升行业的效率，或者能够做到价格更低，行业中的公司就会用很低甚至不赚钱的价格抢夺这个入口，然后为海量企业提供金融服务。所以：

第一，如果真有人把代理记账当作入口，那么代理记账的收费迟早会降低，甚至为 0。

第二，这种互联网思维的成立有四个前提：一是通过低价能够垄断行业，集聚大量客户；二是这些客户的价值(包括金融等服务的价值)能够覆盖成本；三是这些客户的价值能够被转化；四是技术的进步让规模化提升代理记账效率成为可能。

第三，从现在的情况来看，技术进步确实为这个入口的互联网思维奠定了基础，但这些中小企业的综合价值有多少能被转化，还只是理论上的可能。所有互联网的创业计划书里都做了很美好的预测，但转化不是那么容易的。

海量中小企业的价值有多大？这是目前所有看中这块蛋糕的人都在思考的。我在实践中得出结论：要提升转化效率，必须提升管理水平。所以，如果要通过代理记账公司去转化增值服务，就必须提升代理记账公司的管理水平。是否能绕开代理记账公司，用另外的方法去做？到目前为止还没有看到。

综上所述，努力提升代理记账公司的管理水平，提升除了工商和财税服务以外的增值服务的转化率，是代理记账行业入口逻辑成立的关键。

思考题

有人预测，到 2025 年，像代理记账这样简单的做账、报税将完全不需要人的参与，你相信吗？

第16讲 | 比税务所所长更懂税法，你做到了吗

比税务所所长更懂税法，比工商所所长更懂公司法，比园区主任更懂财政政策，你做得到吗？

身处企业服务的大生态，面对入口行业的下沉和残酷的市场竞争，未来代理记账公司究竟该如何生存与发展？我总结出了四点：要把“脏活累活”干掉，要比税务所所长更懂税法，要比工商所所长更懂公司法，要比园区主任更懂财政政策。

“脏活累活”指的是企业的线下服务，其本身具有巨大的价值。从国家的角度来看，中国当年就是干掉了全世界的“脏活累活”，才逐步成为世界第二大经济体的。在干“脏活累活”的过程中，其实提升了我们各方面的能力。在行业当前的大背景下，代理记账公司尤其要做好线下服务，这一部分是巨头们不愿意干，也没有办法干的，他们不可能具体去做每一个客户与工商、税务的对接。所以，这部分工作只能由代理记账公司来做。

而后面三点都是同一个意思，就是要把自己的业务做到专业、专业、更专业！

代理记账公司在与政府部门的沟通中，涉及的法律法规和相关解释非常多，尤其是税务变动非常大。

2007年，曾经有一家互联网公司在企盈办理注册业务，一个“80后”的创业者在家里办公，当时注册资金只有3万元。这家互联网公司经过2年的发展就拿到了美国投资公司给的A轮融资500万美元。尽管融资协议已经谈好，但却碰到一个棘手的税务问题：这家公司的经营模式是帮互联网平台导流，盈利模式是赚取差价。例如，他从平台获取60元，返利给用户50元，自己赚10元，但这些费用是通过公司账户打到用户的个人账户的。税法上对这种盈利模式没有给予相应的法律法规支持，那么，打给客户的50元能不能作为成本？如果不能作为成本，这60元就要全额征

税。所以，当时美国投资方就提出，必须请税务局对这50元的成本给出书面认可，但税务局不会做这件事。针对这家公司的实际情况，企盈研究了税法和相关解释，找到了一个比较好的解决方案。企盈拿着这个方案去与税务局沟通，得到了税务局的认可，最终帮助这家公司顺利拿到了美国投资方的500万美元。现在这家公司已经是一家“独角兽”公司，有将近2 000名员工。

每个地方税务所监管大量企业，无法实现对所有企业的情况了如指掌，而我们要做的就是更专业地帮助企业把税务方面的问题梳理清楚，快速找到对应的法律依据，并对这些依据通过合理的解释来解决税务部门的后顾之忧。这样既能体现我们的专业性，进一步增强税务部门对我们的信任，又能帮助客户解决问题。

企盈碰到过一家国有企业，做有形动产——大型煤矿挖掘机的租赁，设备租赁企业注册在上海。最初该企业缴纳5%的营业税，1亿元营业额就得缴500万元营业税。上海实施“营改增”以后，有形动产租赁的税率改成了17%的增值税，也就是1亿元营业额就要缴纳1 700万元的增值税。因为该企业中一些老的设备的抵扣额比较少，新买的设备也不多，所以企业犹豫是不是要迁走。企盈为该企业分析了“营改增”的情况，得出的结论是从单个企业来说，税收的确增加了不少，但从包括煤矿原材料在内的整个集团业务来看，总体税收是下降的。因为该企业的增值税可以拿到煤矿抵扣，实际上节省了5%的营业税成本。换句话说，从表面上看，税收增加了1 200万元，但实际上整体税收是减少了500万元，毕竟之前的500万元营业税是不能抵扣的。从整个集团的层面来看，“营改增”是件好事，只是集团内部需要对税改进行一次内部调控。企盈帮助企业与上级集团进行了沟通。这个企业因此对企盈十分认同，一直找企盈做财税相关的服务。

所以，具备综合给出解决方案的能力很重要。当代理记账公司有了强大并且专业的服务能力，或者说其服务有了很强的专业性时，那又有什么好担心的呢？现实中那些互联网的流量，最终也会给服务好的代理记账公司带来价值。也就是说，如果代理记账公司把线下服务做好，就不缺流量，这是一个核心观点。

思考题

怎样才能做到比工商所所长更懂公司法？

第 17 讲 | 外行老板会比内行老板做得更好吗

外行老板 VS 内行老板，哪个更厉害？

在与一些同行聊天时，我发现一个现象，似乎大部分外行的老板比内行的老板做得更好。

其实，外行和内行各有优点和缺点。一般来说，外行老板的优点是他们的思路比较开阔，会从客户的需求出发，而缺点就在于专业性不够。相对而言，内行的老板会比较专业，很多本身就是财务出身，有的甚至是注册会计师，但是他们往往有一个通病，就是专注于专业而不善于营销（如表 2－1 所示）。

表 2－1　代理记账行业老板类型的优缺点对比

类　型	优　点	缺　点
外行	思路开阔 从客户需求出发	专业性不够
内行	专业	过分沉迷于专业 不擅长营销

我认为，这个现象背后是一个认知问题，或者说心态问题。

在西湖边上的岳飞墓前，有跪着的 4 个人的铜像，每次去那里，我都会很感慨。岳飞抗金当然没有错，但是皇帝的个人战略与宋朝的国家战略不一致。从宋朝的国家战略来说，当然要收回幽云十六州，雪靖康之耻。但是，当朝皇帝赵构的个人战略呢？如果岳飞成功，迎回靖康之耻时被俘的宋徽宗和宋钦宗，那么现在的皇帝赵构怎么与父亲和哥哥相处呢？这个无解的题目，岳飞一定要去解，最后的结果必然是“莫须有”的罪名。

这个故事说明公司的战略与老板的战略未必总是一致的。老板如果仅从个人角度出发，而不是从公司发展的角度出发，就会类似宋高宗赵构，使公司得不到发展，努力奋斗的忠臣们也发挥不了作用。

一些比较专业的代理记账公司的老板告诉我，他们不做零报税的企业，这些企业的账本很难做得规范。听起来不无道理。但是想一想，一个会计如果正常可以做60套账，那么做零报税的话就可以做到100套账，利用智能化软件还可以处理更多。这么一算，实际上从零报税企业获得的利润比从普通报税企业获得的利润多，既然利润更多，而且这些零报税企业还在成长中，以后可能会衍生出更多服务需求，那么我们为什么不愿意去好好服务呢？

所以有时候，很多专业能力较强的老板并没有从企业的角度去思考和决策，而是不自觉地用自己的好恶在做决策。作为管理层，如果我们不是为了公司的发展而思考，我们的团队又怎么能跟着我们把公司做大呢？这从本质上讲也是一个认知问题。

有一次，我与一位同行老板聊天，他说对于电话营销他是有抵触情绪的，他认为业务用电话来沟通，整个公司乱哄哄的，而他是一个喜欢安静的人。于是，我半开玩笑地问他：“你做这个公司，到底是为了这个公司的发展和盈利，还是为了这个公司能安静一点呢？”他沉默了。在我看来，他的确不希望这个公司很吵，但内心深处，可能也有一种鸵鸟心态，就是他本身不善于营销，所以就像鸵鸟一样把头埋下，自我催眠说“是因为太吵了我不喜欢，所以没去做营销”，这实际上是努力给自己找个懒惰的借口。看得出来，他平时没有在积极地认知这些问题，如果他能提升认知，或者找到一个好的合伙人，或许可以改善这种情况。

无论老板是内行还是外行，有一些要点对代理记账公司来说是必备的：

一是要通过服务让客户满意，从客户的需求出发来解决客户的问题。有时候不考虑具体情况，过分强调专业性，反而会降低客户的满意度。例如有一家零报税企业，其本身的目的是开一家淘宝店，从国家的角度来说，这些小企业既然符合3万元以下零报税的标准，就该让它处于最适合它发展的状态。碰到这样的客户，如果我们过分强调专业性，强调它的账本的合规性而忽略客户的便利性，实际上是阻碍了它的发展，这不仅没有从客户的需求出发，而且不合理。

我们要强调专业，但这个强调要有个度，最终目的是解决客户的问题，并且在合乎税法、会计法及相关法规的前提下让客户满意。

二是市场营销。现在这个年代，再好的酒也怕巷子深，所以我们必须把自己的专业性营销出去，而市场营销本身也是一个专业问题。现在一些互联网行业的营销人员开始进入代理记账行业，很多传统的老板就有一种抵触心理，不愿意接受互联网的营销方式。如果持有这种心态，就肯定做不好这个时代的营销。

三是你是什么样的人并不重要，你的公司需要你成为什么样的人才是重要的。你也许很清高，不喜欢主动与人沟通；你也许很专业，瞧不起销售人员；你也许很人性化，不喜欢规范化管理；你也许很骄傲，不喜欢那些讨价还价的客户；你也许很宅，不喜欢各种商务活动……但如果公司需要，你就应该带领大家去做。老板的战略与公司的战略一致，才能将公司带到一个新的高度。

我们看待问题的角度决定了我们的战略方向，而这种战略又决定了我们的行为。当然，如果你很确定，自己就是要做一个小而美的公司，做一个很专业的公司，这也很棒。我走访过很多小而美的外资企业，收费很高，但即使只有两三百家客户，它的利润也能够有好几百万元。但前提就是你要结合自己公司的实际情况，找到自己的定位和战略方向。

思考题

在代理记账行业，你是外行还是内行？你觉得你的优势是什么，劣势又是什么？

第 18 讲 | 第一家代理记账公司出现在哪里

代理记账行业对政府和营商环境有多大价值?

>> 全世界第一家代理记账公司

公司起源于资本主义的国家垄断,如很早之前的东印度公司。既然是垄断,就不可能出现我们这个代理记账的服务行业。

后来随着工业革命的兴起,自由贸易的出现打破了公司由国家垄断的状态,大量新的公司破壳而出。英国政府最早宣布取消垄断,允许普通老百姓注册公司,也就是把公司注册从特许变成了自由,给大众提供了非常重要的平等权利。

今天看来,拥有平等的权利去注册公司是再正常不过的事了,可是在当时却经历了不少波折。等到广大老百姓都可以注册公司后,就开始出现专业的企业登记代理公司和财务服务公司。

那么,第一家代理记账公司到底出现在哪里呢?答案是二百多年前的英国。如此看来,代理记账行业实际上是一个拥有二百多年历史的行业。只有对自己行业的历史有更多的认知,我们才能更好地认知未来。

>> 中国代理记账行业发展的四个阶段

第一个阶段是在 20 世纪 90 年代初。1994 年,我国开始实施改革开放后的第一部《公司法》。有了《公司法》以后,公司就可以注册,然后逐渐发展出了企业登记代理行业。1993 年修正后的国家《会计法》第一次明确给出了代理记账的定义和相关规定。

第二个阶段是在 2000 年左右。在当时中国市场经济发展的背景下,整个行业进入快速发展的阶段，公司的数量迅速增加，整个代理记账行业也随之发展起来。

第三个阶段是 2014 年。在那一年，代理记账行业出现了一个重大转折点，由于国家在那年取消了注册资本实缴制，公司数量开始飞速增长，整个行业进入红利期。

第四个阶段是 2016 年前后。企业工商和财税服务受到了资本的热捧，各种平台性公司和上市公司开始关注并进入代理记账行业，把代理记账行业推到了资本的风口上。

很多时候，美国的过去就是中国的未来

美国有三家典型的提供公司注册法律服务和税务服务的公司：

H&R Block 是美国最大的连锁税务服务供应商，在美国经营税务门店一万多家，2017 年提交了近 2 300 万份纳税申报单，营收超过 30 亿美元，公司市值为 55 亿美元。

Intuit 成立于 1983 年，从一家个人理财服务商逐渐成长为一家智能财税公司，专为中小企业、个人和会计专业人士提供财务管理、税务管理、薪资管理、支付、个人理财等解决方案，市值达 440 亿美元。

Legalzoom.com 于 2001 年上线，专为中小企业和个人提供简洁、高效、廉价的一揽子法律服务。

综上所述，代理记账行业从全球角度来看，是一个历史比较悠久的行业；在全世界，无论是美国、英国，还是中国香港，代理记账行业都是一个非常发达的服务业。所以，我们要对自己以及所处的行业有足够的信心，有了信心才有认同感。这种信心和认同感需要老板们充分传递给每一位员工，让行业里的年轻人产生更强的归属感和价值感，激发更强的工作动力。

中介机构的成熟度是一个地区经济发展和营商环境的重要标志。把专业的事交给专业的机构来做，不是凡事亲力亲为，也是企业节约商务成本、提高效率的成熟表现。这种发展趋势对代理记账行业是一个很好的机会。这意味着，市场足够大，而且会越来越大，只要我们足够专业，并且拥有很好的营销能力和服务，就可以从中脱颖而出。

思考题

你认为中国代理记账行业的未来发展会是什么样的？

第 19 讲 | 代理记账行业到底 low 不 low

为什么身处这个行业，很多从业者还是会觉得行业 low 呢?

前段时间，我去拜访了某省的一位代理记账行业协会的会长。在和他聊天的过程中，他提到自己之前不好意思说自己是代理记账协会的会长，因为说起代理记账，大众普遍会认为很 low。这让我又一次感受到，长期以来，代理记账行业在社会上的认同感是比较差的。

可是，我们既然身处这个行业，就必须树立良好的自我认知。如果我们自己都瞧不起自己，那怎么可能被别人瞧得起呢？良好自我认知的前提是我们对自己以及所处的行业要有正确的认识。

一方面，我们必须承认，代理记账行业的确经历了一个粗放式的发展阶段。2014 年以前，代理记账行业中的很多人通过非法垫资赚了不少钱。另外，行业中有少部分人一直在做假发票的生意，尤其是 2017 年，这个现象比较猖獗，的确是不健康和不光彩的事。时至今日，行业里还是有到处贴小广告的情况。由于以上情形，以及其他多方面的原因，无论是客户还是政府，都对代理记账行业的印象不好、认知也不全面。

另一方面，我们也要认识到，我们现在做的是帮助企业发展的事，尤其是在帮助创业者发展，为他们提供专业的服务，这是伟大的事业。从这个角度看，我们应该对自己的事业拥有充分的自信——代理记账行业并不 low!

第一，从政府的角度来说，我们在政府和企业之间起到了“桥梁”的作用，在企业办理工商和税务的相关事务的过程中，促进其与政府部门的沟通，协助其完成相关任务，是提高两者对接效率的重要中介。在“大众创业、万众创新”的浪潮中，代理记账行业是非常重要的助推力量。

中介机构的数量和成熟度是当地营商环境成熟与否的重要标志。所以,从政府的角度看,应该重视服务中介机构的发展。目前,代理记账行业也确实越来越多地得到行业协会和政府的支持。企盈提供的各种培训就获得了上海市政府给予的认证和荣誉。

第二,从资本的角度来说,代理记账行业是整个企业服务的入口,从而也如其他行业那样受到了资本的关注和追逐。所以,我们应该为身处这个风口上的行业而感到幸运和自豪。

第三,从行业人员的素质和服务水平来说,这几年提升得非常快。十几年前我刚入行时,很多人质疑:一个硕士毕业生为什么要进入这个行业?确实,当时代理记账行业的硕士人才非常少。但现在,这个行业吸引了很多高素质的人才,尤其是许多大公司和互联网企业的高管纷纷开始进入这个行业,推动了这个行业的快速发展。高素质人才的进入势必会带来新的理念,再加上整个行业的专业人员逐渐增多,我相信,未来行业的发展速度和水平提升速度会越来越快。所以,代理记账这个处于风口上的行业是很有前途的。

第四,从公司本身的经营角度来说,代理记账行业拥有非常健康的现金流。因为代理记账费是预收的,收到费用后才帮客户做账,这也是行业发展得比较快的重要原因。

另外,代理记账是存在刚性需求的。以前我和投资人聊天,他们会问:"这个行业服务的全是一些小企业,能不能赚钱?"我是这样回答的:"企业在创业的过程中,的确不一定赚钱,创业还会有失败的,失败的概率还不低。但不管这个企业创业时是一个怎么样的状态,就像当年美国西进运动中的淘金者一样,能淘到金的是少数,但是帮淘金者做服务的,如那些送饭、送水、送牛仔裤的人,都是能够赚到钱的。"其实,我们为创业者服务,就相当于为淘金者服务,他们对于工商、财税、知识产权等的服务都有着刚性需求。所以,这个行业的市场需求是客观存在的,从这个层面来说,代理记账行业是一个非常棒的行业。

30年前,中国的会计师事务所也被认为很 low,尤其是相对于国外的事务所而言。但现在我们也有了非常专业、规模很大的会计师事务所。同样,在中国,一定会诞生代理记账(或者称为财税服务)行业的"四大",一定会出现针对小企业和个人的法律与财税服务的平台级大公司。

所以，代理记账行业不仅是一个不 low 的行业，而且是一个非常伟大的行业，它不仅历史悠久，而且遍布全球。行业里的伙伴们应该一起努力把这个行业发展为一个阳光、健康的行业，抵制不健康甚至非法的行为，提升自身素质，提高对客户的服务质量。

美好的未来，一定，也只会属于看好这个行业并为这个行业努力耕耘的人！

思考题

你觉得代理记账行业 low 不 low?

第 20 讲 | 如何把线性累加的盈利模式发挥到极致

代理记账行业真的可以"躺着赚钱"吗?

代理记账行业在盈利模式方面存在巨大优势,是线性累加的。

假设一家代理记账公司每年可以新获客户 200 家,流失率为 8%,那么,一家 2015 年新成立的公司,第一年做了 200 家代理记账,按照 8%的流失率来计算,第二年这 200 家中会有 92%,也就是 184 家延续到 2016 年;如果 2016 年又新增了 200 家,那么 2016 年累积的客户数量就是 200 加上 184 家,也就是 384 家;到了 2017 年,在 384 家有 8%的流失率的基础上,再加上 2017 年新增加的 200 家,累积的客户数量就可以达到 553 家(如图 2－9 所示)。

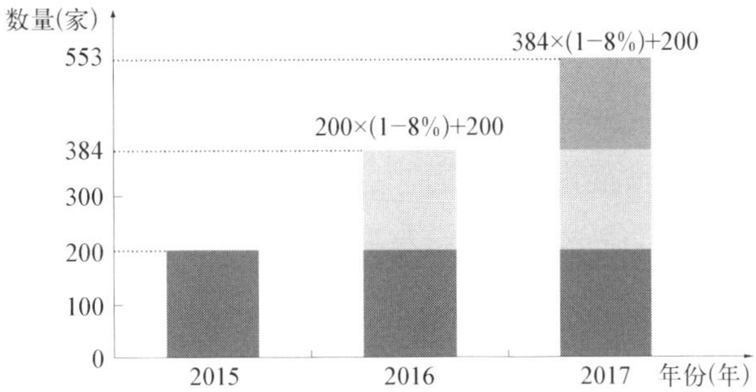

图 2－9　线性累加示意图

当然,8%的流失率是行业中的一个平均值。经过三年的发展,公司就可以累积五百多家代理记账客户。这种连续和累积的特点就是线性累加的盈利模式,也就是每一年都可以享受前几年获得的客户的价值和利益。并不是每一个行业都会这样,所以我们应该感到幸运。

那么,代理记账公司中有哪些是属于累积性质的业务呢?

第一是代理记账。刚才举的例子已经说得很清楚了。

第二是人事代理。我们帮客户做代理记账的工作相当于是兼职会计,既然可以帮企业处理账务问题，那么其他问题，如人事业务，包括代缴社保公积金、用工退工、劳动合同、代发工资等也是可以帮忙完成的。人事代理业务与代理记账的本质是一样的，也是一个累积的长期业务，每个月都会发生。与此同时，这些业务的收费也具有线性累加的特点。它的模型与代理记账的模型相同。例如，一个财务在传统的模式下可以做 60 家公司的代理记账业务，而对于人事业务，一个人大概可以做 100 家，它的效率和利润比代理记账还要高。

企盈在上海的人事代理业务能够做到大约 20% 的转化率，也就是说，我们代办出 100 张执照，其中有 20 家公司会找我们做人事代理业务，这样线性累加起来，最终的业务量会比较大。企盈现在的人事业务客户已经接近 2 000 家。

第三是政府的招商服务。政府招商的服务外包业务是指我们帮助政府的园区引进一些企业完成相关注册，当地政府就可以享受到这些企业带来的税收。中国采用的是分税制，分税制的地方财政收入就来自企业注册地的税收。从财政的角度来说，这可以理解为一项政府采购，园区根据最终引进的企业数量、质量和税收来给我们结算服务费用。

在上海，政府招商服务外包的业务已经执行得非常规范，可以直接与政府签订招商服务外包协议。根据企盈十年的实践经验，利用市场化的注册招商办法相比政府以前派招商主任或园区主任到各地招商，效率大大提高。所以，上海很多地方的政府就会把这件事交给专业机构，这对我们来说就是一项线性累加的业务。第一年我们引进园区的企业客户，在第二年和第三年会存续，政府就会相应地付费，不断累加。

未来，中国的个人所得税会以家庭为单位征收，为家庭（尤其是高收入家庭）做家庭个税筹划和申报也是线性累加业务。

明确了线性累加业务的类型后，如何把线性累加盈利模式的优势发挥到极致？

第一，控制流失率，这是代理记账公司的首要任务。不少代理记账公司一方面在很努力地花成本获客，另一方面却放任高流失率，这是很可惜的。控制流失率的方法有很多。例如，让公司的员工把可能会流失的客户用邮件的形式层层上报，形成紧迫感，就可以在一定程度上降低流失率。如果老板都不重视，那么公司就没人重视了，高居不下的流失率就会变成非常麻烦的问题，甚至出现员工私自为客户做业务的严重问题。再如，流失率要成为代理记账公司的首要 KPI（关键绩效指标），这是每个公司老板必须重视的经营指标。在企盈，每个员工都是把流失率考核放在第一位的。

第二，由于代理记账公司提供的业务具有长期性，因此，在员工利益和公司利益一致的情况下，可以长期激励员工。

第三，发展更多业务线，尤其是线性累加的长期业务。一家代理记账公司有很多客户，可以做多种业务。例如，企盈帮客户申请400电话，企盈与400电话运营商是长期分成的，这是一个线性累加的业务；再如，企盈推广POS(销售终端)机，其中有支付的返点，这也是长期的；又如，企盈与携程合作商旅业务，帮忙推荐的商旅业务也可以长期计算利润。所以，如果发展了很多线性累加业务，就可以在一次获客后，长期轻松享受之后的利润。

第四，尽量把一次性业务的收益转换成长期性业务，最典型的就是注册公司和代理记账的套餐。注册公司的服务收费可以比较低，因为它是一次性的收费，工商执照办完就结束了，但代理记账是长期业务，所以可以推出套餐，如，只要在企盈代理记账，就可以享受很低的工商注册费用。

思考题

你的公司目前已经开发出哪些线性累加业务？客户的年流失率是多少？结合你公司的特点，该如何控制流失率呢？

第3章

战略与核心团队

第 21 讲 ｜ 战略发展地图：公司越发展，老板越焦虑

老板的焦虑源自哪里？怎么办？

我与很多代理记账公司的老板们沟通和交流时，常常感受到大家普遍有一种焦虑感。回想我自己的创业经历，从三个人发展到现在三百多人的规模，可以说经历了代理记账公司发展的各个阶段，所以也能切身体会到这种焦虑感。随着公司的发展，人员越来越多，客户越来越多，各种情况就会越来越复杂，焦虑感也就会越来越强烈。

实际上，不仅是代理记账公司，几乎所有公司都会处于一种内外交困的状态：对内要搞定员工，对外要搞定客户，还要兼顾维系各种合作伙伴资源。

我曾写过一篇文章，简单分析了中国民营企业家焦虑的原因：(1) 宏观经济方面，经济增长放缓，导致生意越来越难做；(2) 内部管理方面，人口红利消失，导致员工不容易招聘，员工越来越难管理；(3) 政治因素方面，税收、社保、规范经营等方面的"原罪"让民营企业家充满不安全感，有的甚至噤若寒蝉。

那么，有没有办法解决这种焦虑呢？有，但需要满足以下两个前提条件：

第一，我们自己对公司和行业有清晰的认知。只有有了清晰的认知，才能有信心走出焦虑、解决问题。在第 2 章中，我主要是从整个行业的生态来描述我们的认知问题。但实际上，认知问题还有一个很重要的方面，就是自我认知：你真的了解自己，了解你的团队吗？

第二，在了解自己以及核心团队的基础上，清晰地制定正确的公司发展战略。只有战略对了，公司才会发展，焦虑感才会减轻。

>> 什么是战略

关于战略，管理学上有很多解释，我给大家一个简单而且容易实施的模型：战

略是一个不断发展的，结合了愿景、能力和资源的目标规划（如图 3－1 所示）。

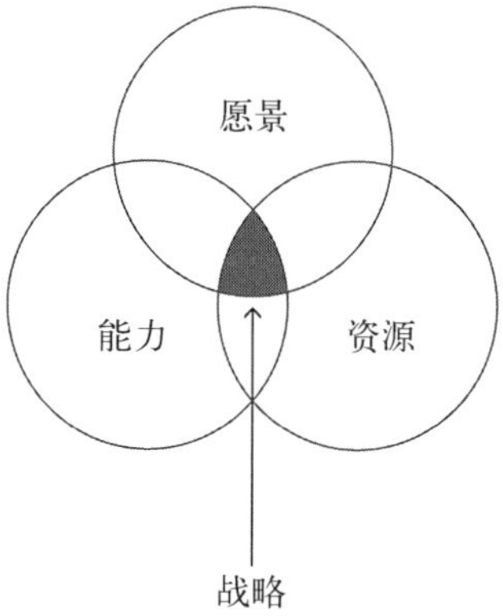

图 3－1　战略示意图

愿景，就是你想做什么，想把公司做成什么样；能力，就是你现在的综合素质，能把目标和愿景实现到什么程度；资源，就是你能整合的外部力量。这三点的结合就是战略，也是战略制定的方法论。

为什么战略那么重要？因为做公司有如行军打仗，如果战略不清晰，那么公司的发展道路也注定不会清晰。

我与很多代理记账公司的老板沟通时，发现了一些典型的问题。例如，两个股东的想法不一致，这时该怎么做才能让这个公司发展得好呢？最好的办法就是大家共同探讨并统一出一个清晰的发展战略。只有战略足够清晰，才能消除争议，让股东之间的意见实现统一。

然而老板的战略往往与公司的战略不一致。有时候我们会被自己的想法影响，容易在公司的管理和经营过程中忘记了公司的战略方向和目标。这时，公司战略的清晰程度将起到重要作用。如果公司战略非常清晰，对于公司要发展到怎样的规模很明确，就不应该排斥任何具体的方法。所以，战略从本质上讲，也就是一种取舍和选择。

我们现在拥有的能力和资源是有限的。基于有限的能力和资源，我们应该制定合适的、清晰的战略。战略清晰了，团队的执行才有依据，团队成员才会合力往一个良好的方向发展。

代理记账公司的战略发展大概可以分为以下几个阶段：

第一个阶段，我称之为“活下来”阶段，员工的人数一般不到 10 个人，一年有 200 家左右的客户就已经不错了。这个阶段的愿景很简单，就是“活下来”。这时候的资源和能力基本上取决于老板。三五个人的团队，基本上老板就是一切能力和资源的获取渠道。老板不仅是超级业务员，而且是“救火队长”，兼顾政府公关和内部管理。在初创期这样的愿景、资源和能力下，公司战略就是想办法获取更多客户，并把有限的客户服务好。

第二个阶段是“破瓶颈”阶段。随着公司的员工逐渐超过 20 个人，公司的客户数也会有好几百人，这时，公司有自我造血能力了，能盈利了，于是，怎么做大做强就变成了老板的关注重心，战略也会随之改变。

在这个阶段，很容易遇到“瓶颈”。老板想做大做强，但公司内部的组织和能力跟不上，外部资源也有限。那么，怎么突破这个“瓶颈”就变成了公司在这个阶段最大的战略。不同的公司会有不同的选择。有的选择市场细分方向，如只有三五百家客户的公司专门做外资代理记账，做得非常专业，这是非常好的战略。大部分公司会选择扩大规模，老板提升认知，带领团队一起突破，这是一个痛苦但又快乐的阶段。从哪个方向突破，就是战略选择。

第三个阶段是“想领头”阶段。当规模发展到 1 500 家以上客户时，公司的状态和老板的心态就都不一样了。我们开玩笑地说，见过很多代理记账公司的老板在客户超过 1 000 家的时候，走路都是带风的，感觉非常好，这个时候，他们会想做行业的领导者。这种新的目标就又是一个战略了，基于当时的资源和能力，也会遇到挑战，需要想办法突破。

一个清晰的战略能带来的最大的好处是，当公司在执行的过程中遇到了困惑、焦虑或迷茫时，可以时时对照公司的战略方向及时做一些取舍，这样就能更高效地向前走。

有舍才有得，在资源和能力有限的情况下，把公司主要的资源和能力投放到公司的战略方向上去，这是至关重要的。

思考题

画出愿景、能力、资源这 3 个圈，分别列出你公司这 3 个圈的内容，然后简单分析你公司这 3 个圈的交叉点，这就是战略选择。

第22讲 | 战略传递：愿景、使命、价值观

以客户为中心，说起来容易做起来难，怎么办？

一家公司在有了清晰的战略后，如何让它在日常工作中发挥作用，让员工和客户都能深刻地感知公司的战略，这就要靠公司的愿景、使命和价值观来展现（如图3－2所示）。

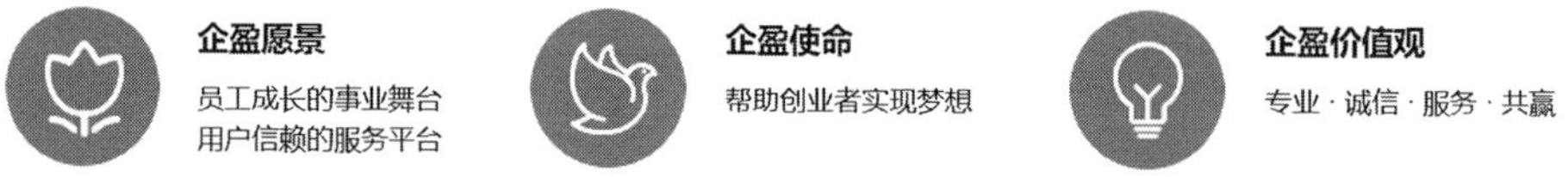

图3－2　企盈的愿景、使命和价值观

>> 愿景

愿景，就是创业者头脑中的一种想法，即对企业未来的设想。

根据对待愿景的不同态度，可以把创业者分为两类：

一类是在最开始创业的时候，他的愿景和目标就非常清晰。例如阿里巴巴的马云，他的愿景是要做一家102年的企业，让天下没有难做的生意，目标明确；谷歌在创立的时候，就立志要做一家人工智能的公司，而搜索仅仅是他为人工智能服务的一个点。可以看出，他们的战略通过各自的愿景表达得非常清晰。

另一类是在开始创业时没有明确的愿景，而是先做再说，边做边想。这也是绝大多数创业者的情况。

不难理解，愿景越清晰，成功的可能性就越大。当创业者或高层对公司的愿景、使命和价值观有了明确想法的时候，其实也就是公司成熟的重要标志。

从上一讲的公司战略示意图来看，在愿景、能力和资源三者中，愿景是最重要的。因为只有有了愿景，才能利用并扩充能力和资源。最典型的例子是刘备，他其实没有太多能力，最初也没什么资源，但他就是有一个非常强烈的愿景，要匡扶汉室。他有了这么一个坚定的信念和愿景，后面就找到了关羽、张飞和赵子龙那些五虎上将，还有诸葛亮等谋士，资源也就不缺了。

愿景回答的是公司要到哪里去，未来要变成什么样子的问题。这也是我们在谈论战略时最重要的话题。以企盈为例，在第 1 章里讲过的服务鱼骨图是针对客户的，作为服务型企业，我们还要做一个针对员工的鱼骨图，因为要让客户满意，首先得让员工满意，也就是先感动员工，再感动客户。因此，企盈的公司愿景就是：员工成长的事业平台，客户信赖的服务平台。

>> 使命

使命实际上就是公司的经营哲学以及所要承担的社会责任。

阿里巴巴说要让天下没有难做的生意，这是它的一个使命。实际上，代理记账行业与阿里巴巴很像，也是在为企业服务，尤其是在为创业者服务。所以，企盈的使命就是：帮助创业者实现梦想。如果做到了这一点，我们也就达到了服务客户的目标，就会让客户满意。对于一个服务型的企业来说，客户的成功就是最大的成功。

>> 企业价值观

企盈在成立之初设立的八个字的价值观是：专业、诚信、服务、共赢。

为什么把专业放在第一位？大家都知道，诚信对代理记账行业来说非常重要，但我觉得，专业比诚信更重要，专业是诚信的基础。例如，一名医生很诚信也很敬业，但就是治不好病人，那他的诚信有什么意义？我们这种咨询服务类的企业，要让客户产生信任，专业才是最重要的。

我把专业的重要性放在第一位，就是想表达：如果你不专业，就会连诚信都做不到。只有先做到专业，才能诚信地对待客户。除此之外，我们还要有强烈的服务意识，为客户提供品质服务，然后与整个生态里的客户、合作伙伴达到共赢，这就是企盈的价值观。

那么，价值观的意义在哪里？当我们处理事情遇到了矛盾或困惑时，就可以对照一下我们的价值观，看怎么解决才匹配，或者反思一下我们所做的是否符合我们的价值观。价值观就是起到这样一种标准引导的作用。

愿景、使命、价值观，看似抽象，但当你开始认真思考并让全员践行的时候，你的企业才称得上是一个真正的企业，否则就还是个小作坊。

思考题

你的企业有明确的愿景、使命和价值观吗？

第 23 讲 | 核心团队 ABC：你扮演什么角色

你需要什么样的合伙人？

战略确定下来后，管理层就起到了关键的作用，因为战略是需要管理层去执行的。

核心团队，指的是股东层面的核心团队。

10 年前我的代理记账公司刚成立的时候，只有 3 个人，我能迅速发现商机，想办法获取客户，公司得以快速发展；但到拥有 1 000 家左右客户的时候，公司停滞不前了，客户投诉增多，员工也不稳定，后续服务让我疲于应付，身心俱疲；后来，新的合伙人在公司内部进行了分工和改革，我关注市场营销，他关注执行和内部管理，从此公司进入了良性的快速发展期。

经历了这个过程，我总结出一个“管理团队 ABC 角色划分”的理论。这是我在代理记账公司经营与管理实践中的原创，也是反思与总结。

>> 一个成功的创业团队必须有 A、B、C 三个角色

A 角色能够敏锐发现商机，并能够得到初步验证。有一点需要注意，光想不做的角色不是 A 角色，A 角色一定是能从 0 做到 1 的。以携程的创办人季琦为例，他最先成立了携程，然后创办了如家，之后又创立了汉庭。在此之前，中国的经济型酒店只有锦江之星和新亚之星。季琦从数据中发现了经济型酒店存在很大的市场需求，也敏锐捕捉到了商机，迅速创立了如家，后来又创立了汉庭。他连续创立的三家公司都在美国上市了，这在中国是绝无仅有的，所以季琦就是典型的 A 角色。

B 角色能够将 A 角色发现并初步验证的商机从 1 扩大到 10，认真地执行战略，确保落实到位。携程的孙洁就是领导团队里的 B 角色。就好像看场子，现在要找到

一个人看场子并不容易，而能看好场子的人才就更加宝贵了。一个公司缺了B角色是不可能成功的。想法再好，如果没有人执行，所有的想法就都只是空想。所以，B角色很重要。

C角色是一个能在公司中实现系统化管理的角色，就是A角色的想法在由B角色执行后，C角色再通过科学的管理逻辑提炼出一种系统，能够把在做的事情标准化地复制下去，实现从十到百、从百到千，进而把公司做大。携程的梁建章就是典型的C角色，他通过建立一套管理系统和机制，让整个企业逐渐发展壮大。优秀的C角色还能洞悉人性，建立一套能让团队高效运转的规则。

核心团队A、B、C角色之间的关系

A角色和B角色是矛盾的：因为A角色需要天马行空，所以A角色一般不太关注细节，也不愿意做一些重复性的工作；而B角色是要持续认真地去执行A角色的战略的，会在日常的琐事中把战略执行好，这就决定了A角色和B角色的矛盾性和互补性。换句话说，成天陷于日常事务中，把执行做得很好的人一般不会有太多前瞻性和创新性的思维，而成天胡思乱想的人也很难把一些重复性的工作做好。所以，公司至少得有两个人，一个A角色和一个B角色。一人身兼A、B两个角色在短期内可能可以，但在长期看来是不可能的。

虽然A角色和B角色是矛盾的，但C角色是可以兼容的，既可以与A角色兼容，也可以与B角色兼容。就如马云，他不仅是一个优秀的A角色，而且是一个特别优秀的C角色。

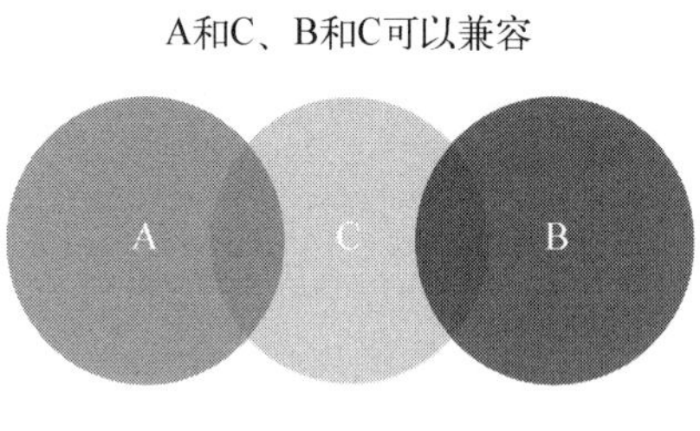

图3-3　核心团队ABC角色关系图

A、B、C三者之间的关系简单总结下：A角色和B角色是矛盾的，但A角色可以是C角色，B角色也可以是C角色（如图3-3所示）。

你是属于A角色、B角色还是C角色

如果你是A角色，那么恭喜你，你最有可能成为创始人，因为大部分创始人具有良好的A角色特质。但我也要给出一个警示：A角色千万不要停留在想，一定要做，并且找一个B角色来合伙，这样就能够既有想法又很好地执行了。当然，如果能够加上C角色，那就完美了，顺利执行之后，还有能力把公司做大。

如果你是B角色，那么你是公司的“螺丝钉”，缺你不行。而C角色要做的是培养团队，建立系统化的思维。如果你是一个B角色的话，去学习C角色系统化地管理，会是很好的提升之路，可以让你发挥更大的价值。

如果你是C角色，那么你最有可能在成熟公司里成为系统的设计者。但C角色的人很难独立创业。在创业初期，经营比管理更重要，C角色的人很容易陷于管理。创业初期很多东西不确定，过分管理很多时候反而不利于公司的成长，这也就是为什么很多大学的管理学教授出去创业失败的可能性较大的原因。作为C角色，需要好好地设计游戏规则，与团队配合，深入了解公司业务，把公司做大。

表3-1 核心团队ABC角色的优点、警示和弥补手段

角 色	如何发挥优势	警 示	如何弥补不足
A	你最有可能是创始人	千万别停留在“想”，得“做”个模型出来	找个B做合伙人，再加上C就完美了
B	你是公司的“螺丝钉”，公司缺你不行	不培养团队，做死也没有用	学习C吧，这是你唯一的提升之路
C	你最有可能成为成熟公司的系统设计者	别独立创业，创业初期要“经营”，过度“管理”会把“经营”弄死	好好设计游戏规则，让大家玩得开心

对每一个核心团队中的A、B、C角色来说，最重要的一点仍然是：认清自己。认清自己的优势，就能把优势发挥到极致。认清自己的弱势，有两种弥补方案：(1) 通过学习来弥补；(2) 有的弱势难以学习，那就寻找合伙人来弥补吧。

思考题

你是你核心团队A、B、C中的哪个角色？

第24讲 | 关于股权激励：是大池塘里的小鱼还是小池塘里的大鱼

股权激励不管用，怎么办？

除了核心股东外，一家公司往往还有其他高管，他们对公司的发展也做出了很大的贡献。针对这样的高管人群，我们可以从以下三个方面来谈谈股权激励：(1) 股权激励不要盲目，以免陷入误区与陷阱；(2) 要弄清股权激励的对象；(3) 把握股权激励的关键点。

>> 股权激励不要盲目，以免陷入误区与陷阱

对高管的股权激励很有必要，这是公司留住人才、发挥人才作用的重要手段。但股权激励要科学，不要盲目，要结合每家公司自身的实际情况妥善实施，否则一不小心就会陷入误区与陷阱，不仅没有起到促进公司发展的作用，反而会有反作用。

一位同行有一阵子在外面听了很多关于股权激励的课程，觉得很有道理，回来后就在自己的公司里实施了股权改革和股权激励，把公司里的数位管理层变更成了股东。没想到这件事情引发了公司内部很大的纠纷。先是有一位管理层后来要离职，那么离职时其手中的股份怎么办？应该怎么估值？一开始做股权激励时，这位同行根本没有想到这一点，自然也就没有提前做任何约定。最后，双方各执一词，差点到法院去打官司。后来，公司有个大股东有借款，而且借款的一部分追不回来，那么这个又怎么确认，怎么处理？大小股东怎么来划分借款的损失？这位同行当时对我讲得声泪俱下。我觉得他就是在股权激励这件事上，有好的出发点，却没有好的认识和思考，不知不觉中好心办了坏事，实际上踩进了股权激励的误区和陷阱。

>> 弄清股权激励的对象

关于股权激励的对象，我想了两个形象的比喻：一个是大池塘里的小鱼，另一个是小池塘里的大鱼。

如果你要激励的对象是在总公司或者公司总部担任职务的，如财务总监、人力资源总监、市场总监或者咨询顾问等，他们对整个公司的总体规划有巨大帮助，那么，这些对象就好比大池塘里的小鱼。

如果你要激励的对象是对一线业绩有重大贡献的人员，如业务经理、代理记账管理人员，或者一些可以独立核算的小部门或部分业务板块的负责人，那么这些人就好比小池塘里的大鱼。

针对"大池塘里的小鱼"和"小池塘里的大鱼"，我们要设定不同的股权激励办法：针对"大池塘里的小鱼"，我们可以在总公司里给他一些股权或者期权的激励；针对"小池塘里的大鱼"，不妨在那个业务板块上给他大股份。由于代理记账公司的一些业务部门可以相对容易地进行独立核算，我们就可以与这些部门的负责人一起成立小公司或者形成可以独立核算的主体，并让这些负责人在小公司或者小部门里占大股份，如30%甚至40%。这样的做法比给他们总公司里3%或者5%的股份要好得多，更能起到好的激励作用。

>> 把握股权激励的关键点

对代理记账公司而言，主要有两个关键点：

一是要有公平的机制，同样的两个部门，激励机制就得相同，不能有偏颇。因此，在实施股权激励之初，就要建立一套公平的核算机制。

二是要算清账。对于代理记账行业而言，算清账尤其重要，因为很多钱是收付实现的，如代理记账费，收上来的时候其实还没有做账，那么这时候到底是用收付实现制还是权责发生制？这些规则要统一，而且算账要透明，否则股东之间会产生不信任，引发一些不必要的麻烦。

思考题

你给核心员工做过股权激励吗？效果如何？

第 4 章

阿米巴模式的实施

第 25 讲 | 公司平台化：代理记账行业非常适合阿米巴模式

优秀骨干留不住，怎么办？

>> 什么是阿米巴模式

阿米巴的经营模式起源于日本的经营之神——稻盛和夫。

稻盛和夫创立了日本京瓷株式会社，后来成为世界 500 强。除此之外，稻盛和夫的经营生涯里还有一个辉煌案例，那就是在 2010 年接手日本航空公司。2010 年 1 月，深陷亏损泥潭的日本航空公司申请了破产保护；2 月，稻盛和夫开始担任日本航空公司的董事长；到 2012 年 9 月，日本航空公司就开始扭亏为盈，重新在证券交易所上市。日本航空公司重生的重要动力就是推行了稻盛和夫的阿米巴经营模式。

这个经营模式到底有什么神奇之处，竟然能在这么短的时间内让日本航空公司扭亏为盈？

结合代理记账行业的实际情况，我认为阿米巴模式有以下三大特点：

一是阿米巴模式本质上是实现公司平台化，让公司各部门实现内部市场化，让优秀管理层成为阿米巴负责人，把他们的积极性和主动性激发出来。现代管理学之父德鲁克有句名言："所谓管理，就是激发和释放出每个人的善意。"在我看来，阿米巴模式是实践这一名言的最好方式之一。

二是阿米巴模式强调核算，就是让全员都具有核算意识，尤其是部门管理者，必须及时核算清楚，并且让所有人都具有目标意识。

三是高度透明的经营。要做到前面两点，公司就必须实现高度透明的经营。

为什么说阿米巴模式特别适合代理记账公司？

第一,代理记账公司的业务部门大部分能比较简单地划分利润中心。也就是说,阿米巴单元的划分是比较简单的,可以很明确地划分利润中心,并且对利润中心进行独立核算。

第二,代理记账行业是一个相对依赖人的行业,尤其是业务骨干。与其让他们自己出去单干,不如给他们一个平台,让他们比较安全地创业。每个业务骨干对他的小团队负责(10 个人以内),能做到精细化管理。这样才能真正做到:让“听得到炮声”的人来做决策。

第三,阿米巴的负责人可以相对长期地看待自己的收入。线性累加的盈利模式是代理记账行业的优势,但是激励不及时是个大问题。阿米巴模式可以让阿米巴的负责人相对长远地固化自己部门的业务发展和自己的收入,这实际上对企业和个人都有好处。举个例子:园区模式的税务筹划收入要在半年后才有结果,如果对员工实行传统的到期发奖金的模式,员工对那么长时间后的奖金是无感的,而如果提前发,公司又难以评估金额。实施阿米巴模式后,负责人是股东,他就可以相对长远地来看这个问题,也就有积极性去开拓这样的优质客户。

第四,沟通简单明了。与老板沟通简单,与员工沟通很累,原因就是位置不同,想法不一致。让他当老板后,他就会站在老板的角度思考问题。最大的变化是:以前你督促业务经理去开拓业务,现在反过来,他督促你给他资源和方法。这样做的好处太明显了:沟通顺畅了,部门利润增加了,他们的收入增加了,他们的管理能力提升了,公司的利润增加了,老板轻松了,公司也可以快速发展了。

>> 阿米巴模式的陷阱

阿米巴模式这么好,是否应该立即执行呢?答案是否定的,因为不是所有情况都适合阿米巴模式。

阿米巴模式存在以下陷阱:

第一,阿米巴模式是建立在公司有完整的管理体系的前提下的,如果公司不成熟,想通过阿米巴模式来解决所有问题,那是懒惰,也一定不会有好的效果。

第二,阿米巴模式要求高度透明,严格核算,这样才能建立公司与员工之间的信任关系。如果没有信任基础,阿米巴模式不可能实施好。

第三,阿米巴模式不是一定要全员实施,对两类人实施阿米巴模式是效果不大的：一是没有自驱力的员工，他自己不想努力，我们就很难改变他；二是能力差的员工，激励机制只能解决积极性和主动性问题，不能解决能力问题。

阿米巴模式在代理记账公司中实施的条件

第一，公司有相对完善的管理体系，业务部、操作部、代理记账部均能有效运营。

第二，公司有内部管理系统，能实时透明地出具各种经营和财务报表，手工统计是不可能做到的。

第三，公司要赋能给阿米巴，如果离开公司他自己也能干好，那么公司对他没有意义，阿米巴也不可能长久。所以，老板带领公司，让大家“跟我来”，公司和老板能给员工赋能（给他们资源和能力）才是公平的，才是符合人性的。

第四，公司至少有 2 个以上能力强、积极向上并相互信任的骨干，从这些核心骨干开始尝试阿米巴，让小部分人先富起来。

稻盛和夫创立的阿米巴经营模式不仅救活了日本航空公司，在全世界普遍推广后也都得到了良好的效果。事实上，很多思想和著名企业实施的方法与阿米巴经营模式是相通的，如海尔的张瑞敏在公司里做的员工创客化，携程在内部分了很多 BU（Business Unit，业务单元），其本质与阿米巴的理念是一致的。

即便你不去实施阿米巴经营模式，其中的管理实质也非常值得学习和思考。

思考题

根据上面的条件，你觉得你的公司适合实施阿米巴经营模式吗？

第 26 讲 | 如何划分阿米巴

部门主管不主动，怎么办？

在代理记账公司内部划分出阿米巴，是阿米巴模式实施的最关键的第一步。

我现在把企盈的 8 个业务相关部门分开做了阿米巴。之所以先划分这 8 个部门，是因为这些部门都是相对独立且容易核算利润的部门。

>> 线上业务部门

这个部门主要是通过公司投入广告的方式来获得客户，实现线上资源与客户获取之间的转换。企盈现在的线上业务部门大概有 20 个人，整体是一个阿米巴。部门内又划分成两个小组，彼此之间可以进行比较，也可以进行内部核算。线上业务的核算，核心 KPI 就是 ROI(投资回报率)，投入了多少广告费，产出了多少业绩，需要进行精细的核算。对此，企盈内部有一套严格的核算方法。

>> 线下业务部门

目前，企盈的线下业务部门直接将阿米巴模式实施到了股权。最初实施的是三个业务组，每个都成立了子公司，总公司控股 70%，阿米巴的负责人占股 30%。在子公司的模式下，未来还可以再成立第二层子公司，在第二层子公司里，他们的股权就可以占到 70%，再下一级的核心团队就占 30%。如此不断拓扑下去，就会形成一种层层股权的模式(如图 4－1 所示)。这种模式会让上一级的人愿意带下面的人，因为下面的人做好之后，他自己也会有业绩。上面的人叫作阿米巴长，越是上面的阿米巴长越有动力把自己的经验分享给下面的团队，让下面的团队快速成长。

企盈现在对线下业务部门实施的是“3＋3 模式”。每 3 个子公司里就孵化了 2

个阿米巴小组，核心 KPI 只有一个，那就是利润，包括短期利润和长期利润。

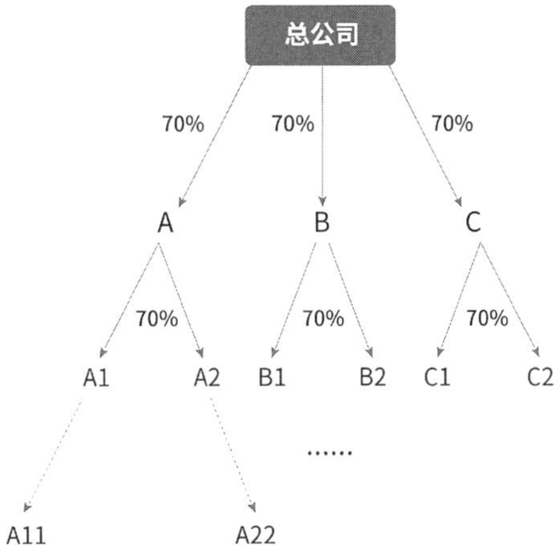

图 4－1　线下业务部门股权拓扑图

知识产权部

这个业务部门主要做商标、专利和著作权申请的业务，人数较少，目前只到核算这个级别，只有一个阿米巴，一个单元。因为他们的业务都是公司的客户或内部员工转介绍的，所以对他们的考核，目前就只有一个利润指标。

人事业务部门

在这个部门实施阿米巴模式是我们在代理记账行业里的创新。企盈现在的人事业务可以做到 15％的转化率，就是 100 个找企盈办营业执照的客户中，有 15 个会让企盈帮忙做人事业务，主要是社保、公积金代缴等。这个部门目前一共有 8 个员工，就是一个阿米巴，内部核算与线上业务部门一样，分成两个小组进行比较，各自内部核算的指标是利润和营业额。由于人事业务与财务业务的代理一样，都是长期业务，因此除了当期的利润外，我们还把营业额列入核心的核算指标。

淘公司

这个部门现在的人员不多，主要做公司转让业务，把它作为一个阿米巴，对利润和营业额都进行核算。

外资业务部

这个部门的主要业务是外资和海外企业的注册、代理记账，这是企盈具有比较明显优势的业务，专业度领先，因此收费比较高，客户满意度不错，利润也很好。

特殊业务部

这个部门主要从事需要特殊审批的业务，也就是通常所说的许可证业务。这个部门是企盈目前单体利润率最高的部门。因此，企盈对他们进行核算时，除了利润以外，也会对营业额有比较高的要求。

>> 代理记账部

企盈有一家独立的财务公司在运营代理记账业务，现在有五个大组，核算指标有以下三个：

一是运营利润。前面各个部门阿米巴的利润是他们通过自己获客得来的，而财务部门是由公司的业务部门获得了客户之后交给他们的，也就是说，财务部门本身没有获客能力，因此对他们进行考核的是运营利润，即在不考虑获客成本的情况下，把由他们运营带来的利润作为第一个核心指标。

二是转介绍。目前，企盈的财务部门有一百多个人，如果每个人一年能介绍一单生意，那客源将会十分可观。所以，我们把转介绍也作为代理记账部门核算的核心指标，就是为了鼓励全民营销，把这个环节做好，就能大大增加公司的利润，减少市场成本。

三是流失率。一边在努力获客，一边又面临很高的流失率，这是很可惜的，也是很可怕的。所以，我们应该把流失率作为考核代理记账部门的核心指标。

代理记账部门的奖金总数应该怎么核算？我们先算出客户的流失率。流失率对应不同的系数，如企盈的流失率现在控制在9%左右，如果低于9%，系数就高于1；如果高于9%，系数就低于1。然后将系数乘以运营利润和转介绍利润，得出的数据就是代理记账部门核算奖金的总数。

除了以上8个部门外，企盈还有其他部门，如技术部、市场部、人力资源部和公司内部的财务部、行政部等，企盈暂时没有对他们做阿米巴核算，但是未来会一步一步趋向于做阿米巴核算。

图4-2是企盈已经实现阿米巴模式的部门的一张拓扑图。

需要说明的是：

第一，阿米巴单元就是我们通常所说的单个业务部门，每个公司需要根据实际情况进行划分。

第二，阿米巴实施的程度，是核算，还是到股权，要根据公司和团队的情况来定。

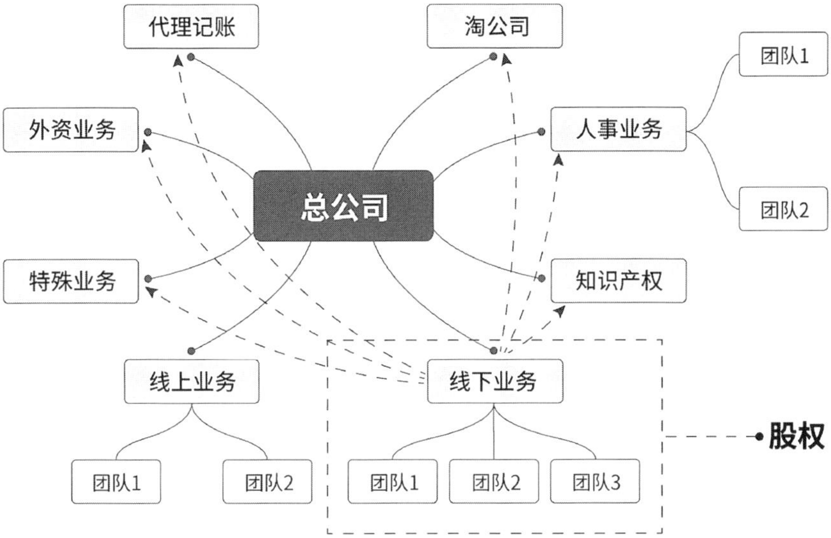

注释：

1. 线下业务部门已实施到股权，其他部门为独立核算。
2. 虚线以线下业务为例，示意了阿米巴单元之间的互相结算。
3. 实线代表总公司与阿米巴单元、阿米巴单元与内部小团队之间的结算。

图 4－2　企盈的阿米巴拓扑图

思考题

你觉得在你的公司里，哪几个部门适合独立核算？为什么？

第 27 讲 ｜ 如何实现阿米巴结算

单子给别人，提成高很多，员工“飞单”怎么办？

阿米巴结算主要分两个方面：一是阿米巴之间的结算，二是阿米巴内部的结算。

>> 阿米巴之间的结算

阿米巴之间的结算，最典型的是业务部门与生产车间的结算。具体到代理记账行业，就是获客的业务部门与业务处理部门之间的结算。业务团队通过线上或者线下的方式获取客户，再把客户交接给业务处理部门来操作（如图 4－3 所示）。

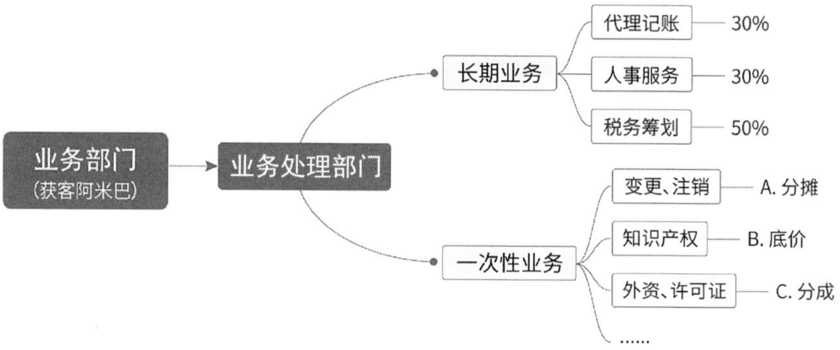

图 4－3　业务部门与业务处理部门的结算流程

业务处理部门又分为两类：一类做的是长期业务，另一类做的是一次性业务。典型的长期业务包括代理记账、人事服务和税务筹划，这些业务是长期存在的，客户只要引进一次，就会长期使用代理记账公司的服务；一次性业务是指变更、注销、知识产权、外资注册、公司转让、许可证等业务，这些业务一般一次性就能处理完毕。

对于长期业务，企盈与现在大部分代理记账公司一样，是采用分成的模式。分成的比例是，当业务部门获取一位客户后，就可以直接拿走营业额的 30%，剩下的 70%交给业务处理部门。代理记账和人事服务采用的都是这种模式。税务筹划比较特殊，因为后续没有人工处理的成本，所以是把一半分给业务部门。企盈的这个分成模式仅供参考，每个公司的情况不一样，并不需要完全按照这个比例划分，但划分的方法大体通用。

对于一次性业务，企盈目前主要有三种分成方式：第一种是分摊模式。例如，获得了一位客户，需要操作部门去完成注册、变更和注销，这种服务不分成，直接计入部门的成本。第二种是底价模式。例如知识产权，操作部门给出的底价是 600 元，那么超过 600 元的部分就都给业务部门，这是底薪 + 提成模式。第三种是分成模式，收益的 30%给业务部门作为提成，剩下的 70%交给操作部门作为核算利润的依据。

这样梳理后，获客部门的阿米巴与操作部门的阿米巴之间的结算就比较清晰了。每个公司的情况会有区别，产品线也不一样，再加上内部的情况不同，战略也会有差异。以下几点可供大家参考：(1) 获客的阿米巴和操作的阿米巴，这两类划分是一定存在的；(2) 长期业务和一次性业务一定要分开；(3) 三种结算模式——直接分摊成本、底价以及分成模式，可以根据各自的实际情况灵活应用。如果没有实施阿米巴模式，内部结算也可以参照这个模式去思考。

>> 阿米巴内部的结算

最典型的内部结算出现在财务中。例如，一个财务的大组又分了五个小组，那么这五个小组也要做阿米巴结算。这个结算相对简单，考核各小组的运营利润、转介绍和流失率这些核心 KPI 就可以了。也就是说，阿米巴的内部结算，如果让小的阿米巴继承大的阿米巴模式，就会相对简单。

除此之外，小的阿米巴内部还有一些业务需要相互结算，这就需要建立规则。例如人事业务，企盈把人事业务分成两个小组，一个小组全部做普通业务，包括普通的社保和公积金代理，另一个小组做特殊业务，如外国人“三证”、居住证积分、居转户等比较复杂的业务。那么，这两个组之间就产生了结算，同样根据前面提到的三种模式进行选择后在内部建立一个规则。

对代理记账行业而言，有一个概念要搞清楚，那就是内部的结算到底是用收付实现制，还是用权责发生制？

通常，财务的结算应该多按权责发生制来做。例如，业务部门签了一个代理记账的合同，300 元/月，收了一年的费用为 3 600 元。那么，这 3 600 元怎么分？作为长期业务，这笔钱应该是长期来分。企盈现在的方法是 30%给业务部门，70%给财务操作部门，用这种方式让两个阿米巴之间去做结算。但问题是，用收付实现制还是权责发生制来结算呢？对于获客部门这个阿米巴来说，合同已签，客户的钱也已支付，他们的任务已经完成，也就是说，30%的业务收入对获客部门的阿米巴已经是权责发生。但对代理记账部门来说，收到了 70%的钱，但活还没干，因此他们就应该做完了这个月的账才能算权责发生的收入。这里要特别注意，对业务部门来说，3 600元的 30%，也就是 1 080 元看起来是收付实现，实际上是权责发生的收入。而对代理记账部门来说，收到的 3 600 元的 70%，也就是 2 520 元则是从表面上和实际上都要按权责发生制来做，每个月完成后结算。

内部结算非常重要，不管用不用阿米巴模式，内部各部门之间的结算规则都要设计好。设计规则的一个重要原则是要趋于市场化。市场上是怎么结算的，公司内部也怎么结算，这种方式最简单，也从机制上解决了员工的“飞单”问题。因为内部结算和市场上是一样的，而且内部沟通的成本更低，员工就没有动力“飞单”了。在这个原则下，我们再来确认业务应该怎么结算，收费方式是按照收付实现制还是权责发生制进行。这些都理清楚了，内部的管理就会比较顺畅，各个部门之间也就会像工厂一样有序分工合作，这也就是管理追求的机制化效果。

思考题

你的财务部门介绍客户给业务部门注册公司或者做变更，财务部门的奖金是怎么计提的？

第 28 讲 | 逐步推行阿米巴，让员工相信你是关键

公司推行改革，员工有抵触情绪，怎么办？

有效地推进阿米巴模式的实施，需要做多手准备：

>> 把阿米巴的思维方式用在绩效考核中

一家代理记账公司，就算不实施阿米巴模式，这个模式的一些理念，如让全员参与经营、每个人都做自己的CEO、小部门独立核算以及部门之间的结算等，也是值得借鉴的。

把这些方法运用到绩效考核中，也可以作为阿米巴模式实施前的准备工作。我们不应该把这个模式神圣化，也不要把它神秘化，它其实就是一种经营方式，也是一种思维方式，可以根据企业自身的实际情况灵活地应用。

>> 实施阿米巴模式最关键的是让员工相信你

如今这个时代，要获得“90后”员工的信任其实是非常难的。怎么让他们相信你？我自己的体会有三点：

第一，老板自己要有足够的信心。我经常对自己说，我们把公司经营到现在，肯定有自己成功的经验，一定有能力把阿米巴模式实施好。

不过自信并不意味着我们过去的成功经验一定能让我们在未来成功，我们需要总结公司发展至今的经验，并且归纳出一些方法，以更好地适应当下的环境，让我们在产品、服务、获取客户等方面产生优势。足够自信的意义在于，在实施和推行阿米巴模式的时候，如果碰到困难，我们会积极地想解决方案，而不会怀疑自己或者模式本身，这一点极其关键。而且老板有信心，也会感染员工，使他们更加有动力实施阿

米巴模式。

第二，让相信你的人享受到改革红利。不管你的公司是几十个人还是几百个人，里面总有几个人与你的价值观匹配，对你、对公司有信任感、归属感。既然他们相信你，那么你可以让相信你的人先做起来，然后让他们享受到这种改革的红利，进而在全公司形成一种示范效应。千万不能让那些本身就冒着风险参与改革的人期许落空，这会对未来的改革产生负面影响。至于怎么做，需要根据实际情况思考各种方法。一个老板要让跟着他的员工赚到钱，这一点并不难。

第三，努力让员工在实施阿米巴模式的过程中增加收入并获得成长。对员工来说，收入是重要的生活来源，也是工作的重要动力，收入增加就会使员工更有动力实施阿米巴模式。在这个过程中，员工也获得了成长。

员工的这个成长究竟体现在哪里呢？由于在管理上实施了阿米巴模式，员工自己就成了老板，那么他一定会花更多精力去思考怎么获客、怎么管理自己的团队。在这个过程中，员工一定会有更好的成长。如果能帮助员工增加收入并获得事业上的成长，阿米巴模式的实施就成功了。

>> 确保在阿米巴模式实施过程中，所有经营数据实时透明

如果数据不透明或者结算不透明，阿米巴的结算就没有意义。那怎么做到数据实时透明呢？必须有一套相对完善的管理系统来确保实现数据实时透明。例如，建立一套 CRM 客户管理系统，财务数据和合同等信息都必须在系统中及时统计等。因此，实施好阿米巴，内部财务管理必须非常清晰。

>> 企盈的经验教训

第一，阿米巴模式的实施必须要先试点，不能直接硬实施。应选择一些比较容易先行先试的领域先做起来。之前的模式和现在的阿米巴模式有着本质区别，也可能产生不同的问题，小规模问题可以快速解决和总结经验。如果急于改变、急于求成，一旦问题暴发，造成难以估量的损失就得不偿失了。

第二，先模拟一段时间。当我们把阿米巴模式设计好，如划分好了阿米巴单元，也做好了结算体系后，可以先模拟实施一段时间，并在这个时期给那些参与改革的阿米巴长，也就是负责人一份不低于之前的保底收入。通过这段时间的模拟，收集

数据来充分总结和改善，看看是否存在问题。事实上，在实施的过程中，我们的数据一定有不准确的地方，我们的结算规则和阿米巴内部的核心KPI也肯定有需要完善的地方，那么在这个模拟空转的时期，我们就可以做一些调整，把整个机制设计得更科学。如果未经试验就完全放开实施，很可能会因为不够科学和公平而把好事变成坏事。

第三，要充分沟通。我们实施阿米巴模式的初衷是不让相信我们的人失望。为了建立一个让员工都能受益且有动力的公平机制，在实施的过程中一定要重视分歧，需要通过沟通来制定解决方案，相互理解，最终解决问题。

稻盛和夫的阿米巴理论的哲学基础是：敬天爱人。最初我认为这太抽象了，但实施一年后，我才真的理解这个哲学基础的重要性。敬天，就是天理，从公司和老板的角度来说，就是增加员工收入，让员工成长并更有成就感；爱人，就是有一颗“爱”的初心，老板和员工互相理解，通过员工的努力，公司也获得更大的收益，双方共享成果。如果我们都按照这个精神去处理问题，阿米巴内部就一定能实现好的合作，共同把公司做好、做大、做强。

思考题

在你的公司，关于建立与核心骨干的信任关系，你有什么好办法吗？

第5章

人力资源

第 29 讲 | 代理记账公司对员工的依赖度

老板是"火车头",拉着公司跑得很累,怎么办?

代理记账行业是一个对人的依赖程度很高的行业,这一点,我们在宏观上必须有清醒的认识。

根据员工服务的对象,我们选 4 类行业来对比分析代理记账公司对员工的依赖度(如表 5－1 和图 5－1 所示)。

表 5－1　服务行业公司对员工的依赖度对比表

服务对象	行　业	典型示例	员工的感情投入	公司对员工的依赖度	公司对设施和系统的依赖度
物体	生产工厂	富士康	无 0	极低 10%～30%	90%～70%
信息	法律、会计	代理记账	一般 30%～70%	高 30%～80%	70%～20%
人的体验	餐饮	海底捞	较高 50%～80%	较高 50%～80%	50%～20%
人体	美容	美容院	极高 70%～90%	极高 70%～90%	30%～10%

第一类行业是生产工厂,员工服务的对象是物体。例如富士康,它的生产就是把生产线上的一个个零部件组装成产品。在整个生产过程中,员工的劳动所服务的

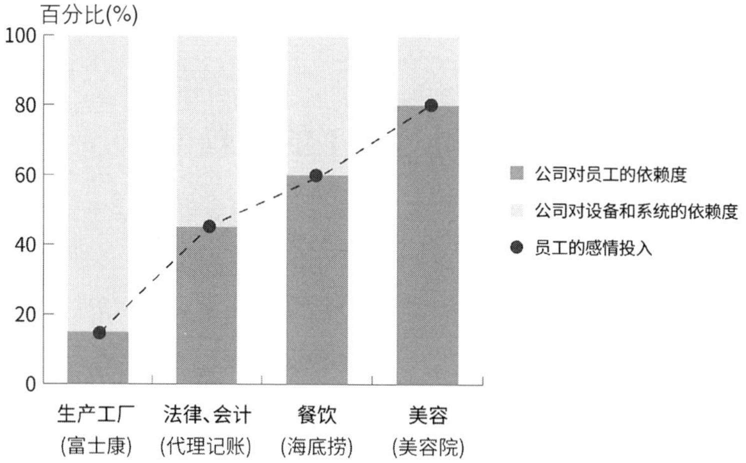

图 5-1　四类行业公司对员工的依赖度

对象是流水线上的一个个零部件，员工无须感情投入，或者说，员工的感情变化不会影响产品的性能。富士康建立了一套强大的智能生产系统和机器人系统，并且高度依赖该系统，相应的，对员工的依赖只有 10%。富士康人力资源的主要目标是管控工人与机器的配合度，而公司更高层面的战略则是不断降低生产对人的依赖。

第二类行业是法律和会计服务，员工服务的对象是信息。代理记账就属于这一类，员工的劳动是把各种信息进行工商、财务、税务化加工，使其符合工商局、会计准则和税务局的要求，同时反映企业的经营情况。

在现实工作中，代理记账行业的员工虽然是对信息进行处理，但又必须与客户进行沟通，只要涉及沟通，就需要感情投入。当前，代理记账行业对人的依赖度比较高，原因是行业的智能化水平低。所以，从更高的层面逐步提升智能化水平，就能降低代理记账行业对人的依赖。

与客户沟通需要感情，但更需要专业性，通过数据分析，运用友好的工具与客户进行沟通，可以进一步降低对人的依赖，也可以提高客户满意度，增强客户黏度。

但我们必须清醒地认识到，就连富士康都没有做到完全无人，我们就更不可能完全依赖系统。在这种情况下，代理记账公司的人力资源规划是值得我们思考的一个问题。

第三类行业是餐饮，服务对象和目标是客户体验。这是一个高度依赖人的行业。

对餐厅而言，尽管菜是否好吃是第一位的，餐厅的装修和环境很重要，但服务员的服务带给客户的过程体验也有举足轻重的作用。海底捞建立了一套“服务员工”的体系，倡导从骨子里尊重员工。这就是“海底捞你学不会”背后的逻辑，海底捞真正做到了：先感动员工，再感动客户。

第四类行业是美容行业，服务的对象直接就是人体。虽然技术和设备已经在很大程度上提升了这个行业，如医疗美容，但传统的美容、按摩，对人极度依赖，在可预见的未来，这一点很难被机器替代；同时，人的感情投入也会直接影响客户满意度。

相比之下，一方面，从发展的角度看，代理记账公司必须利用技术和管理系统化来尽力减少公司对人的依赖，逐步让客户更依赖系统而不是人。当今市面上各种各样代理记账财务软件和管理系统的设计目的就是减少对人的依赖。另一方面，在可预见的5年内，代理记账对人的依赖依然较强，因此，学会比别人更好地“服务员工”，就能比别人更好地“服务客户”。

无论怎么智能化，公司最终是靠人来经营，所以，我们应努力做好人力资源管理，激发员工的积极性。

>> 财务工厂可以彻底解决人的问题吗

财务工厂，就是为了实现标准化、流程化，用系统和人工智能来代替会计人员，最理想的状态是像富士康的生产线一样，降低对人的依赖度。如果仅仅从信息处理的角度来说，这一天应该很快就会到来，因为政府接口（包括税务接口）加大开放力度，技术越来越成熟，应该可以实现业、财、税的一体化和自动化。

但现实总是不如理想那么美好，其中很重要的一环就是“沟通”。小企业没有成熟的体系，还处于最初级的创业状态，因此，他们没有办法提供专业的配合。不像审计业务，因为目标很清晰，客户也有财务总监配合，审计人员只要提出需求清单，即可获取所有信息。对代理记账公司而言，由于小企业自己对“业”的定义不完全清楚，因此后面的“财”和“税”就很难准确定义，这就需要我们在与客户的沟通中逐渐梳理出一套规则，以获取我们所需的信息。

先感动员工，再感动客户

如前所述，在今后相当长的一段时间内，代理记账公司对员工的依赖度仍然比较高。因此，如果我们能做到“先感动员工，再感动客户”，那么我们就会比别人有更好的客户满意度。

通过上述四个行业的比较可以发现，对于客户的体验来说，代理记账行业与餐饮业非常接近。它不像美容行业那样与顾客有直接的身体接触，也不像工厂那样只对着机器。它是介于两者之间，除了服务于信息外，也很重视服务于客户体验。所以，我们可以在某些方面向餐饮行业学习。

第一，老板要对员工发自心底地尊重。如果老板对基层员工的尊重不是发自心底的，员工是能察觉到的。只有你真正地尊重员工、关心员工，员工才能感受到你的诚意，才会愿意为你出力。

第二，要真正树立起“员工第一、客户第二、股东第三”的理念。只有把员工放在第一位，员工才会回馈出优秀的工作表现，客户才会满意。其实，员工会在心里对公司进行满意度评分。如果公司不重视员工，员工对公司的评分就会比较低，传递的情绪也就不会很好，而公司需要通过员工去服务客户，那么客户的满意度就会降低。

第三，要尽量满足员工的两大需求：一个是赚钱的需求，另一个是成长的需求。对年轻的“90后”员工来说，提高收入的过程也是他们提升自信心、提高价值感的过程。因为他们的收入反映了他们的成绩，所以他们可以通过工作来实现自身的价值感，这在年轻人中叫作“价值主张”。此外，在工作中，员工还需要实现成长，而不是机械地重复劳动。所以，我们要给员工成长的空间，并且帮助他们规划未来。

思考题

你的公司有哪些能“感动员工”的措施？

第 30 讲 | 激活组织——小组织，大文化

公司如何跟上政策的变化？

管理咨询界的著名专家陈春花有一本书叫《激活组织》，对我的影响很大。书中的很多观点和方法被我用在了对企盈的实际管理中。

>> 将组织化小

所谓“将组织化小”，就是把公司里的各种组织化作更具有灵活性的小团队，原因有以下两点：

第一，我们处在一个充满变化的行业里，种种不确定性客观上要求我们的组织具有灵活性。

首先，从国家层面来讲，宏观政策一直在发生变化。过去几年，由于供给侧改革，还有国家各方面对企业端政策的调整，我们经历了“营改增”、商事制度改革、自贸区改革、国地税合并等一系列政策调整。其中，小微企业近几年几乎每年有一个大的利好政策变化。这些政策的变化要求代理记账行业能够快速适应，毕竟该行业对客户的服务与国家的政策是密切相关的。

其次，竞争对手也在发生很大变化。以前大部分代理记账行业的老板是会计出身，而现在很多互联网行业的团队，以及一些擅长营销的团队也进入代理记账行业，使得传统代理记账行业里的一些老板有些无所适从。

最后，在整个社会快速发展的过程中，代理记账公司的员工也在发生很大变化。10 年前我们的团队以“70 后”“80 后”为主，现在变成了以“90 后”为主。对于这样的年轻人团队，该如何管理、如何沟通，也是管理上的一个严峻挑战。

第二，小组织拥有更强的战斗力与安全性。代理记账行业具有不确定性和快速

变化的特点，在这种情况下，小团队往往具有更强的战斗力，因为它具有很强的灵活性，并且责任分担清晰。划分成很多小的组织也减少了决策风险。在传统的金字塔形组织中，老板一个人做决定，下属来执行，隐藏的风险很大。一旦老板决策错误，就会给整个公司带来灾难性的后果。

基于上述两个原因，我认为，应该把组织化小，化作更具有灵活性的团队。上一章讲的“阿米巴”就是小组织的一种具体实施方式。

>> 内部永远大于外部

任何一个失败的组织从来都不是因为竞争对手而失败，而是因为内部出现了问题。那怎么样才能把组织内部管理好呢？

第一，小组织内部也有文化。

我们在给基层组织做培训的时候，肯定会强调公司有公司的文化，包括理念、价值观等。事实上，在公司内部，每个小的组织也有他们自己的文化。

表5－2是企盈线下团队的团队文化，每个小团队都有各自的队名及口号，这相当于是他们自己的价值观，他们互相之间要竞争。

表5－2　企盈线下团队的队名及口号

队　名	口　　号
精英队	精英天下，英才神话，努力开拓，勇往直前！
尖刀队	信念是无坚不摧的力量，行动是根治恐惧的良药！
骄阳队	青春如我，骄阳似火。晴空骄阳，永放光芒！
澎湃队	志向似云峰之高远，青春如海浪般澎湃！
铭门队	无限创新，高效执行，风景企服，铭门出将！
战狼队	狼之性，战必胜，不达目标誓不还！
工商服务部	我们的服务，一直被模仿，从未被超越！
财务部	需求万变，努力不变！
Boss团	Boss出击，必争第一！

我认为，每个组织的组织者或者领头人要有自己的领导风格，可以使得组织更容易形成一个“小文化”。这样一个个小范围的领导者牵引起一个个小组织，每个小组织里又有“小文化”，其实就形成了整个公司的“大文化”。当然我们也要注意，这些小组织的“小文化”与整个公司的“大文化”以及整体的价值观应该是匹配的。这样，整个公司从上到下就能具有和而不同的价值主张与价值观，整体上就显得丰富多彩；同时，每个组织也能保有自己的特色，从而在文化属性上区别于其他团队。

第二，新时代下对于领导者有新要求。

首先，领导者应该具备一定的演讲能力。前一段时间我听了广州金不换财务集团的董事长范伟型做演讲，其中一个观点让我印象深刻，非常赞同。他说：“凡是面对三个人以上的沟通，都是演讲。”现代社会，演讲真的是一种很重要的能力。尤其对于领导者来说，你的演讲如果具有感染力，那么不仅能够激励你的团队，而且能够激发客户。我们的基层领导可以通过这种有激情的演讲去引领他的团队，激发团队的积极性，也可以去打动他的客户，获得合同，提升客户满意度。

其次，领导者要有亲和力。现在的员工更喜欢领导用一种伙伴的态度与他们沟通，所以我们现在互相之间都称呼“伙伴”，这个词也包含着大家的心愿，希望我们是共同成长的伙伴，如此互相之间就会感到亲切，也更方便沟通。

最后，领导者也需要被管理。不管是老板，还是企业的高管层，或者基层的管理者，管理别人的同时，也要成为一个被管理者。我们制定好规则，然后由我们自己首先执行，起带头示范作用，让我们自己成为被管理者，这样，我们的企业才能具有良好的制度氛围和文化氛围，才能变成一个优秀的组织。

以上这些都做好了，我们的组织一定会非常具有战斗力，才能在未来的发展洪流中脱颖而出。

思考题

你公司里的每个部门都有他们自己的口号吗？

第 31 讲 | 人力资源规划：倒三角组织

让听得见炮声的人做决策，怎么做到？

>> 传统金字塔形组织的弊端

所谓“倒三角组织”，是相对于传统的金字塔形组织而言的。传统的组织结构是从公司的股东到总经理，再到高层、到部门、到小组，最后到底层数量最多的基层员工。这种一层一层从上而下的结构，就是典型的金字塔形的组织构架。

金字塔形的组织构架虽然是大部分公司在用的架构，但它有以下弊端：

第一，决策风险非常大。从上而下发布命令，一旦上面发出的指令有问题，整个公司就会面临巨大风险。很多时候老板的一个决定能毁了整个公司，而很多企业老板的管理和认知水平本身存在缺陷，毕竟人无完人啊。

第二，执行过程中会产生指令的衰减和变形。有这么一个游戏，10 个人站成一排，互相之间都有一层隔板，第一个人开始做动作、讲话，并且把动作和话语悄悄传递给第二个人，第二个人再将该动作和话语悄悄传递给第三个人，依次传递下去之后大家会发现，最后一个人给出的信息和第一个人给出的完全不同。这个游戏很形象地反映出金字塔形组织结构的一个执行弊端：由于组织中不同个体对于同一件事的理解有偏差，高层的指令传达到基层的时候，其实已经衰减甚至变形得很厉害了。层级越多，这个弊端越明显，因此执行的效率比较低。

第三，员工的参与感不强。在金字塔形组织中，所有指令都是从上往下传递的，员工会感觉工作都是领导让他做的，而不是他自己要做的。在这种情况下，员工的积极性有限。

倒三角组织模型是不是更适合我们

倒三角组织就是把金字塔反过来，让员工在前面做事，领导在后面服务员工，实际上就是把以前组织里领导与被领导的关系倒过来（如图5－2所示）。

图5－2 倒三角组织架构

倒三角关系有三个：一是领导服务员工，让员工站在前面；二是后台服务前台——后台部门要为冲在最前面"打仗"的部门服务；三是支撑部门和职能部门服务业务部门。职能部门就是财务、人事、行政三大部门，它们需要为创造业绩的业务部门服务。

如果真的按照倒三角组织架构执行，就要求我们的领导和职能部门都能明确自己的服务职能——我们是在服务我们的员工，这样才能真正地做到让听得见炮声的人做决策。

在第29讲，我讲到要"先感动员工，再感动客户"，要发自内心真正地尊重员工，和他们一起成长。如何做到这一点？我觉得就应该把我们的组织结构改成倒三角形式，而不是金字塔形式，这样才能真正做到尊重员工。尊重员工，不能只是一个口号，而是要在实践中执行。在实践中执行这个理念的一种最好的方式，首先是小而美的团队，接着就是倒三角组织架构。

相对于传统金字塔形组织架构而言，倒三角组织架构将整个团队组织扁平化，减少了公司的层级，这是该组织架构的另一个优势。

最重要的是能够实现职能部门和业务部门角色的互换

关于职能部门的设置，不仅是代理记账行业，其实大部分公司有这个问题——职能部门不好惹，财务总监和人力资源总监是比较难对付的角色，因为大部分财务和人力资源想的是去管别人——他们手上有这类权力。例如，对于财务部门来说，想在报销环节设置障碍很容易；而对于人力资源部门来说，其在人员续约和晋升方面有很大的话语权。因此，财务和人力资源从骨子里就养成了一种管人的权力思维。在传统的组织构架里，很多公司的业务经理见到财务和人事经理，哪怕是同一级别的，多少会有点忌惮。

这种管理思路与倒三角组织架构的思维方式是矛盾的。关于这一点，陈春花在一次讲座里讲得非常有意思。她说在一个创业型公司，或者一个公司发展中前期的时候，职能部门要低半级。也就是说，同样一个职称，如业务总监、人事总监和财务总监，在同样具有总监职位的时候，应该让人事总监和财务总监比业务总监低半级，目的就是让搞业务的人安心冲在前面，而让人事和财务服务他。

如果我们能让职能部门低半级，把业务部门放在前面，或者只是在开会排座位的时候，把业务部门的负责人排在前面，财务和人事排在后面——当然这只是形式上，但它背后的逻辑就是告诉公司中的所有人，我们更重视冲在前线的人——这样的话，人事、行政和财务就会产生一种服务意识，从而自觉服务“前线”，那么，整个公司的氛围会完全不同，“前线打仗”的将士们才能更有精神、更有战斗力。这是倒三角组织架构的核心。

思考题

你的公司是金字塔形组织架构还是倒三角组织架构？你觉得它在执行过程中有什么利弊？

第 32 讲 | 人力资源规划：MBTI 测试

员工的性格是天生的吗？

MBTI 测试是根据荣格心理学演变出来的一个职业测试，其目前被公认为最准的一个职业测试，很多企业在招聘的时候会使用它。

为什么要做 MBTI 测试？很多时候我们并不一定完全自我了解。MBTI 测试可以帮助我们了解自己，防止“灯下黑”。

性格分类依据的四大维度

MBTI 测试把人分成 16 种类型，如图 5－3 所示，有蓝、红、绿、黄 4 种颜色的大

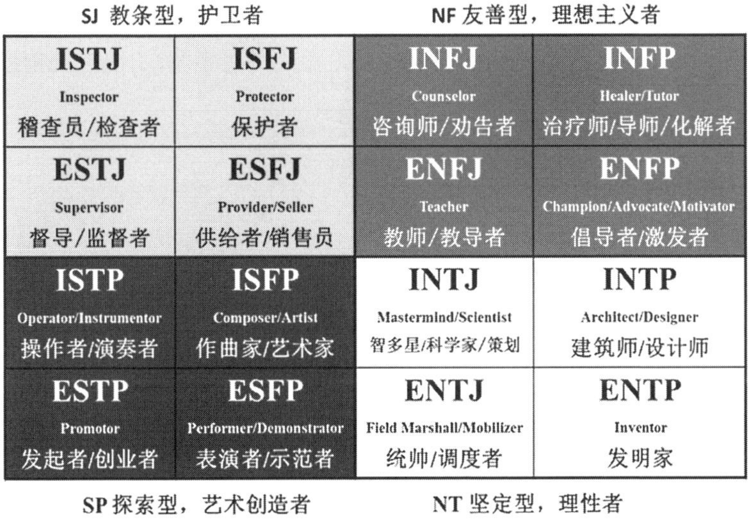

图 5－3　MBTI 性格测试类型示意图

方块，每种颜色的大方块又分别分成4个小方块，总共16个小方块，代表16种不同的性格。

第一个维度：荣格心理学把人分为内倾(I)和外倾(E)两大类，这代表人们获得动力的来源是有差异的。需要说明的是，内倾、外倾与内向、外向不是一回事，但基本趋势是类似的。内倾的意思是向内思考；与此对应，外倾的意思是向外思考。向内思考是指一个人会按照自己的逻辑，或者自己的情感诉求来思考问题、执行事务；而向外思考是指一个人会根据外部的客观规律进行思考，会考虑到自己以外的其他人。

第二个维度：人们获取信息、认识世界的方式。在这里，S代表实感、注重细节，N代表直觉、想象力。假设你的性格比较注重事物的细节，注重它实际表现出来的现象，那么你就不太会依靠自己的直觉或者想象力去行事。一般来说，想象力特别好的人，思维跳跃性、发散性都很强，你要他同时做好细节，就有点难了。所以，这两类性格是矛盾的。

第三个维度：关于人们如何对事物做出决策。其中，T代表思维，也就是逻辑性；F代表情感。有的时候，智商和情商之间难以达成一致。例如，你特别关注别人的感受，那么相对而言，你自己的逻辑性就会差一点；如果你自己的逻辑性特别强，倾向于按照逻辑办事，那么在外界看来，你的情商不会太高。这就是通常所说的，“双商”都高的人极少，每个人在情商和智商上总是会更倾向于一方。

第四个维度：人们喜好的生活方式。J代表判断型，这类人喜欢根据自己的判断、计划来处理事务、过生活；P代表知觉型，这类人的处事方式比较有弹性，可以被灵活更改。

>> 性格的四大类型

1. SJ教条型的人

S代表实感，注重细节；J代表判断型，喜欢根据自己的判断、计划来处理事务、过生活。

如果你的测试结果中有SJ，那么相对来说，你是有点保守主义的，比较注重自己的经验，会根据经验做事。我曾经在企盈对全体员工做过这个测试，我发现会计绝大部分是SJ类型的。事实上，能把会计工作做好的人，绝大部分是SJ类型的。我曾经有一个员工，他本人是一个特别开放热情的人，他测出来的结果是在另外一个性格区域里的。他听到我对 MBTI 测试结果的解释后，辞职了，因为他自己也不知道自己想做什么、适合做什么。以前是他的父母要求他去学会计的，因为父母觉得会计专业以后好找工作，并且越老越吃香。但他真的做了会计后，发现自己怎么做怎么别扭。后来他听了我的分析，觉得自己真的不适合做会计，所以就辞职去从事别的工作了，现在他过得挺好。

2. NF 理想主义型的人

N 是直觉型的，F 是情感型的，所以有 NF 这两种性格的人大部分是理想主义者，情感比较充沛，想得比较多。

一般来说，要这类性格特点的人去具体执行，有点难。这部分人最合适的职业选择是咨询师、导师之类的工作，也就是说，这些人想得比做得好、讲得比做得好，这就是理想主义者。

3. SP 创造型的人

S 是注重实感、注重细节；P 是比较有弹性、灵活的。这样的人具有一种艺术创造力，适合这部分人的职业大多是艺术类的，如作曲家、表演者等。

4. NT 理性型的人

T 代表逻辑性强的人，但又具备 N 特性，也就是直觉性强，这样的人的思考是建立在一定逻辑上的想象延伸，是非常理性的，所以这类人通常是会做长期规划的人。

以上就是对荣格心理学 MBTI 测试的简单介绍。在本书第 3 章，我讲过一个我自己原创的核心团队 ABC 理论，它也是一个简单的测试工具，帮助我们了解自己和我们的核心团队，而 MBTI 测试是从心理学的角度，更准确地测试我们每个人。

我们应该给管理层，以及一些重要的员工做 MBTI 测试，让他们了解自己，也使我们更理解他们。当我们发现测试结果与现状完全不匹配的时候，我们应该反思之前发生了哪些误会。只有了解自己，才能知道自己的优势和缺点在哪里，才能更好地强化自我，或者在团队里有针对性地找到小伙伴来弥补自己的不足。

思考题

你的 MBTI 性格测试结果是什么？与你现在的工作内容匹配吗？

第 33 讲 | 拆解人力资源鱼骨图：感动员工的终极秘密

怎么判断和评价老板心底里是不是真的尊重员工？

在本书第 1 章，我们拆解了代理记账行业的服务鱼骨图，那张鱼骨图主要是针对如何服务客户的。要支撑那么一张针对客户的鱼骨图，背后还需要另外一张鱼骨图——人力资源鱼骨图（如图 5 - 4 所示）。

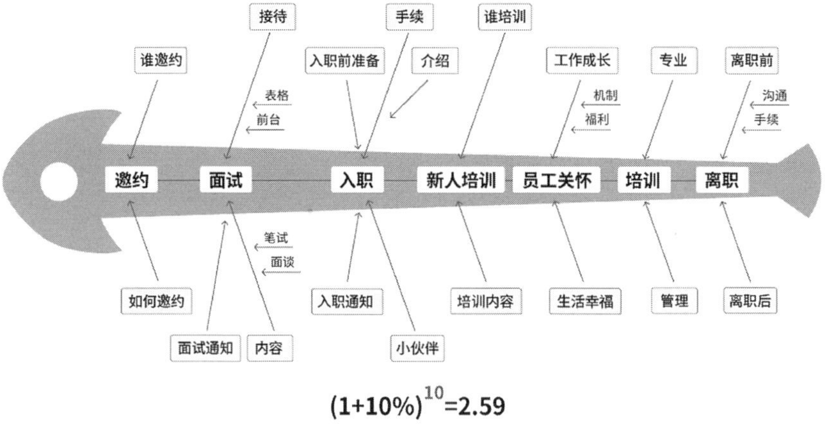

图 5 - 4　代理记账行业人力资源鱼骨图

如果说针对客户的服务鱼骨图的核心内容是“服务即营销的终极秘密”，那么，人力资源鱼骨图的核心内容就是“感动员工的终极秘密”。

>> 服务员工同样存在“复利原理”

从邀约、面试，到入职、新人培训，再到员工关怀、在职培训、晋升，甚至离职，针对同一个员工,如果这么多环节我们都做好了,员工的满意度肯定就是高的。

人力资源鱼骨图和客户服务鱼骨图在结构上是相似的,只不过每个节点都改成了人力资源流程里的每个环节。如果在这么多的环节中,我们把员工当成客户来对待,每个环节都提升10%,那么10个节点下来,效果就能提升2.59倍。所以,如果能好好利用这两张鱼骨图,员工的满意度能够提升两倍多,客户的满意度也能提升两倍多。

>> 落地执行鱼骨图的每个环节是关键

梳理出鱼骨图是第一步,执行好才是最关键的。在企盈,我们做了如下尝试,效果显著:

第一,在企业愿景中明确员工成长是企业经营的重要目标,并向全员公示。

第二,董事长亲自督促人力资源部,尽量简化面试表格,从面试开始尊重员工。

第三,建立新人培训"四步法",让新人尽快转正,尽快融入团队,加快新人的成长速度。

第四,在新人培训上,董事长亲自讲解企业文化和行业发展,让新人对行业和公司有信心,尽快从心理上认同企业的文化和价值观。

第五,在业务部门实行阿米巴,并给出明确指标,优秀的主管可以在公司平台上做"老板",形成共同发展的平台。

在实际工作中,可以根据企业当前的目标和实际情况,有选择、有重点地运用并不断完善这个鱼骨图。有了这个意识,逐步付诸行动,员工能感受到,也一定会有好的效果。

>> 公平的发展平台是最大的员工福利

如何让员工满意,这是所有老板都面临的问题。我认为,对员工最负责任的做法,是让他在公司里得到成长。

企盈的愿景:员工成长的事业平台,用户信赖的服务平台。我们从心底里把员工的成长融入公司的愿景中。

随着公司的发展,从员工角度而言,老板有两个挑战:

第一,公司的发展速度是否能跟上优秀员工的成长速度。如果公司发展得慢,而员工成长得快，公司无法提供足够的发展空间，员工就只能选择离开。

优秀员工是公司最优质的资产。如果公司的发展速度快，能给他们更大的发展空间，当然非常美好；如果公司的发展速度不快，这个优秀员工能成为核心骨干甚至合伙人吗？很多老板没有这个胸怀，往往等到员工离开了才反思这个问题。

第二，是否能建立一套员工公平发展的机制。一方面，如果没有规则，全看老板高兴和主观印象来提拔员工，用人风险很大，而且对其他人不公平；另一方面，事先没有设计好的机制，员工容易没有目标，实际上也减弱了优秀员工进步的动力。

老板是第一人力资源负责人

不要指望招聘个人事经理就能解决所有人力资源问题。人力资源管理是公司管理的重要组成部分，所以，老板是第一人力资源负责人。

公司管理的本质是对人的管理，人力资源涉及公司经营的所有方面。因此，老板必须深刻认识到这个问题：人力资源管理就是你的重要工作之一。建立起这个认知，至少有以下两个好处：

一是招聘人力资源经理时不会过于理想化。我们要招聘的是这样一个人：他是来和你一起做好人力资源工作，解决公司方方面面的管理问题的。

二是老板承担起人力资源管理的责任，自己也会有很大的提高。公司要进一步发展，老板必须系统地学习人力资源管理。

思考题

你对你现在公司的人力资源经理满意吗？问题是出在他身上还是你身上？

第 34 讲 | 拆解人力资源鱼骨图：从邀约到面试

好的人，如何求得？

拆解人力资源鱼骨图主要是从员工体验的角度出发，探讨在每个节点上，怎样让员工的体验更好。

>> 邀约

在面试之前，我们会遇到两个问题：

第一个问题，谁来邀约？很明显，一个普通人事专员的邀约，一个部门负责人的邀约，一个老板的邀约，三者的效果是截然不同的。由谁来邀约，体现了企业对被邀约人的重视程度。对这个环节提出要求，就是人力资源提升的第一步。

如果企盈需要招聘部门经理，是要公司总经理亲自打电话邀约的；如果招聘的是普通员工，则要求人事经理或者部门经理来邀约。首先让对方感受到被尊重，邀约的成功率就会高很多，员工在进入公司之前就会对公司有一个良好的印象。现在企盈中的好几个骨干，当初都是我亲自打电话邀约的。

第二个问题，如何邀约？我们应该用一种什么样的语气邀请对方来沟通？我的一位同学康波曾经担任德邦物流主管人力资源的副总裁。他说："其实我们人力资源应该是求着人过来的。"公司要发展，就需要优秀的人才。我们应该用求贤若渴的态度邀请优秀人才来我们公司，这样才能做好招聘。可是实践中，又有几个人力资源经理或老板是求着他人到公司来的？这种认知需要改变。

>> 面试

第一，关于接待。回顾一下前面的内容，在接待客户的环节中，客户来到前台，我们该怎么办？最起码得倒杯水，夏天倒一杯冰水，冬天倒一杯热水。同样，应聘者来到我们公司，在等待面试的时间里，我们也应该像对待客户一样，为他倒一杯水，这样就会提升他对公司的好感度，甚至可能影响他面试时候的表现。

第二，关于表格的填写问题。大部分公司在应聘者来了之后，会要求他们填一大堆表格。但是，这些真的都有必要吗？企盈面试的表格（如图 5－5 所示）中只需

面 试 登 记 表

填表日期：　　第一轮：　　第二轮：

基 础 信 息							
应聘职位							
姓　名		性　别		身高（CM）		体重(KG)	
出生年月		籍贯(省市)		联系电话			
邮箱地址		婚姻状况		面试方式	□自主投递简历　□未投简历受邀请		
现居住地地址				身份证号			
父母工作性质	□务农 □个体 □国企/公务员 □私企			月生活费水平	□2 000元内　□3 000元内　□5 000元上		
是否有朋友在企盈		他的姓名		期望薪资			
教育/工作/获奖经历							
最高学历	□本科　□大专　□其他			办学性质	□公办　□民办		
教育经历	起止时间	院校全称	专业				
工作/实践经历	起止时间	单位名称	职位	离职原因			
校园/工作最重要的奖励/证书	获取时间	获取等级	内容				
根据您择业的关注程度，请为以下项目排序：____>____>____>____>____>____。							
A. 上下班交通 B. 工作环境 C. 人际关系 D. 工作时间 E. 薪资福利 F. 个人发展							
需求调查							
上班时间	□8小时以内　□8至10小时　□10至12小时　□12小时以上						
到位时间	□可立即到位　□3天内到位　□5天内到位　□5天以上到位						
是否曾涉及刑事犯罪	□是　□否						
上家单位联系人	姓名________　电话____________						
您是通过以下哪种渠道知道公司招聘信息的（最多选三项）							
招聘渠道	□前程无忧　□智联招聘　□BOSS直聘　□其他______						
本人授权公司向本人曾任职雇主、介绍人或咨询人查询所有记录。 本人谨申明以上提交的资料绝对正确，如有不实，即可视为丧失任职资格。如上述情况发生时本人已被录用，则可作为立即被开除的理由，而公司无须做出任何赔偿。 签字：　　日期：							

图 5－5　企盈面试登记表

要填一些必要的内容,那些在应聘者的简历上写得非常清楚的内容不再重复,这也是从接待的角度来尊重应聘者。

第三,关于正式面试的内容。一般的面试分为笔试和面谈两个步骤。

面谈的时候,态度很重要。虽然应聘者还没有到公司就职,但公司应该把他当成正式员工、当成工作伙伴、当成客户一样对待。但实践中,至少60%以上公司的人力资源经理有一种“朝南坐”的心态,认为自己是“考官”,对方有求于自己。在这样一种心态下,面试官和应聘者就处于一种不对等的状态。相反,如果是用一种渴求人才的姿态来面试,那么双方就会用平等沟通、真诚探讨的方式交流,这样一种语境、口吻上的变化,本质上体现了公司对应聘者的态度。

总之,从邀约到面试的过程中,需要注意各个细小的节点,力求在员工进入公司之前就给他足够的尊重和良好的体验。实际上,就算面试者最后没有加入公司,我们若能长期坚持这种对待人才的态度,对公司来说,也会有一种广告效应。

另外,关于人力资源部门招聘态度的问题,企盈给招聘专员设立了一些绩效考核指标,这样做的目的是让招聘专员能用郑重的态度去面对应聘者。例如,受邀约人来面谈,如果不熟悉路,而招聘专员又想把绩效做好的话,肯定会在发送面试邀请的时候就告知对方路怎么走,甚至会出去接他。

其实,招聘专员给应聘者一个良好的体验,也是在减少未来员工关系处理过程中可能会出现的麻烦。所以,从发面试通知开始就需要技巧,这也是感动员工的第一步。

思考题

你亲自邀约过面试者吗?你觉得方式妥当吗?有没有需要改进的地方?

第35讲｜拆解人力资源鱼骨图：从入职到新人培训

新人培训，真的需要老板亲自上吗？

一般来说，新人入职的第一个月是最不稳定的一个月，因为他对公司不熟悉，尤其是应届毕业生，初进入职场，容易心生胆怯或者担忧。那么，公司层面应如何做好新员工入职的工作呢？

>> 入职的手续要规范简洁

有一个常见的现象：新员工入职第一天来到公司后，不知道座位在哪里，工作电脑也没有准备好，有的公司甚至连劳动合同细节也没与其沟通好。对员工来说，这种入职体验一定是比较糟糕的。所以，在新员工入职之前，公司至少应做好以下五点：

第一，新员工入职之前，公司必须给出正式的offer（录取通知书）。怎么写offer，其中大有学问。同样意思的话，可以写得很温馨，也可以写得很生硬。例如，我们一般要求新员工在入职之前做入职体检，那么写在offer上时，是使用语气强硬的强制要求，还是使用温馨提示，表明是为了大家的身体健康，并告知公司会报销他的体检费？

第二，工位一定要提前安排好，而且须整洁，以便直接使用。

第三，工作电脑和基本的办公用品要准备好，要有IT部门的同事为他调试好设备，还需告知他办公物品出问题时该找谁。

第四，怎样将新员工介绍给同事也是一件很重要的事，因为新人需要有人引荐给团队，才能方便地融入团队。

此外，企盈还做了两件比较有特色的事：

一是企盈有一个“企盈一周”，把公司一周的重要事情用邮件的形式通告全体员工，其中专门有个小板块用来介绍本周员工的入职和离职，公示所有新入职的员工，也就是说，让全公司都知道公司进了哪些新人，其岗位是什么。

二是企盈的新人介绍。例如，财务部门每个月都有一次部门大会，在大会过程中，有一个环节叫“企盈论语”，我们会邀请新员工来做自我介绍，聊聊自己的家乡、兴趣爱好等。一般新员工会为此做个PPT，用10分钟时间向全体同事比较正式地介绍一下自己的情况。这样一来，大家就可以对他有一个比较深入的了解。在这个自我介绍的环节，新员工如果能好好发挥，对他来说也是一个非常好的体验，在锻炼自己的演讲能力的同时，秀一下自己的长处。

第五，小伙伴制度。这是向携程学来的。小伙伴制度，是指新员工入职的时候，公司会给他安排一个小伙伴，公司内部所有的事情，他都可以问这个小伙伴。这个小伙伴一般是他的上级，或者是与他工作联系最紧密的同事（如图5-6所示）。

入职这个环节是员工与公司的初次接触，有非常多的细节可以用心去改善，这些都有利于感动员工。第一印象是最重要的，就像我们接待客户一样，客户的体验好，合同就签下来了，这叫“客户成功”。让员工的体验好，则称为“入职成功”。入职成功以后，新员工才能逐渐进入工作状态，才能更好地服务客户。

>> 一定要做好新人培训

新人培训的内容分为两块：一是专业性的内容，二是公司管理性的内容。

一般每个企业都有自己的一套培训流程。企盈的员工比较多，每个月新进的员工也比较多，所以企盈每个月都会有一次固定的新人培训。

请谁来培训也是一件很重要的事。关于专业性的内容，企盈一般是请资深的业务同事来授课，告诉新人公司做哪些业务，需要注意些什么问题。关于公司管理方面的内容，大部分是所有员工需要知晓的，如公司的人力资源规则、财务的报销规则，以及其他注意事项等，通常由人事、财务和行政部来授课。

另外，公司老板也可以亲自给新人培训。我觉得新人培训中有一部分内容，尤其是对行业的认知和企业文化，必须要老板亲自讲解。作为老板，我们得告诉员工，这个行业是一个什么样的行业、公司怎么赚钱、员工怎么成长等。每次我都会用亲

企盈新员工小伙伴制度

一、目的

为了让新员工在入职后尽快融入集体、熟悉办公环境和工作流程，公司实行新员工小伙伴制度。

二、概念

新员工小伙伴由部门资深员工担任，旨在一定时期内辅导和帮助新员工迅速适应和融入团队，感受组织文化。

三、原则

1. 最好由与新员工有工作交集的同事担任。
2. 原则上选取入职半年以上、绩效表现良好、对部门情况了解、沟通能力较强的员工。
3. 职级应与新员工相当或者高一级为宜，原则上不建议直接主管担任。
4. 不能同时担任3位或以上新员工的小伙伴。

四、职责

1. 时间：自新员工入职之日起，半年内担任新员工的小伙伴。
2. 准备：新员工入职前，配合人事行政部安排好他/她的座席、电话、电脑等办公用品。
3. 迎接：新员工到岗第一天，HR带到所在部门，由小伙伴迎接，互相认识。
4. 计划：配合主管制定新员工的学习和工作计划。
5. 分享：
   有计划地向新员工介绍：
   (1) 部门和团队的组织架构；
   (2) 部门和团队主要领导的职责和业务范畴；
   (3) 部门和团队同事的概况；
   (4) 公司楼宇和办公室布局，周边设施；
   (5) 日常办事流程和机构设置；
   (6) 部门和团队的文化及工作氛围，同事的喜好和禁忌等。
6. 帮助：帮助新员工顺利度过试用期和考核期。
7. 关怀：保持顺畅沟通和关怀，切实建立起相互信任的工作小伙伴关系。

让我们共同携手推动新员工小伙伴计划的开展，带领新人一起走进企盈天地，共创企盈美好明天。

人力资源部

图5-6　企盈新员工小伙伴制度

身经历来讲解公司的愿景、使命和价值观。这些内容只有老板亲自讲,新员工才听得进,才有工作的信心。

关于新人培训,从老板到人力资源,再到各个行政、业务部门,都要非常重视,一定要及时建立一个合理、有效的新人培训体系。

思考题

假如你是公司老板,新员工培训,你会亲自授课吗?

第 36 讲 | 拆解人力资源鱼骨图：从员工关怀到离职

让员工舍不得这个团队，怎么做到？

>> 日常员工关怀

1. 工作方面的成长

给员工一个开放的平台、公平的机制，让员工把优势发挥出来，实现自身价值，这是最重要的员工关怀。尔后，在公平的基础上设置良好的晋升机制。我们可以把晋升理解为职位上的提升、管理人数的增加，以及工作范围的扩展。

企盈比较有特色的做法是在公司内部设置阿米巴。当一个小团队做到 100 万元的有效收入时，我们就会为他们组建阿米巴。阿米巴的体制让员工有机会成为阿米巴组织的合伙人，这相当于从员工到主管再到事业合伙人的三级跃迁，对于那种奋斗型的员工而言，这就是最好的关怀了。

2. 生活上的关怀

这一点企盈做得还不够，以下几点我们现在正在努力尝试：

第一，每年组织一次员工旅游。在旅游的过程中，同事们聚在一起，在一个轻松的氛围里尽兴玩耍，这样既可以加强团队凝聚力，也可以缓解日常工作带来的压力。很多企业也都在这么做。

第二，多开展员工活动。例如读书会，这是企盈的管理层必须参加的，大家在读书会里一起学习、互相促进；还有奋斗者俱乐部，我们会在其中倡导企业的奋斗者文化；另外，我们鼓励每个部门定期搞团建。在团建的过程中，大家能够形成小部门的凝聚力。前面我们讲过“小组织，大文化”，让员工有机会在一个小组织里感受到自己的力量，刷出他们的价值感和存在感，提升他们的工作满意度和愉悦度，这也是一种生活关怀。

第三，对中高层的员工，我们也在探索一些更高层面的福利计划。

总的来说，企业应该从各个层面、用各种方式来关怀自己的员工。对于代理记账这类服务型企业而言，员工是企业最大的资产，这也是华为的任正非反复强调的一个观点。“资源是会枯竭的，唯有文化才会生生不息。一切工业产品都是人类智慧创造的。华为没有可以依存的自然资源，唯有在人的头脑中挖掘出大油田、大森林、大煤矿……”（任正非，《以奋斗者为本》）

员工培训

员工的日常在职培训分为两类：一类是专业方面的培训，是为了提升员工的专业能力；另一类是管理方面的培训，是为了提升员工参与企业日常管理的能力。

对于这两类培训，企盈的做法是：“走出去”与“请进来”。现在我们基本上保持每个月至少一次：要么我们“走出去”，向相关的部门或专业人员学习；要么请别人来培训。我们内部也组织了读书会，用来加强内部的培训和学习。

总之，关于员工培训，必须有一个机制，人力资源部要专门制订一个培训计划，并且保证这个计划得到严格落实。

员工离职

对于离职问题的处理，分为前后两个时段。

前一个时段是员工离职前。要怎么与想离职的员工沟通？你是否了解他离职的原因？有的员工可能真的不适合公司，那么他离职就是在所难免的。虽然职场向来就是双向选择，员工离职也是正常情况，但我们一定要了解他离职的原因，以利于我们改进工作。

后一个时段就是员工离职后。员工离职后，公司与他还有没有关系？我觉得是有的，而且最好是依然保持好朋友的关系。

在代理记账行业中，转介绍是很重要的。如果员工离职时交接得比较愉快，公司也一如既往地给他激励和安慰，将各种关系处理好的话，他离职后就还可以给公司介绍客户，还是公司的合作伙伴。这一点，阿里巴巴就做得比较好。在阿里巴巴达到一定级别后，即使离职，其工号也会保留，然后在周年庆或者员工当时的入职纪念日，阿里巴巴会将他们当年的工号做成一个纪念品快递给他们。阿里巴巴的这种对待离职员工的做法会让员工始终心怀温暖，进而会为曾经在这样一家公司工作过而感到自豪。

可见，处理员工离职这件事也有很多需要用心的地方，如果公司把这些都做好的话，不管是在哪个环节，都能够感动员工。即使他以后不是这家公司的员工了，也还可以成为原公司的合作伙伴。

总之，从员工关怀到员工培训，再到员工离职，其中牵涉的各个处理细节和制度设计都可以优化，目的就是感动员工。

思考题

你的公司在员工关怀方面是否还有其他的好方法？

第 37 讲 | 招聘：思维误区——用 2%的时间招聘，用 75%的时间应对招聘失误

离职的时候很难搞的员工，往往能力一般，为什么？

传统的人力资源六大模块中，我认为招聘是最重要的一个模块。就像做菜一样，招聘是我们寻找好材料的过程。俗话说，“巧妇难为无米之炊”，如果材料不好，再好的厨师也没法做出美味的佳肴。招聘到优秀的人，后续的培训、员工关系、薪酬、绩效考核等都会变得易于执行。

但是，对于大部分公司而言，招聘过程中最大的问题就是不重视招聘。美国第一资本国际集团的 CEO 理查德·费尔班克说，在大多数公司里，人们都是用 2%的精力在招聘，却用 75%的精力来应对当初招聘的失误。

那么，该如何做好招聘，避免失误呢？

>> 原材料最重要

如果一名员工能够自我激发，且积极向上、能力很强，那么即使不对他做很多培训，甚至一些公司该做的其他工作没做得那么到位，这个人也能有很好的自我发展。当然，我不是说后续的培训和其他管理支持工作不重要，我的意思是，这样的人能为公司管理减少很多工作量、降低管理成本。

我经常碰到这种案例：有的员工离职或者被开除时，不愿意好聚好散，搞得管理者心烦意乱。我观察下来，爱搞事情的人大部分是一些能力不强，或者价值观不正的人。真正能力强、价值观又正的人如果决定离开，会爱惜自己的时间和精力，赶快把事情处理完，准备下一次工作，而不是强行与老东家纠缠。

>> 要从老板开始重视招聘

董文红是从前台开始，一直做到菜鸟物流的董事长、阿里巴巴的首席人力资源官的。如果说当时是由行政经理去招聘前台，那么对于绝大部分公司而言，这样招聘过来的前台的最高职位一般也就是行政经理了。可是，因为董文红是马云亲自招聘到前台的，她才有机会走到如今这个高度。所以，重视招聘，得从老板开始，因为只有老板最了解公司需要什么样的人才。

>> 避免招聘中的误区

在招聘的时候，我们会碰到哪些误区呢？大部分公司不重视招聘，主要体现在以下几个方面：

1. 过早下放招聘权

目前，大部分代理记账公司的规模不大。如果只是让一个人事专员去招聘，一方面他可能并不完全了解公司需要什么样的人；另一方面限于判断能力，他招聘过来的人可能很多是比他差的。这就是过早下放招聘权容易带来的问题——整个公司的人员水平会越来越差。

阿里巴巴实施的是跨级招聘。任何部门要招聘人，都是由它的上级部门把人找好之后放到这个部门。那么，对小公司而言，有些岗位就应该由老板亲自去招聘。

2. 并不真正地尊重应聘者

关于这一点，我在前面几讲中已经提到了。大部分公司的 HR 有一种优越的心态——我是来面试你的，我要来考核你，选择权在我手里。这种心态的招聘者怎么能为公司招到更好的人呢？毕竟优秀的人手里可能握着几份工作 offer，他不会进入这么一家氛围不够好的公司。

3. 招聘过程只重视技术因素而忽视非技术因素

例如，在招聘会计时，企盈之前只重视面试者对于财务、税法等专业知识的掌握程度，而忽视考察其沟通能力。实际上，会计工作恰恰对沟通能力有比较高的要求。所以，非技术因素不可忽视。

4. 绝大部分公司对招聘专员缺乏考核

对于代理记账公司而言，招聘专员就像是销售的销售。假设他招聘到一个优秀的销售人员，这相当于给了公司一个"涨停板"。当然反过来说，公司走了一个很"牛"的销售，就相当于公司经历了一个"跌停板"。因此，公司对招聘专员一定要有这方面的考核。

思考题

招聘中的四个误区，你的公司中了几个？

第38讲 招聘：招聘就是销售——像考核销售一样给招聘专员定薪酬

招聘专员也要考核？怎么考核？

招聘最主要的误区就是不重视招聘。那么，我们该如何重视招聘呢？很重要的一点就是对招聘专员进行考核。

>> 招聘专员是销售的销售

代理记账公司是靠人来获取客户的，业务人员就是我们的销售，负责把我们的产品和服务销售出去。而招聘专员是把销售人员找过来的人，所以招聘专员是销售的销售。从这个角度来说，招聘专员实际上也是一个销售岗位，他是把公司当成一个产品销售给应聘者，把能给公司带来价值的优秀人才吸引进来。

>> 如何考核招聘专员

招聘专员的考核可以参考销售考核（如表5-3所示）。

假设要招聘5个做公司注册和代理记账的业务人员，大部分代理记账公司的做法是直接让招聘专员去招聘。而招聘专员拿的是固定工资，招得到人没有奖励，招不到人除了被老板批评几句外，也没有太大损失，工资照发。这样，招聘专员就没有积极性。为了解决这个问题，企盈把整个招聘过程分解为六个步骤（指标）：

第一步，至少要找到100份合适的对应简历。

第二步，至少要通知到其中的80个人，因为这100份简历中，有些人可能联系不上，还有一些可能根本无意认真应聘。

表5-3　招聘专员招聘提成方案　　　　金额单位：元

岗位类型	奖金系数	奖金基数	奖金金额	备　注
技术人员	1.2	200	240	员工通过试用期可以申请发放奖金
运营部文职	0.8	200	160	
业务员	1	200	200	
代理记账会计	0.9	200	180	
其　他	1	200	200	
高端职位	公司有特殊要求的岗位或相关经验较为丰富的人才，可在通过试用期后一次性奖励5 000			

第三步，通知到的80个人中，至少要保证有30个人来面试。

第四步，30个面试者中有15个人能够进入下一轮面试。

第五步，这15个人中，大概有7个人可以进入试用期。

第六步，7个试用期新人中，可能有2个人被淘汰，剩下的5个人能够通过试用期成为正式员工。

把招聘5个业务人员的这一工作分解成以上六个动作，既清晰明了，又方便考核。

每当有一个人来面试，我们就给招聘专员20元的绩效奖励，30个人就是600元；每当有一个人通过面试，我们就给招聘专员50元的绩效奖励，15个人就是750元，因为这说明他做的简历筛选、电话通知工作是有效果、有价值的；通过复试进入试用期的，我们给的绩效奖励是200元/人，因为这是招聘成功的直接结果。而通过试用期的，我们再按300元/人给招聘专员发绩效奖励。

销售要做好业务，得打几百个电话，筛选有意向的客户，然后预约面谈，敲定真正能合作的客户，再签合同，最后由客户把首付款付掉，以实现真正的成交。在这个过程中，每经历一个阶段，客户数都会下降，这其实就是一个销售漏斗。

与之对应，人力资源也有一个招聘漏斗。最开始有100份简历，通知到80个人，有30个人来面试，15个人通过复试，7个人进入试用期，5个人转正。每一层级的人数都会历经衰减。这种漏斗效应的存在就需要招聘专员非常积极地工作，因此，公司必须每一步都给予其及时的奖励。如果人力资源部本身的绩效考核没有制定好，那招聘的效果就不会好。公司应该像考核业务员一样去考核招聘专员。

如何管理招聘专员

招聘专员的工作是不是努力？招聘效果算不算好，还能不能更好？有时候我们挺难判断的。因为一般的代理记账公司，招聘的渠道和资源都有限，无非就是在网站上发发招聘广告。在这种情况下，有一个最简单的办法，就是设置两个招聘专员。在同样的资源情况下，他们谁做得好是很容易比较出来的，然后可以对做得好的人进行激励，更好地把他的积极性激发出来。

有的人会问："我们公司小，一共就只有两三个人在做人事及行政工作，每个人负责不同的工作，这怎么办？"这时，可以互为"备份"。一般情况下，一个部门内部会有分工，这个人负责行政、薪酬，那个人负责招聘、培训，每个人的工作不一样。但是，我们可以稍微改一改，让以前做薪酬的人也负责一部分招聘，让以前负责招聘的人也去做一部分薪酬，两个人互为"备份"。这样有两个好处：一是能够互相比较，做得好还是不好一目了然；二是如果有人突然离职或者休假，还有"备份"在，不至于影响公司的正常工作。

思考题

你对招聘专员有考核吗？这一讲提到的考核方式，你觉得对你的公司适用吗？

第39讲 | 招聘：像对待客户一样对待应聘者

人事招聘不到“牛”人，问题出在哪里？该怎么解决？

这一讲，我要介绍一张“招聘六阶段”表（如表5-4所示）。在这张表中，我把客户和应聘者做了一次同向的比较，分为六个阶段。

表5-4 招聘六阶段

阶段	内容	对待应聘者	对待客户
第一阶段	获取意向	● 主动出击：主动通过渠道、猎头寻找人才 ● 被动咨询：投放广告、让他人投递简历 ● 内部介绍	● 主动出击：主动寻找渠道、客户 ● 被动咨询：投放广告、获取客户转介绍
第二阶段	转化意向	邀约面试	邀约见面
第三阶段	面谈	宣传公司、阐明优势	宣传公司、推荐产品
第四阶段	合同	签订劳动合同	签订合作合同
第五阶段	执行合同	新员工入职培训、融入工作环境	首付款支付、准备材料、执行项目
第六阶段	评估	新员工是否与公司相适应	客户满意度调查

第一阶段：获取意向

做销售的时候，首先要获取意向客户，找到销售线索。获取客户的方式大概分为两种：主动出击和被动咨询。主动出击，就是自己去找渠道和客户，还有内部的转介绍;被动咨询,就是让别人来找你,如通过打广告来获取客户等。

同样,招聘也可以分为主动出击和被动咨询。被动咨询,就是我们发招聘广告,让人家来投简历;主动出击,就是我们主动寻找渠道、主动联系求职者,甚至找到猎头,让他帮我们找人。另外,发动内部员工介绍他的同学、朋友进公司,也是一个非常好的主动出击方式。因为对于一个内部员工而言,只有当他觉得公司好时,才会推荐给他的同学、朋友,这样过来的应聘者对公司就有天然的信任度,因为他是信任他的同学、朋友才来的。

>> 第二阶段:转化意向

找到了很多意向人员,简历也收到了,接下来要怎么进行转化呢?对于销售而言,转化意向的方式就是与客户见面;对招聘而言,转化意向的方式就是约应聘者来面试。

前面几讲我已经强调过,面试邀约环节非常重要。举个例子,企盈一些重要岗位的招聘,都是我亲自打电话给应聘者,让对方感受到被重视。另外,我不会直接说要对方来面试,而是会用一种平等的语气,说想面谈一下,跟他商量一下时间。相比很生硬地通知他明天上午10点到公司面试,平等的语气带给面试者的感受肯定会不一样,也容易让他对公司产生好感,提高招聘成功的可能性。

>> 第三阶段:面谈

与客户面谈,主要谈的是公司有多好、产品有多好。与应聘者面谈,主要谈的是公司的未来、员工的未来,谈他在这里的发展空间。当然,最后都要谈合同,与客户谈的是合作合同,与应聘者谈的则是劳动合同。另外,在与应聘者面谈的时候,也要与对待客户一样,说明我们公司与其他公司的区别、我们的优势,这样更有利于面试者加深对公司的理解,做出入职的决定。

>> 第四阶段:合同

对销售而言,签好合同就是成交。对招聘而言,签好劳动合同就是招聘成功了。

>> 第五阶段:执行合同

销售与客户签好合同后,客户要付首付款,我们要开始做项目的执行。对于签好劳动合同并且入职了的应聘者，我们就开始给他做新员工培训，帮助他顺利融入公司。

第六阶段：评估

客户签好合同、项目执行后，我们会做一些满意度调查，评估客户对我们是否满意。其实对于入职了的试用期员工，我们也要评估公司对他是否合适，以及他是否能胜任当前的工作。如果员工在试用期评估不合格，就应该果断淘汰。我们在试用期有严格的评估，有的岗位甚至细化到周。这样，提前一周明确问题，就可以提前一周解决问题。

思考题

请对照以上六个阶段，思考你公司的招聘，其中哪个阶段做得最好？

第 40 讲 | 招聘：招聘什么样的人做代理记账会计最合适

代理记账会计的沟通能力不强，怎么办？

对代理记账公司来说，招聘会计是一件非常重要，同时也是非常让人头疼的事。究竟什么样的人适合做代理记账会计？这一讲，我从四个方面来谈谈这个问题。

>> 招聘代理记账会计有哪些要求

第一是专业性。其对财务、税务知识必须有所了解，并且知道怎么把账做好。这些都是专业性上必须要满足的要求。

第二是沟通能力。对一个代理记账会计而言，沟通能力尤其重要。沟通能力强，客户的满意度就会高。客户满意度高，转介绍率就会高。

>> 关于代理记账会计的培训

前面讲了两个关于代理记账会计的要求：专业性和沟通能力。对于代理记账会计而言，由于大部分账比较初级，甚至还有很多是零报税的账，因此代理记账会计的专业性是比较容易培训的。可沟通是非常难培训的。沟通能力绝大部分是天生的，受性格的影响很大。如果这个人本身是很内向的，不愿意主动沟通，要把他的沟通能力培训得很好，几乎是不可能的。

认清楚这一点，我们就知道，在前期招聘代理记账会计时，尤其要看重沟通能力。

>> 代理记账会计该如何取舍

如果一个来面试的代理记账会计，其专业性和沟通能力都很好，那当然没问题。但现实是，这样的人很难找到，并且工资成本也比较高。如果我们只能在两者之中取其一，该怎么办呢？我的选择是，要沟通能力好的，而对专业性降低要求。

企盈给代理记账会计的面试题分成正反两面，正面是专业类题目，反面是沟通类题目（如图 5 - 7 和图 5 - 8 所示）。

会计面试笔试题

第一部分

1. 某建筑材料销售公司，2015 年底成立，2016 年第 1、2、3、4、5、6、7 月的经营情况如下表：

月份	销售额	进货额	仓库租金	工资薪金	运输费
1	30	24	0.5	1	0.5
2	25	20	0.5	1	0.5
3	32	26	0.5	1	0.5
4	40	32	1	2	1
5	80	70	1	2	1
6	120	105	1	2	1
7	160	120	1	2	1

说明：（1）单位：万元。

（2）该企业最初为小规模纳税人，4 月开始转为一般纳税人；公司最初要求供货方提供小规模发票，4 月开始要求供货方提供一般纳税人发票。

（3）仓库业主方开具的发票都是按照 5%的简易征收税率。

（4）物流公司开具的运输发票都是按照 11%的一般纳税人税率。

（5）为了简化，忽略其他费用，工资薪金含所有相关费用及税。

（6）本题目都只考虑通用处理，不考虑特殊情况，不考虑库存；表中小规模金额均含税，一般纳税人金额均不含税；不考虑税收减免和优惠政策。

（7）表中所有费用均已结清，所有当期税收均已结清。

问题：（1）1 月仓库租金 0.5 万元，请列出简单的会计分录。

（2）该公司 1 月份应该缴纳的增值税是多少？

（3）该公司 5 月份应该缴纳的增值税是多少？

（4）该公司二季度应该缴纳的企业所得税是多少？

2. 某建筑设计公司，2015 年底成立，创业公司，部分专业设计业务（比如消防设计等）外包给建筑设计院，2016 年第 1、2、3、4、5、6、7 月的经营情况如下表：

月份	设计费收入	外包支出	房租	工资薪金	办公文具
1	30	10	2	10	1
2	25	8	2	10	1
3	32	10	2	12	1
4	40	15	2	12	1
5	60	20	3	20	2
6	70	25	3	20	2
7	80	30	3	20	3

说明：（1）单位：万元。

（2）该企业最初为小规模纳税人，因客户要求，5 月 1 日开始转为一般纳税人；建筑设计院都是按照设计行业开具的 6%的一般纳税人税率的发票。

（3）房屋业主方开具的发票都是按照 5%的简易征收税率。

（4）办公文具从京东采购，开具的发票都是按照 17%的一般纳税人税率。

（5）为了简化，忽略其他费用，工资薪金含所有相关费用及税。

（6）本题目都只考虑通用处理，不考虑特殊情况，不考虑库存；表中小规模金额均含税，一般纳税人金额均不含税；不考虑税收减免和优惠政策。

（7）表中所有费用均已结清，所有当期税收均已结清。

问题：（1）1 月房租 2 万元，请列出简单的会计分录。

（2）该公司 1 月份应该缴纳的增值税是多少？

（3）该公司 7 月份应该缴纳的增值税是多少？

（4）该公司二季度应该缴纳的企业所得税是多少？

图 5 - 7　企盈会计面试题——专业技能题

第二部分

1. 你辛苦了一天，自以为对今天的工作相当满意，却不料你的上司还是大为不满，你怎么办？

A. 找上司询问自己做得不好的地方，注意自己做得不够好的地方，以便今后改正

B. 不耐烦地听他埋怨，心中满是委屈，但不做声

C. 拂袖而去，认为自己不应该接受这种委屈

2. 你上司的上司邀请你共进午餐，回到办公室后，你发现你上司对此颇为好奇，此时你会：

A. 告诉他详细内容

B. 粗略描述，淡化内容的重要性

C. 不透露蛛丝马迹

3. 在说明自己的重要观点时，别人却不愿意听，你会：

A. 想想对方不愿意听的原因，换一个方式去说

B. 等等看还有没有说的机会

C. 既然对方不想听，就不说了

4. 你正在和一个怒气冲天的客户打电话，这时你的老板突然过来了，你会：

A. 立刻把客户的电话转给一个关系很熟的同事，或者允诺客户过五分钟再打给他

B. 太好了，这是个好机会，正好让老板知道我每天的工作多么的有难度

C. 心里七上八下，但在老板面前我不能显示出我的弱点，我一定要保持冷静

5. 如果一个人说话说不清，但你又必须听他的话，你将怎样回答他的问题：

A. 重复他的问题，确认理解无误后再回答

B. 不知所措，找其他人来帮忙

C. 听不明白，随便应付过去

6. 你认为你的文字和口头表达能力强吗？

A. 是　　B. 一般　　C. 很差

图 5 - 8　企盈会计面试题——沟通技巧题

专业题由易到难排列，内容相当于企业经营的一个实际案例，包括这个企业做多少营业额，每个月的财务报表，收入、成本、费用的情况，增值税、所得税是多少等。这些财务的基本内容完全是结合客户和实际操作层面的，看应聘者对这些专业知识是否基本掌握。

沟通类的题目考察应聘者的沟通能力。当然，这一部分的能力，除了考试题目以外，在面试环节还会继续考核，通过面试交流，大概就能了解对方的沟通能力了。

我们决定要不要录用应聘者，一是要求其专业性达到 60 分以上。虽然我们更重视沟通能力，但是如果专业能力特别差，后续的培训会很困难。二是要求沟通能力达到 70 分以上，这个分数来自面试者笔试与面谈的综合结果。符合要求的应聘者入职后，我们会进行培训，将他 60 分的专业成绩培训到 70 分、75 分甚至 80 分。这样，他就能成为一个比较好的代理记账会计了。

代理记账会计的沟通能力一定要成为企业招聘时非常重要的考核因素，甚至在要求上，要比对专业能力的要求高。企盈经过招聘观念变革后，客户的满意度有了明显的提高，特别是转介绍的数量有了非常大的提升。转介绍是免费得来的业务，企盈现在有一百多个代理记账会计，平均每个人多转介绍一个客户，对公司来说就是非常大的收益了。而且，公司多一些沟通能力强的人，整个公司的氛围也会变得非常积极、活跃。

>> 公司需要积极的稳定，而不是消极的稳定

很多代理记账公司的老板有这样一种愿望，就是希望代理记账会计能稳定点。我们也希望这种稳定，因为会计离职容易导致客户流失。但我们要的是一种积极的稳定，而不是一种消极的稳定。

如果会计部门虽然人员稳定，但是大部分员工不愿意沟通，姿态消极，这种状态下，客户的满意度就会低，转介绍率也会低，而流失率一定很高，由此形成一个恶性循环。这就是消极的稳定，也一定不是我们要的状态。

积极的稳定状态是什么样的呢？就是让正能量的、愿意好好沟通的人进来，而让消极的、跟不上公司发展的人淘汰，这样，整个公司就会慢慢形成正向的企业文化。

最后需要补充说明的是，由于招聘过来的部分会计最开始的专业性只有 60 分，

那怎么保证服务质量呢？有两个办法：一是中高端客户和一些账务比较复杂的客户，由专门的、资深的人来负责，确保质量；二是对中低端客户的账要有严格的质量监控体系，要做检查，哪怕人手不够，没有专人进行检查，也要有员工之间做交叉检查的机制。这相当于进行质量监控，从而保证公司提供的客户服务质量是好的。

思考题

你公司会计部的总体沟通能力和沟通氛围怎么样？

第 41 讲 激活个体：实现动车原理——用非劳动收入激活会计

让员工像老板一样努力，能做到吗？

所有岗位都应该有绩效考核

一位人力资源专家曾经对我说：“没有绩效考核的岗位就不应该存在。”他的意思是所有岗位都必须考核，这一点企盈基本做到了。

对于代理记账公司而言，其岗位主要分为营销、操作、职能三大类。表 5－5 列出了这三类岗位的绩效考核的区别。

表 5－5　三类岗位的绩效考核

类　别	部门/岗位	主要指标	考核方式
营　销	市场部(含渠道)	意向客户线索(投入产出比)	底薪＋提成
	业务/销售部	销售额(转化率)	
操　作	工商操作	执照数量、速度、完结率	底薪＋操作提成
	代理记账	做账家数、难度、金额	
职　能	人事	招聘、日常事务	底薪＋提成 工资×打分
	财务	日常事务	
	行政	日常事务	

市场部通过线上、线下的方式获取销售线索或者意向客户，不管是具体数量还

是广告的投入产出比（ROI），都能比较明确地考核。业务部最终与客户签订协议并收款，按照销售额或者利润提成。这两个部门是营销类的，一般制定“底薪 + 提成”的绩效考核模式。

工商操作部就是办理营业执照的部门，他们的工作量也是比较明显的，也应该按照“底薪 + 提成”的模式来设定薪酬体系。代理记账会计的工作量也是比较容易计算的，要么是做账家数，要么是做账金额，所以也应该采用“底薪 + 提成”的绩效考核模式。如果采用固定工资，效率一定不高。这两个部门是操作类的，其绩效考核相当于工厂里的计件工资体系。

人事、财务、行政大多是事务型工作，大部分公司是给固定工资的。我想说：这些岗位也必须考核，有的是可以量化的，如招聘。很难量化的岗位，如财务、行政等，我们至少应该用打分的方式来考核。就拿助理这个岗位来说，假如我们给助理岗位定下 6 000 元的目标工资，那么我会将它设置成“4 000 元底薪加上 2 000 元考核”的结构。在考核的部分，我们会打分，一般在 0.8 和 1.2 之间。如果他这个月做得好，我们会告诉他哪些方面做得好，为什么给了他 1.1 或者 1.2 的评分；要是做得不好，我们可能只给 0.9 甚至 0.8 的评分，并且告诉他哪里做得不好，需要改进。这样，员工知道我们对他的满意度，让他有个明确的方向去改进。

需要说明的是，上面这些岗位类别是比较粗略的概括，每个公司的情况不一样，考核模式不需要照搬，打分制度也未必是最好的考核模式，我强调的是基本的思维方式。在执行中，各家公司可以有自己的方法。比如行政，有的按照员工对他们的满意度，或者帮助公司节省的费用来考核，也是比较务实的。

每个岗位都要有考核，哪怕是最简单的考核，也比没有考核要好得多。

>> 如何实现动车原理

之前的章节里，我们讲过怎样把员工激活，用的就是动车原理，使员工产生非劳动收入，落实到薪酬和绩效上，用绩效考核，最终实现动车原理。

我们想要做好事情，就不能只是在嘴上说说，而是要行动起来。对员工来说，最切实的感受就是薪酬与绩效考核的合理结合。非劳动收入是公司激活员工的一个非常重要的手段。因为如果做成某件事情所获得的收入是一个能长期存在的非劳动收入，比如转介绍，那么员工就会非常积极地去做这件事。这是我们之前所说的动车原理的核心思想，就是要通过非劳动收入的长期激励来实现动车原理。

代理记账和人事代理等属于长期业务。如果一个财务每个月能介绍3个客户，一年就能介绍36个客户，一个客户平均的收费是每年4 000元，那么这笔总收入就是144 000元。企盈现在每年给员工的提成是8%，如果他做到了上述总量，那么到第二年，他每个月就有1 000元左右的提成，这就是不需要额外工作也能拥有的非劳动收入。长期的转介绍使得员工在做账时有部分收入，转介绍有另一部分非劳动收入。有了这样的非劳动收入，员工就会有更大的工作积极性。

>> 绩效考核的原则

1. 简单明确

有时候我们会产生一种误解，以为与员工的沟通一定要面对面进行。其实，我们给员工的绩效考核方案，就是我们与员工最好的沟通方式。因为明确了绩效考核的方向，员工就会按照这个方向去努力，这比我们当面对他说任何漂亮话都管用。所以，绩效考核的规则必须简单明确。例如，要求的业务量究竟是指营业额还是指单量，必须规定清楚。财务做代理记账，我们究竟是要他做的客户数量多，还是做的利润高，或是转介绍多，都要简单明确。

2. 及时透明

代理记账行业有一个通病——业务员签了一个注册公司加代理记账的合同，但到操作环节，注册公司的过程可能要拖上两个月才能结束，那么对于业务员来说，就要两个月后才能拿奖金，时间太长了。我建议把绩效考核往前提，奖励兑现在合同签订好的时候。因为对业务员而言，他把合同签完，把钱收掉，其实他的工作就已经完成了，他应该把注意力放到下一位客户身上，赶快去挖掘下一个签合同的机会。如果这个考核过程太长，使业务员在这件事上投入了过多的精力，那么后面的业务效率就会降低。

综上所述，虽然代理记账公司的业务流程都比较长，但不能等到业务全部做好之后再发奖金，因为这种对公司来说的保险会导致对员工激励的不及时，这种不及时会造成员工的积极性下降，激励效果大幅减弱。为什么网络游戏那么吸引人？就是因为激励的及时性和透明性，一旦达成目标，立马可以获得玩家期待的奖励，所以玩家才有动力不断玩下去。代理记账行业的业务周期比较长，所以更要强调这一点——绩效考核一定要及时透明。

要做到及时透明，就必须依靠及时有效的管理系统。企盈要求所有合同必须录入系统，所有收款必须做到系统与实际现金一致。企盈的绩效考核清单都来源于系统，这样长期坚持下来，系统就能及时给出需要考核的报表了。

3. 公平公正

同一个岗位的薪酬体系必须是公平和公正的，否则员工会难以理解，心里难免不平衡。

4. 奖惩分明

既然有了考核，就必须有结果，该奖励的奖励，该惩罚的惩罚，必须奖惩分明。

思考题

你是如何考核你公司的行政人员的？是采用固定工资，还是有绩效指标的？

第 42 讲 激活个体：成功=思维×努力×能力×缘分

成功真的可以计算出来吗？

我们来讲一个成功方程式，这是我在稻盛和夫的基础上设计的，是用来评价员工的一个公式。稻盛和夫原本有一个成功方程式：成功 = 思维 × 努力 × 能力。我在这个基础上加了一个维度，把它改成：

成功 = 思维 × 努力 × 能力 × 缘分

了解这个成功方程式就可以更准确地判断和评估一个员工的能力、表现和潜力。

在日常工作中，想要仅靠主观的感觉、印象来准确判断一个员工的好坏，其实是很困难的。有的时候，在一次事件里你感觉这个员工很不错，但下一次又会感觉他好像有点问题。所以，我一直主张在评价员工的时候，尽量不要简单使用“标签”。

图 5－9 是企盈管理会上给公司的 10 个管理层员工进行的一次评分。这张图有利于我们理解思维、努力、能力、缘分这四个维度。

	思维方式	努 力	能 力				信任度	能力平均值	总平均值	成功值
	价值观	勤奋度	选择能力	职业能力	学习能力	沟通能力	工作缘分	（算数平均）	（参考）	岗位成就感
1	90	80	55	80	70	50	90	63.75	80.94	0.83
2	90	80	75	70	75	70	90	72.50	83.13	0.94
3	80	75	90	90	90	80	85	87.50	81.88	0.89
4	80	75	70	90	90	90	85	85.00	81.25	0.87
5	75	80	75	75	75	80	90	76.25	80.31	0.82
6	75	80	70	85	80	80	85	78.75	79.69	0.80
7	75	80	70	75	70	80	90	73.75	79.69	0.80
8	80	85	75	80	80	75	85	77.50	81.88	0.90
9	80	85	60	75	70	80	85	71.25	80.31	0.82
10	90	80	70	75	85	80	80	77.50	81.88	0.89

图 5－9 企盈对公司管理层的评分

思维

稻盛和夫讲的思维，其实就是价值观。如果价值观是正向的，那当然很好；如果价值观是负向的，评分就是负数，用负数做乘法，得到的结果就永远是负数。所以，稻盛和夫认为价值观是最重要的，如果价值观不是积极的，那再怎么做也没有用。

图5－10是马斯克提出的，他就是那位自己做火箭做成功，创立了全球知名的太空运输公司SpaceX，并且同时担任特斯拉公司CEO的“科技大神”。大家知道，火箭发射后是要收回来的，于是他提出了“管理向量”。物理学中的力有两个维度，一个是大小，另一个是方向。像这种大小和方向结合在一起的，就定义为向量。

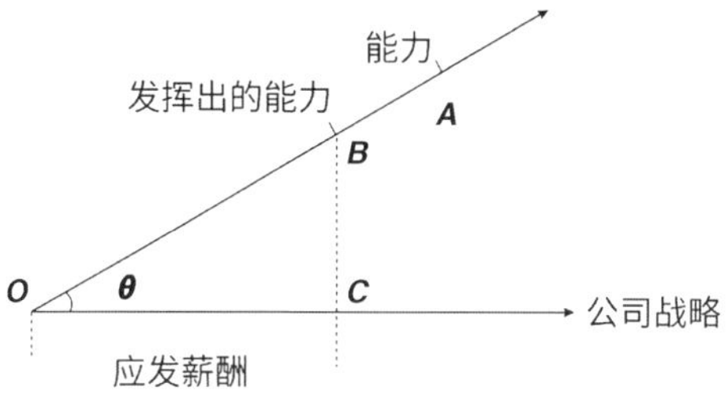

图5－10　管理向量

公司里有一个管理向量。图5－10中的A点代表员工能力，B点代表员工在公司中发挥出的能力。假如这个员工的能力是90分，可他在公司中只能发挥出80分，这就是大小问题。还有一个就是方向问题，员工做事情的方向和公司战略的方向是不是一致？通常是不完全一致的，中间会有个夹角，代表两者方向之间的差异。夹角越大，说明个人和公司的方向偏差越大，效率也就越低。从图5－10可知，我们实际上该给员工发工资的是OC段，它是由员工的努力直接投影到公司战略方向上的部分，说明这段努力对于公司来说是有意义的，这就叫应发薪酬。

这个管理向量图说明，员工可能很努力，但如果他努力的方向与公司的发展方向不一致，那么他做的很多事、花的很多精力其实是浪费掉了。按照这种说法，如果这个夹角是一个直角的话，员工的努力就完全没有用，对公司一点价值也没有。如果这个角是一个钝角、大于90度的话，那就麻烦了，他和公司是反方向的，那他做出的努力对于公司来说就是负面的，也就是说，他越努力，对公司的伤害越大。就如代理记账公司里很多员工其实在努力地飞单，把公司的客户带走了。

努力

努力指的就是员工在公司里的勤奋程度。

>> 能力

我把能力细分成四种：第一种是选择能力，第二种是专业或职业能力，第三种是学习能力，第四种是沟通能力。

我认为，上述四种细分能力中，最重要的是选择能力。选择能力又称战略能力，每个人、每个公司、每个组织的资源和时间都是有限的，那么，你打算把你有限的时间运用在哪个地方、向哪个方向去努力呢？这其实就是你的选择。你投入的时间和精力越多，在那个方向上的效果就会越明显，效率也会是最高的。因此，对于一个人来说，选择能力是一种很重要的能力。

选择比努力更重要，因为如果你选择的方向不对，与公司要你做的方向不一致，就算你做得再多，效率也是很低的。例如，公司都有内部财务人员，他们要执行监管的职能，公司的很多事情他们都要参与管理。但正如我们之前说的，业务人员有的时候觉得财务很不好打交道，办事会受约束。对于一个小公司而言，业务是立身之本，此时，财务支持业务的发展比单纯地想着管理别人更重要。

专业能力大家很容易理解，这里就不赘述了。

学习能力和努力学习不是一回事。有的人很努力地学习，可就是效果差。我们对于学习能力的评判标准是，你学习之后，得到的效果很好，这才是学习能力强的表现。

沟通能力也比较容易理解。在平时的交流过程中，一个人的沟通能力强不强是可以感觉到的。

以上四种细分能力结合起来，可以得出一个平均分，这个平均分就是员工的综合能力值。

>> 缘分

我认为，哪怕一个员工有很好的价值观，很努力，也很有能力，但如果他碰到的是一家不合适的公司、一个不合适的老板，其实前面的努力、能力以及价值观都没有用。我把员工对自己的上级、对自己的老板的信任度称为“缘分”。

如果员工对老板很信任，并且他本身的价值观是正向的，那其他的能力是可以通过培训调整的。例如，公司中有的员工自己的选择能力不够强，但他是一个很积极的员工,这时我们就应该给他一定的绩效考核,因为绩效考核可以指导员工的努力方向。

积极的价值观,乘以努力,再乘以能力,最后乘以员工与公司和领导的缘分,得到的结果就是该员工的成功值。这个成功值实际上体现了员工在公司的成就感。如果这些分数都很高,那么这个员工在岗位上的成就感一定很强。如果这些分数都很低,那么他做他现在的工作肯定是没有多少成就感的,这样的员工往往会在工作上出问题,一定要找他沟通,分析原因或者准备替换他。

思考题

请你根据课程中提供的表格,给你的直接下属打分,把结果拿去与他们沟通,看他们是否认同。

第 43 讲 | 激活个体：KPI 在代理记账公司的应用

在代理记账公司，业务指标 KPI 该如何制定？

什么是 KPI

KPI 是三个英文单词的首字母缩写：K 代表 Key，是关键的意思；P 代表 Performance，指的是绩效；I 代表 Indicator，是指指标。所以，KPI 就是指关键绩效指标。它背后的一个最重要的逻辑是"二八原理"，就是说，员工 80％的价值是由他们 20％的关键工作行为产生的。所以，如果我们把那 20％的关键指标管理好、考核好，让员工向着既定的方向努力，那就能够产生 80％的效果。

KPI 的重要原则

要想实施好 KPI，以下四个重要原则可供参考：

第一，指标应简单明确。如果把指标搞得过于复杂、项目太多，就不符合"二八原理"，效果就会变差。我认为，关键指标一般在 3 个以内，如此才能抓住关键指标、明确考核方向。

第二，指标要可量化。我们不能说某项工作的业绩要越多越好，虽然这确实是老板想要的，但这是不合适作为考核指标的。到底要多少才能达到今年的目标、才能让员工被评为优秀？这些必须要有详细的、可量化的数值，才能让员工有具体的目标。

第三，指标是可达成的。指标必须是可实现的，如此才能给予员工信心；若指标是无法实现的，员工在心理上会有很强的挫败感甚至放弃，这种情况还不如不定指标。

第四，强调时间节点。这就是说，工作须在什么时间完成，要有具体的时间节点。指标是日目标、周目标、月目标、季度目标还是年度目标，要非常明确。如果没有时间节点，工作成果就会遥遥无期，指标也就没有意义了。

KPI 在代理记账公司中的典型应用

代理记账公司中 KPI 最典型的应用是业务员岗位。对业务员，我们通常会考核他的收款、订单量等，这个考核数量根据每个公司的不同阶段，有不同的诉求。

企盈在 2016 年特别追求规模，公司必须有一定的订单量，那时，公司要求在 11 月、12 月每个月超过 1 000 单。那时公司的主要考核指标就是订单量的多少、客户数的多少。但是现在企盈主要考核的是效率，或者说是利润，所以现在的主要考核对象是有效收入，也就是营业额减去支出的硬成本后剩下的部分，这一部分从财务的角度称为营业利润，从业务员的角度称为有效收入。

会计是 KPI 在代理记账公司中的又一个典型应用。所有会计都应该设置以下三个指标：

第一个是运营利润，也就是人均产出。例如，一个人做了 60 家企业的账，总收入是 20 000 元，那么扣除他的工资和奖金——人力成本，剩下的就是他的绩效，这样很容易就能计算出会计为公司产生了多少效益。

第二个重要指标是转介绍。前面在客户鱼骨图里讲过，服务做得很好，就一定会有很多转介绍过来的客户。因为转介绍对于公司来说是没有投入任何广告成本、业务成本的，所以我们重视转介绍，这是公司一个非常重要的业务来源。

第三个非常重要的指标就是流失率。据我个人的整理分析，一般来说，代理记账行业每年存在 10%左右的流失率。也就是说，一个拥有 1 000 家客户的代理记账公司，平均一年会流失 100 家客户。所以，我们必须重视流失率这个指标，要对这个指标有考核。没有考核指标，重视它的人就少了。

注册部门又称操作部或者 OP(Operation)，也可以应用 KPI。业务员签好单子以后，注册部门是代理记账公司关于工商服务业务的一个重要部门，如查名、办执照、银行开户、税务事务等均由这个部门的员工具体操作。对这个部门进行考核的 KPI 指标，一个是完成量，另一个是完成的及时率。完成了多少客户？有多少是在规定时间内及时完成的？业务完成得及时与否会直接影响客户的满意度。

>> KPI 的缺陷

KPI 最大的缺陷是员工只关注 KPI 的部分，对 KPI 没有明确设置的部分就不太关注了，最常见的就是客户满意度，这个指标对服务型公司来说至关重要，但却很少有公司考核这个指标。

企盈在做 2019 年工作计划时，将客户满意度作为公司的核心战略。为了达到这个目标，全员都对客户满意度进行考核。考核的方法：摩羲管理系统中增加了客户满意度调查这个功能。我们将首先在营业执照交付给客户和代理记账 3 个月后这两个节点，通过微信小程序发给客户一个非常简单的问题：您是否愿意将您的朋友介绍给我们做公司注册或者代理记账？1～10 分。有了这个分数，就可以从横向和纵向来统计客户对员工、部门甚至整个公司的满意度。

这样做至少有以下两个好处：一是能使我们清楚客户对我们的满意度到底处于什么水平，以明确我们改进的方向；二是可以把客户满意度作为一个指标对员工进行考核，使全员重视客户满意度。

思考题

在你的公司，你考核了代理记账会计的哪几个关键指标？

第 44 讲｜激活个体：OKR 在代理记账公司的应用

业务指标定了，落实不了，怎么办？

什么是 OKR

OKR 是三个英文单词的首字母缩写：O 代表 Objectives，是指目标；K 代表 Key，是关键的意思；R 代表 Results，是指结果。OKR 就是指目标与关键结果。

与 KPI 相比，OKR 更强调过程。对于代理记账公司而言，有了 KPI 还不够，为了达成工作目标，还必须有一些关键的过程指标：一是业务员的过程指标，二是会计的过程指标。

业务员的过程指标

假设我们要求一个业务员在这个月内做 40 000 元的有效收入，那他该如何完成这个 KPI 呢？

如果这个业务员采用的是电话营销，那他每天至少要打 200 个能够接通的电话，坚持 20 天，一个月就有 4 000 个能够接通的电话。如果这 4 000 个电话有2.5％的转化率，那他就能收获 100 个潜在意向客户。在这 100 个潜在意向客户中，再筛选出 50 个有明确意向的客户，这就是我们所说的商机。但即使有了明确的意向，这些客户中最多也只有 20％的人最后能成交，也就是最终能获得 10 份客户订单，平均每个客户 4 000 元的代理记账收费，最后完成公司给他定的一个月 40 000 元的 KPI 目标。

200	×20	×2.5％	×50％	×20％	＝10
每天接通电话	天数	转化率	意向转化率	成交率	订单

这就是说，我们要让一个业务员完成一个月 40 000 元有效收入的目标，就必须一步一步地分解他的过程指标：必须先打多少个电话，接通多少个电话，收获多少个意向客户……一步一步地完成。

如果这个业务员采用的是会议营销，那就选择什么样的会议、它的成本是多少、参与者是什么样的人，事先要做一个非常准确的评估。假设这个业务员去参加市场会议，如果每次会议有 20 个人的话，要能够接触到 160 个人，他就要参加 8 场会议。160 个人中大约有 1/4 的人，也就是 40 个人有可能成为他的意向客户。因为会议中大家是面对面交流的，这样得来的意向客户的转化比例会比电话营销高一点。这 40 个意向客户中，如果有 10 个最终成为他的客户，那么最终这 10 个客户的代理记账订单也帮他完成了当月 40 000 元的目标。

20	×8	×25%	×25%	=10
人数	场次	意向转化率	成交率	客户

>> 会计的过程指标

企盈给会计定的 KPI 是完成 20 000 元以上月度产值，转介绍 3 个客户，把流失率控制在 8%以内。一个会计要完成这样的 KPI，他的 OKR 该怎么设置呢？

第一，20 000 元以上产值意味着超过 70 家客户的代理记账业务。对新人而言，有严格的时间要求：在 4 个月内达到这个目标，在第一个月达到 10 家，在第二个月达到 30 家，在第三个月达到 60 家，在第四个月达到 70 家。

第二，一个代理记账会计可能负责几十家公司的账，很难做到每个季度把所有客户都走一次，那么他可以有选择地与重要客户见面，这个过程我们称为“下户”。因为与客户见过面，谈到很多事情的时候就会亲切很多，很多误会也可以及时消除，并且让客户感觉受到重视。所以与客户见面的次数是非常重要的一个过程指标。我们可以根据企业的实际情况有选择地“下户”。

第三，公司内部制定了很多标准服务项目。例如，企盈会要求在每个月做账之前与客户沟通凭证，报税的数字要说明，报税完成后要给客户回执；另外，不能只给客户三张财务报表，还要给客户一些简单的财务分析；等等。需要说明的是，这些简易报表和分析工作，我们正在通过系统来实现，这样可以减少对人的依赖，通过系统生成数据和分析报表会大大增强客户的满意度和黏度。

第四，给会计增加一个加微信好友的指标。企盈现在每个会计都有工作手机，如果每天加4个人，以300天计的话，一年就可以加1 200人。按照这种方式，我们在微信里拥有大量好友，我们会针对这些微信好友进行一定的微信运营，那么总有一定的比例能把这些好友转化为我们的客户。

我们之所以将加微信好友作为一个指标，是因为这是一个日积月累的过程，不能仅仅从最终的结果来考核。越是这样具有战略性而眼前利益不大的内容，越是需要强调过程指标。

为什么要在制定了KPI以后，还要强调OKR呢？因为绝大部分员工没有那么强的自觉性。如果我们给他们一个目标他们就能完成，那也就不需要我们的领导和管理了。所以，我们需要把工作分解成一个一个过程，指标就是我们需要盯住的细节。例如，企盈在做百度推广的时候，电话营销需要制定话术，于是每天晚上开会的时候我们都要听当天所有的电话录音，来分辨哪些好、哪些不好，好的我们该怎样学习，不好的我们该怎样改进。只有长期打磨，才能把业务和营销做好。如果我们把这些过程做好了，最后的结果一定不会差。

思考题

你的公司有没有设置过程指标？如果没有，你会按照OKR来设置吗？如果有，你是如何设置的呢？

第 45 讲 | 培训与学习:“科学培训: 在学习区里学习”

员工总说要增加培训机会,可培训的时候又在玩手机,怎么办?

>> 什么是“学习区”

心理学家把人类认知的区域分成三块,最里面的区域叫舒适区,中间的区域叫学习区,最外面的区域叫恐惧区(如图 5－11 所示)。

图 5－11　人类认知区域

舒适区就是让我们每天都觉得很舒适的状态。就像在自己很熟悉的状态下工作和学习,这时就处于舒适区。

学习区就是要把人从舒适区里拉出来,去做一点有一定难度和挑战的事情。对大部分人来说,离开舒适区是一件比较难的事,这就像陪孩子做作业,为什么现在家长晚上都要陪孩子做作业?就是因为现在的孩子都太舒适了,晚上不盯着他们,他们往往就比较抗拒进入学习区,自己完成好作业。孩子是这样,其实大人也一样。

如果在一个区域里会感到恐惧,甚至不堪重负的话,这就意味着你进入了恐惧区。

我有一次面试一个员工,接触下来感觉挺好的,就问他:“我看你原来的公司也不错,为什么要离职呢?”他说最近他原来公司的老板想用量子理论来管理公司,所以一天到晚给他们培训量子理论,公司上下都受不了。他就是因为受不了了才决定离职的。我想，这个老板其实就是把员工搞到学习的恐惧区里了。对一个普通员工来说，量子理论这样复杂的培训内容确实没有多大意义。

从工作的角度来讲，处在上述三个区域会有不同的表现，简单总结就是：舒适区里很舒适，学习区里能学东西，恐惧区里无法学习。因此，我们对员工开展培训也好，或者自己主动学习也好，都要在一个合适的区域里，这个合适的区域就是学习区。

就拿开展员工培训而言，如果在舒适区，大家觉得这些知识早就掌握了，就没兴趣听课，培训也就失去了意义；但如果在恐惧区，员工听不懂，可能就索性不听了。

>> 培训的四点建议

第一点，培训的内容一定要合适。所谓"合适"，就是要找出切合员工学习区的培训内容。假设我们现在要给代理记账会计培训财务知识，这个群体一般是大专或者本科毕业，工作时间为一两年，如果给他们培训过于复杂的注册会计师知识，对他们而言就是恐惧区，没有学习效果；如果只培训一些简单的财务知识，如一些简单的会计科目，那他们又会觉得没有意义，这就是在舒适区里了。那他们应该学习什么呢？这就是我们应该思考的一个问题。

第二点，培训对象一定要精准。我们在做培训的时候，不要让所有人都参加，因为每个人的情况不一样，针对不同的对象应该有不同的培训内容，因为只有给特定的对象培训特定的内容，效果才是最好的。

第三点，避免鸡汤式的"伪培训"。我发现现在特别多的老板在给员工做培训时，总爱讲那种"鸡汤"内容，自己讲得很"嗨"，员工却觉得很傻。所以，我建议老板们不要在培训上只关注"务虚"，更要"务实"。其实对员工真正有效的培训不是"鸡汤"，而是根据他们工作的实际情况，在合适的时间点讲合适的内容。

第四点，要达到好的培训效果，一定要让员工先相信，再学习。企盈当时为了快速发展，想发动一百多个会计都参与进来，做全员营销。但会计是不是适合做营销，做不做得好，能不能有很大的转介绍量呢？当时如果仅仅说做培训，让会计来学习，学习完了马上去做，这件事最后多半不会成功。因为会计根本没有学习的动力，他们根本不相信这件事能成。在这种情况下，在培训上费再多的劲，效果也不会好，管理层也很难配合。

我的做法是：先带财务公司的管理层到全员营销做得非常好，也很有经验的同行——厦门满钇参观学习，实地考察他们的会计是怎么做营销的；学完方法再让大家看结果，在家休产假的会计，一个月通过微信能介绍十多单。回来之后，对于全员营销这件事，大家就有主动学习的意愿了，从公司战略角度讲，也推行得下去了。

我们常说，眼见为实。现在企盈坚持的是每个月至少有一次，要么走出去，要么请进来。走出去，是为了看看别人怎么做，做的结果怎么样；请进来，是让别人来讲讲他们新的探索和经验，让我们的团队在眼见为实的基础上做到先相信，相信其实就已经成功一半了。

当然，在给员工做培训的时候，也不要一味照搬别人的做法，而应该根据自己的实际情况来做。

例如，我们向厦门满钇的陈雅娜学微信营销时，就不能完全照搬，因为她的公司的情况与企盈不一样：一方面，大多数老板没有陈雅娜那种在员工心目中牢固树立的个人魅力；另一方面，她和她的团队的营销操作已经有三四年的积累，而企盈还处在养成那种营销习惯的阶段。所以，我们根据自身情况，由易到难地慢慢来，首先给大家配工作手机，然后帮助他们学会大量添加微信好友，再由公司的市场部来配合做营销内容。这样试点操作了大概半年后，我们再找陈雅娜来做了一个微信营销的培训。这样的培训效果就很好，因为员工已经有了一些好或不好的微信营销经历，也多少感受到了微信营销的效果，从心底里认同了这件事。

综上所述，先相信结果——能够做到，再来学习，这样的培训会事半功倍。

思考题

你的公司对员工的培训有在舒适区或者恐惧区的内容吗？效果如何？

第 46 讲 | 培训与学习:“老板的烦恼:越学习,越焦虑”

老板越学习,看自己的员工越 low,怎么办?

我发现中国的老板有一个共性,就是都特别爱学习。你看,机场书店里的经管书,还有门口马云的演讲视频,大多是老板们在那儿驻足观看或者热心购买。

老板爱学习是值得肯定的,但往往会越学习,越焦虑。这是为什么呢?因为老板们自己的进步越大,回到自己的公司,就容易越看自己的公司越 low,越看自己的员工越觉得水平差,于是心里就会想:“怎么人家的公司做得那么好,我们的思维就跟不上呢?”最后会由于无计可施而倍增焦虑。

>> 老板们自己应该保持好三种心态

第一,要保持积极学习的心态。代理记账行业尚处于发展期,大部分老板的能力和格局还不够,所以需要不断学习。但往往学得越多,就会越知道自己的不足,也就越焦虑。要想缓解这种焦虑,最好的办法就是继续不断地学习,用新的高度和认知去解决当前的困惑。读书也好,参加课程也好,行业交流也好,都是为了通过学习提升自己的能力和格局。老板的格局决定了企业发展的高度。

第二,老板要有宽容接受员工现状的好心态。在大部分行业中,员工的水平达不到老板的要求是正常的现象。因为大部分员工对自己的角色认知是很实际的,就是我干多少活,你给我多少钱。员工与公司之间就只是这种非常初级的利益关系。在这种初级利益关系下,员工很难有很大的主动性和自驱力。不要说让他主动学习了,就连让他主动地做好工作都很难吧。当你明白了这不是你一家公司的问题,而是普遍现象时,不妨先宽容并接受这个现状。

当然,宽容并不是意味着不管员工,不做员工培训。我觉得我们对员工的要求要分层次，对公司的高管层、中层以及基层的员工要区别对待。

高管层是需要在公司传递价值观、不断跟上公司战略更新的人，所以高管层一定要有共同学习的状态和能力，否则就无法带领团队。目前，企盈有一个读书会，我要求所有管理层必须参加。

至于中层员工，他们在学习上的主动性可能没有高管层那么强，但他们又是公司执行层面的中坚力量，所以也必须不断学习。对于这些中层员工，我们要制定一些强迫性的指标，让他们不得不学。

至于基层员工，很难求全责备，我们只要保证基本的培训效果就行了。

总之，不管员工现状如何，我们都要宽容地接受。做到了这一点，老板的心态才会比较好，在此基础上再有计划地做员工培训，提高他们的水平。

第三，面对问题要有自信心，并通过学习不断提高自信心。我有一次去长沙，遇见一个三十多岁的老板，他竟然愿意出钱把他公司的一个会计派去参加我们的线下课程。要知道这样一次学习，差旅费加课程费要将近 10 000 元！当时我就觉得能这样做的老板真的非常了不起。

在企盈，我曾先后派了公司二十多个管理层去上上海交大的 miniMBA 课程。很多同行得知后就问我："你把这么多人派出去学习、进修，不怕他们以后自己单干啊？"其实，这就是一个老板有没有自信心的问题。让员工走出去，给员工一个学习的空间是需要老板有非常大的自信心和魄力的。如果老板的自信心不足、格局不够，怕员工学习之后要单干，而这个员工如果真的求上进，自己学了很多之后，可能真的就没法在公司继续干下去了，因为他觉得老板的格局和平台会限制他。

所以，关键是我们要有自信心，要相信给员工提供一个学习、成长的空间，是能够提升公司的管理，能够把公司做得更好的。而公司做好了，员工跟着我们也能有更大的发展，他们其实是不会轻易走的。只有在这样的认知和心态下，我们才能够自信地面对和处理上面所说的员工单干问题，以及其他一些工作中会碰到的管理问题。

>> 老板要解决员工为什么学的问题

从员工培训的角度看，员工肯不肯学比我们怎么教更重要。如果学的人不主动，教的人水平再高也是没有用的。所以，在教和学的关系中，"学"更重要。

员工也好，老板也好，到底为什么学？怎么才能主动学？只有把这些问题搞明白了，学习效果的问题才能真正得到解决。

一方面，这个学习背后的逻辑是制定的工作目标和绩效是不是合理，对员工来说是不是有吸引力？如果目标和绩效定得合理，员工为了完成这个目标和绩效，就会去学习。

另一方面，员工主观上是不是有一个积极的、愿意学习的心态？如果没有这种心态，其实是很难真正学习好，也很难真正地完成目标和绩效的。这里又要说到价值观，我们在前面讲成功方程式的时候就反复强调过，思维及价值观对一个员工的成功是最重要的。

此外，人力资源部在建立公司培训体系的时候，一定要非常注意不能为了培训而培训、为了学习而学习，而是必须与公司的目标和战略相结合，为了达成这个战略目标而考虑应该有什么样的学习计划、哪些人该来培训、学习什么内容等。

一定要先把“为什么学”这个问题解决好，然后才能开始实施培训计划，再看我们的培训内容是不是在员工的学习区里。这样的培训就会有非常好的效果。

思考题

在你或者你请外面的老师给员工做培训的时候，有员工玩手机吗？

第47讲｜新员工培训：老板应该亲自讲

新员工入职培训，老板应该讲点什么呢？

新员工刚进公司的第一个月是最迷茫的一个月，他对行业可能不熟，对公司也不熟，同事又全是新的。所以在这个迷茫期，新员工的离职率是比较高的，或者是因为碰到一些问题和困惑，坚持不下去而离职；或者就算没有离职，也可能会留下一些阴影。这两种情况都是我们不愿意看到的。造成这种情况的一大原因，我觉得是很多方面的信息不对称：新员工在入职的第一个月对公司不了解，或者了解得不深刻，才容易出现这些问题。因此，成体系地对新员工进行入职培训是非常必要的。

>> 新员工培训该怎么做

第一，新员工的入职培训必须体系化、制度化。在企盈，新员工的培训是每个月一次成体系的，而且培训哪一个模块都是事先准备好的。

第二，新员工的培训，老板必须亲自讲。因为只有老板最了解自己的公司，所以老板必须把自己的情怀和公司的文化讲给新员工听，让新员工很快了解这是一家什么样的公司，同时也让他们感受到老板对员工的重视。

>> 新员工培训的内容

新员工到底培训些什么？老板要讲什么？这里我与大家分享一下我的做法：

首先，我会讲行业。从基层员工的角度来讲，他做一份工作一般就冲着两点：一个是行业好不好，另一个是领导好不好。如果行业很好，领导也好，又能赚钱，那他就会很开心地工作下去。所以，讲一讲行业非常有必要，而且代理记账行业现在的时间点确实是非常值得讲的。之前可能大家都认为代理记账行业是一个很 low

的行业，可现在真的算是一个风口上的行业了。我在本书的前言中表达过，我们进入这个行业，不管有意还是无意，其实是很幸运的一件事。那么，我们就要把这种幸运讲给新员工听，尤其要强调代理记账行业是整个企业服务的一个入口。

其次，我会讲怎么赚钱。公司怎么赚钱，公司的盈利模式是怎样的，这些要讲给新员工听。只有讲明白公司怎么赚钱之后，员工才能知道，他怎么在公司赚钱的基础上，自己也赚到钱，这样他们才有奋斗的方向。

最后，我会讲公司。第一，要讲公司的愿景、使命、价值观。第二，要讲公司的历史，让员工有归属感。第三，讲一讲公司的行业地位，给员工增添信心。第四，讲核心产品，如公司注册、代理记账、税务筹划，或者培训、商标注册、人事服务等，让新员工对公司的产品和服务有一个初步的了解。第五，讲故事。这一部分内容很有意思也很有必要，在培训中起到的效果也最好。

每次给新员工培训的时候，我都会讲我自己亲身经历的一个大夏天获取客户的故事[①]，主要是想让他们了解企盈的价值观：专业、诚信、服务、共赢。我想向我的新员工讲明白，我们先要向客户提供专业的服务，然后赚我们该赚的钱，我们应该有我们基础的职业道德。我自己就是这么做的，我也希望企盈的每一个员工都能做到。只有这样，公司才是一个有价值观的公司，才是一个可以长久经营、长期发展的公司。

把理论讲明白就是给员工灌输一种正确的价值导向，这样，员工碰到问题的时候就不会有疑惑。

通过故事，就能生动地把公司的愿景、使命、价值观解释清楚，效果远胜于标语和口号。所以，每个公司都应该在做培训时，把公司的故事、老板的故事讲给新员工听，用这些故事去感染他们。

思考题

你公司的新员工培训，老板亲自讲吗？讲些什么呢？

---

① 那是一个夏天，刚刚创业不久的我去见一个客户。客户说他们的税负比较高，希望我们帮他们做合理的税务筹划，帮他们在税率比较低的地区重新成立一家公司。当我汗流浃背地到了客户公司，了解了具体情况后发现，客户的问题只是他们的财务在操作过程中没有发现重复征税的问题，从而导致了高额支出，他们并不需要通过成立新的公司来解决税负问题。虽然当时我刚创业，非常需要客户，但思考了3秒之后，我仍然把真实情况告诉了客户。

第 48 讲 | 每日一题：碎片化学习，每天进步一点

让全体员工每天进步一点，怎么做？

现在很多人在说“碎片化学习”。所谓“碎片化学习”，就是利用碎片时间来学习，而不是坐在教室里听很长时间的课，或者集中在一起培训。现在是移动互联网的时代，每个人在手机上学习非常方便。所以我们实施了一个“每日一题”的制度，就是每天一道小题目，花 10 秒时间了解一个小知识，每天进步一点。

>> “每日一题”的内容

企盈的“每日一题”如图 5－12 所示。

图 5－12 每日一题

“每日一题”的题目从哪里来？有哪些类型？能达到什么样的效果？

第一类题目是传播知识类的。例如关于公司法，我们可以出这样的题目：“一人有限公司和普通公司有什么区别？”题型是选择题。

有一回我在南京开线下课程，那天我们“每日一题”的题目是关于“法人”概念的，从华为技术有限公司、服装经营部、个人独资的事务所和北京大学 4 个选项中选出属于法人的组织。我用这道题考现场学员，很多人只选择了有限公司，大部分人知道经营部是个体工商户而不是法人，还有事务所不是法人，但很多人没有选择北京大学，其实，北京大学是非企业法人。只要承担有限责任的，就是法人。

代理记账行业需要帮客户注册企业，可什么是企业、什么是公司、如何理解“公司”这两个字，行业内至少一半以上的人没有弄明白。这正是别人认为代理记账行业 low 的原因之一。因此，我们非常有必要进行全员的行业知识提升。

做题的过程就是学习的过程，每天学习一点，日积月累就会产生良好的学习效果。

第二类题目是围绕产品的。例如在企盈，做商标注册就是一个产品，我们就出过一道关于“维多利亚的秘密”这个内衣品牌与一个擅自使用该品牌的经销商打官司的案子的题目。我们通过以案说法的形式来讲商标，目的是传播我们产品方面的有关知识。员工也可以用这样的案例去与客户沟通，这就会增加公司商标业务拓展的机会。

第三类题目是传播业务类型的。例如，企盈有特殊业务部，哪些业务我们可以做呢？这个时候我们就可以出一道题目，告诉员工我们可以承接化妆品企业注册、商业保理公司注册、第二类增值电信业务经营许可证（简称“SP 证”）的注册等。再如，企盈还有人事业务，可以办理居住证积分和外国人的“三证”等。通过“每日一题”，企盈可以把业务传播给所有同事。

第四类题目是传播公司文化的。例如，企盈强调“专业、诚信、服务、共赢”的价值观，那么我们会针对性地出一道题目，让员工明白公司是一直在强调这种价值导向的，慢慢地，他们也就会对公司的文化更加认同。

第五类题目是传播管理理念和规定的。假设我们想推进一些管理的实践，就可以把我们的这个管理理念通过题目及时地展现给员工。

第六类题目是调节公司氛围的。我们有时候也会出一些轻松有趣的题目，如上海为什么简称"申"？上海市的市花是什么？上海哪个地方的小龙虾比较好吃？等等。出这类题目的目的是让员工们对自己生活、工作的上海多一些了解。此外，在"世界杯"的时候，我们还出过一道关于"世界杯"的题目，整个公司的氛围会因此而活跃很多。

"每日一题"的内容基本上是每周一个主题，这样一周的内容有个简单的体系，可以相对集中地学习某一类知识，也便于我们统计这个知识点在公司的学习效果。

>> "每日一题"的执行

没有人天生喜欢学习，而"每日一题"必须坚持执行，所以老板必须亲自督促并坚持下去，公司就会形成学习的习惯。一旦形成习惯，对员工和公司就都会有很多获益。

关于执行，我总结了以下几点：

第一，老板必须重视，人事部有专人负责统计参与度。

第二，必须重视参与度。企盈现在的规则是：一周有两次以上不参与的，在公司群发 20 元红包；部门有 3 个人以上未达标的，部门负责人在公司群发 30 元红包。如果连 10 秒的时间都不愿意付出，本质上就是态度问题，公司需要有强制措施。

第三，题目内容尽量简单、有效，不出非常专业的题目。题目的内容是希望对大多数人有用。

第四，题目有趣味性：一是指内容的趣味性，二是指玩法的趣味性。

第五，不过分强调正确率，没有做对的去看解析就可以了。

>> "每日一题"全国版

很多全国的同行觉得我们的"每日一题"很好，所以，我们开发了"每日一题"全国版（如图 5－13 所示）。关于这个全国版，有几点说明如下：

第一，这是针对代理记账行业的第一个专业的面向全员的碎片化学习平台。

第二，企盈安排了专门的人来负责出题，题目是精选的行业必备常识。

第三，每个公司都有一个管理员账号，可以查询自己公司的答题情况。

第四，每天推送，基于微信，方便操作。

图 5-13 “每日一题”全国版

思考题

每天进步一点的学习方法，你认同吗？

第 49 讲 | 学习是一种思维方式

如果你认为两年前的你不是“傻子”，那你现在就是“傻子”！

在如今快速变化的社会中，学习真的太重要了。那为什么说学习是一种思维方式呢？假设我们把身边的人简单分成两类，一类是学习的人，另一类是不学习的人，那这两类就会存在思维逻辑上的差异。

>> 学习者和不学习者的思维逻辑差异

不学习的人往往处在一种自以为是的状态，总爱证明“我”很聪明，“我”现在这种状态很好，“我”说的、“我”做的都是对的。他们身上往往会带有一种根深蒂固的底层思维模式。而学习的人正相反。因为他在不停地学习，所以就会经常处在一种谦虚的认知状态，经常会发现自己对很多方面还很无知。如果你是学习的人，两年前的你和现在的你应该有非常大的变化。

思维逻辑的差异会导致学习者和不学习者行为逻辑上的巨大差异。

不学习的人，碰到问题的时候，一般会从别人身上找原因，总觉得自己是对的；而学习的人就会始终谦虚，碰到问题，首先会去积极地寻求解决方案，而不是指责他人。

学习的人往往非常自信，因为他在学习，他在进步，他能解决问题，而能解决问题又会反过来增加他的自信心。学习的人习惯于跳出舒适区，不断走进学习区。经常处在学习区，他就会不停地进步、提升，带来的结果是，他能够熟练掌控的东西越来越多，原来的学习区就渐渐变成新的舒适区，也就是说，他有能力不断地扩大自己的舒适区。再进一步说，当一个学习的人不断扩大自己的舒适区的时候，他的学习区就会越推越远，相应的，他的恐惧区也会越推越远，他的整个状态就会越来越自信。而不学习的人正相反，他一直处在自己狭小的甚至是不断收缩的舒适区中。当碰到问题时，他就会表现得非常自大，觉得自己一定是对的，有问题的一定是别人。其实这种自大心态下隐藏的是自卑，因为对他来说，一直不学习，所以舒适区很小，他能够熟练掌控的东西也很少，导致他总是处在一种紧张的防御状态，不能接受他人的指责，所以他就只能不断防御，什么事都先找别人的问题。

>> 组织间也存在思维逻辑差异

我们如果把对象从人扩展到部门和组织，就会发现情况是一样的。不学习的部门碰到问题，就会讲“我”是对的，肯定是其他部门的问题；而学习的部门就会说：“哦，真的出现问题了，那我们想想哪里没做好，该怎么解决问题。”

很多代理记账公司设有业务部和注册部，在这样的公司架构里，当出现问题的时候，部门之间往往容易扯皮——业务部说：“我把业务拉进来了，你的注册却搞得这么慢”，而注册部会说：“我去办注册的时候，你业务部给我提供的资料不全”，或者说：“客户那边的情况也不是你说的那么回事，问题出在你这里。”（如图5－14所示）

图5－14　各部门之间扯皮

通过上面的分析，就可以看出学习背后存在着这么一个逻辑：因为我学习，所以我进步；因为我进步，所以有些东西现在不懂是没有关系的，我最终会把它学会；虽然我现在不厉害，但是通过学习，未来我会变得很厉害。我们讲的学习的人，就是认识到这个逻辑的人。当出现问题的时候，他们会习惯于去积极寻找解决方案，就有可能收获良好的效果，有了良好的效果以后，就会不断增强自己的自信心和成就感，于是又会更加喜爱学习。这种学习带来自信，自信又带来更多学习动力的正反馈是一种良好的机制，久而久之，学习就变成了一种生活状态，也就变成了一种思维方式。

▶思考题

观察一下，你公司出现问题的时候，那些总是指责别人的人，是不是都是不学习的人？

第 50 讲 | 企盈大学：体系化打造学习型组织

如何将公司打造成学习型组织？

这一讲我想介绍企盈正在探索中的一个组织——做一个自己的企业大学。

什么是企业大学

从 1956 年通用电气建成全世界第一所企业大学开始，在全球范围内，企业大学蓬勃发展。现在中国有非常多的企业，企业大学做得非常棒，而且企业大学现在被公认为最有效的学习型组织的实现手段。企业大学就是整合公司内部和外部的学习资源来建立一个学习型组织。

那么，企业大学有什么作用？它的目的又是什么呢？我结合代理记账行业，提炼了以下四个要点：

第一，企业大学是体系化的、建立在公司内部的学习的组织，目的就是让员工的成长成为一种常态。

第二，推动变革。公司发展到一定阶段必然要变革，可以通过企业大学去推动。

第三，业务伙伴。我们之所以要培训，就是为了提高业绩和效率。以企业的实际业务需求为导向的企业大学可以成为一个公司的业务伙伴。

第四，人才发展。在培训的过程中，我们内部的一些员工会逐步成长为优秀的讲师。当企业大学给他们一个当老师的平台，让他们有机会培训别人的时候，他们自己也会获得成长。因为一般来说，一件事情，你自己懂是一个层面，让别人也懂而且能够执行就是更上一层了。我们都有过这样的体验：一个 15 分钟的发言可能需要花费 2 个小时的时间去准备。所以，做讲师的过程其实是对公司的干部团队、管理团队非常好的锻炼。

>> 企盈大学探索

企盈大学规模不大，还在边探索边前行。我们设立了企盈大学的首席学习官，由我亲自担任，整体组织规划企盈大学的发展，也就是说，从最高管理层开始，就要非常重视企盈大学这件事。

从企盈大学的部分课程表中，大家可以了解企盈是怎样实施企盈大学的（如表5-6所示）。

表5-6 企盈大学第一期培训课程安排

序 号	培训课程	具体内容
1	认识公司	1. 企业分类 2. 营业执照及其含义 3. 公司主要人员及架构 4. 政府相关部门
2	公司注册流程	1. 注册公司流程 2. 开户流程 3. 核税流程 4. 特殊项目流程——食品、餐饮、医疗器械
3	公司名称、注册资金	1. 公司名称的组成方式及说明 2. 查名失败的原因 3. 查名过程中的注意事项及案例分析 4. 注册资金的定义 5. 注册资金的实际缴纳与认缴的区别 6. 注册资金应该用何种名义打入公司账户
4	注册地址、执照上的有效期	一、注册地址 1. 定义 2. 实际地址与虚拟地址的区别 3. 选择注册地址的误区及注意事项 二、执照上的有效期 1. 定义 2. 有效期的几种情况
5	经营范围——咨询、科技、服务	1. 此类别涉及的行业 2. 此类别的细则说明 3. 案例分析

（续表）

序 号	培训课程	具 体 内 容
6	经营范围——贸易	1. 此类别涉及的行业 2. 此类别的细则说明 3. 案例分析
7	经营范围——工程、其他	1. 此类别涉及的行业 2. 此类别的细则说明 3. 案例分析
8	查名表	1. 每个空格填写内容的说明 2. 特殊项目查名表，如控股公司参股 3. 查名表经常出错的地方及其原因 4. 查名表其他注意事项
9	章程、公司法、开户	一、章程 1. 章程的意义 2. 章程的总体格式及内容 3. 章程中的重点内容描述 二、公司法 三、开户 1. 基本流程 2. 注意事项 3. 如何催客户开户
10	财务基础知识	1. 财务基础概念 2. 实地核税流程 3. 年检公示 4. 汇算清缴
11	税务基础知识	1. 税种的分类及区别 2. 发票的分类及区别
12	园区核税、OP项目交接注意事项	1. 园区核税的流程 2. 核税过程中经常出错的地方 3. 核税过程中的注意事项 4. 项目交接注意事项
13	制度管理、系统使用	一、制度管理 1. 合同管理 2. 渠道管理 3. 返佣管理 4. 底线价格的审批流程 二、系统使用

第一类，管理类内容。企盈请了《阿米巴经营模式实践与创新》的作者范松林亲自来进行阿米巴的培训。他实际上就是我们的外部讲师。我们请他授课是为了推动公司阿米巴的改革，因此企盈的全体干部都参加了。

第二类，非人力资源经理的人力资源培训。我们之前讲过，老板是人力资源的第一责任人，其次是人力资源部。现在我想通过企盈大学这方面的培训，让公司的全体干部都懂一些人力资源的基本理念和基本方法，这样，公司的人力资源工作才会做得更好。这一培训我们请了前德邦物流的副总裁、首席人力资源官康波作为外部专家来给企盈的全体干部授课。

第三类，非财务经理的财务培训。这一培训与前面的人力资源培训一样，目的是让企盈的所有管理者都明白一些基本的财务常识。这一培训的讲师是企盈的财务总监。这就是内部讲师，是动用内部力量。

第四类，业务类培训，这是企盈大学中培训内容最多的一类，如公司注册过程中涉及的各种操作流程、公司法的基本知识、公司经营范围的知识、政府项目的申报、知识产权业务和人事业务等各种具体业务的知识。这类培训一般是找各个部门的负责人来讲，以内部专家授课为主，也会请一些外部专家，如政府项目申报，我们是与外面合作的，那就请合作方来给我们讲课。这就是整合内部和外部的学习资源，主要目的是促进员工的成长，并从业务需求出发，提升效率。

第五类，专业类培训。因为企盈主要是提供会计服务，所以像会计中的汇算清缴、出口退税、公司年报等知识的培训就是必不可少的。这一培训，我们主要是请内部和外部的专家来授课。

第六类，操作类培训。企盈内部有一些管理系统，如人力资源系统、考勤系统、报销系统等，在具体操作上有哪些需要注意的问题，怎样快速认识和高效使用这些操作系统是需要及时培训的。这一操作培训主要是一些事务性的培训，目的也是促进员工成长，提高内部效率。

以上六类是企盈大学最常规的培训内容。还有一些其他的对员工有用的培训也会不定期开展。例如营销类培训，企盈就请过厦门满钇的同行陈雅娜来讲怎样做好微信营销，其目的，一方面可以推动公司全员营销的改革，另一方面可以促进公司新业务的增长。

企业大学既然称之为大学，就还有一个研究职能。企盈大学正在做各个专业方向的一些基础研究。例如，工程行业的账、出口退税的账该怎么做，会专门有员工去做研究。又如，针对每个月收费 800 元以上的高端客户的代理记账，专业标准和服务标准该怎么制定？企盈在公司内部指派了专人负责这些专业标准和服务标准的研究制定。此外，企盈也在出具各个行业方向的行业报告，如广告传媒行业、工程行业，或者涉及出口退税的行业的工商和税务该怎么处理。做好了这些研究性的工作对代理记账工作会有很大的促进。

借助 IT 工具推进学习效果

在今天的环境下，必须通过 IT 工具来优化学习体验。“每日一题”就是企盈大学借助移动端实现的碎片化学习。

有些外部课程，如个人所得税，公司内部会针对性地成立研究小组集体学习线上课程，然后在微信群里讨论，最后形成适合公司的产品。

企业大学对企盈来说是一次探索，它非常有效，并且已经取得了一定的成绩。

思考题

你有想过在企业内部成立专项研究小组吗？

第 51 讲 | 企盈读书会：奋斗者组织，公司干部学校

干部需要什么样的学习？

我给企盈读书会的定义是："奋斗者的组织，公司干部的培训学校。"

>> 参加对象和要求

企盈读书会是一个有着严密章程，对参加对象和参与要求都有比较严格的规定的组织。

第一，企盈读书会只允许奋斗者参加。企盈之前有个奋斗者俱乐部，成立读书会后，我们就规定，只允许愿意奋斗的人参加读书会。当然，这其中包括所有干部，因为干部必须是奋斗者。所以，虽然说读书会是自愿报名，但原则上所有管理者都必须加入读书会。

第二，只有企盈读书会的成员才有资格晋升。如果一个员工的工作业绩和工作能力都很强，但他不愿意加入读书会，那么他可以认真工作，但是不能当干部，因为当干部就必须传递公司积极的价值观，就必须进入企盈的"干部学校"学习。

因此，企盈读书会有两个职能：一是奋斗者的学习平台，二是"干部学校"。只要是干部，就必须有学习的态度。

如果一个企盈读书会成员一年内两次没有参加读书会的活动，那就自动退出读书会，退出之后不得再申请加入，而且也不能再做干部。

>> 活动内容

企盈的活动分为线上和线下两类：

线上活动是公司每个月指定一本书或者一个音频内容，读书会成员在这一个月

内可以自由地学习，到了规定节点必须提交一份学习心得，否则就算没参加活动。

线下活动有两种：第一种是每个月15日以后的第一个星期四下午6:00～8:30，用两个半小时做每月指定书目或音频的线下交流。之所以定这个时间，主要是考虑到代理记账行业的实际情况，得等每个月财务的报税期结束。第二种线下活动是每两个月有一次外出拓展，主要形式是演讲、辩论和座谈。

为什么要演讲？如果一个干部有很好的演讲能力，就会额外具备一种能打动客户的感染力，所以演讲能力非常重要。

公司里有时候会有一些工作话题，大家可以结合自己的学习情况进行辩论。例如，关于公司实行的阿米巴组织的结算问题，针对某一个长期业务，会计部门和业务部门之间到底采取怎样的结算体系才是公平的呢？这就适合作为一个辩题来开展辩论，如果得出了好的结果，大家就可以运用到工作中。再如，企盈读书会曾指定大家阅读《员工成长曲线》[①]，具体内容就是讲五类不同的企业员工对应不同的成长过程和职业成就。关于这个话题，我们也可以辩论一下：哪一种员工会更幸福，是那种长期艰苦奋斗的员工，还是那种平稳型的员工？等等。把员工的幸福感作为一个话题来进行辩论，大家在辩论的过程中会不断地映照自己的类型，进而更明确自己该向哪个方向努力。

座谈会就是大家围坐在一起，直接就所学内容进行分享，畅所欲言，互相启发。

在企盈读书会的章程里详细规定了这些活动该怎样组织开展，具体由人力资源部负责。

>> 读书会入会誓词

“我志愿成为奋斗者，我将不计个人得失，积极进取，带头示范公司规章和决议，认同并传播企业核心价值观，团结一致为实现公司和自己的理想而努力奋斗。”

这个誓词是企盈从华为的《以奋斗者为本》的书里引用的，其中包含以下几层递进的意思：

第一，志愿。就像我们入团、入党一样，是心里的愿意，是志愿成为奋斗者。

第二，不计个人得失。这不是说让大家完全不计算个人得失，我们每个人当然

① 这是一本为EVAP撰写的专著——作为EVAP项目的员工的必读教材，作者张诗信是国内知名的企业管理专家（上海奇榕企业管理咨询有限公司创始人，EVAP首席导师）。

都要计算自己的收入和支出。这里的意思是指不要过分计较个人的得失，要通过学习，培养更大的胸怀和格局。

第三，要积极进取。积极进取是一种很好的工作和学习的心态。这种心态实际上就是我们前面讲成功方程式的时候讲到的价值观。

第四，起带头示范作用。因为你是领导、是干部，所以必须带头示范公司的规章和决议，必须首先认同公司的核心价值观，认同以后才能去传播。你要让基层员工从你身上感受到这些价值观。

第五，要团结。团结一致向前走，在实现公司目标的基础上，实现自己的理想和目标。

对一家公司来说，好的干部实在太重要了。誓词里的内容其实是对干部的一些基本要求，也是希望他们能具有的基本素质。毛泽东曾经说过，一旦定好了战略，起决定性作用的就是干部了。那怎样让干部起决定性的作用？从企盈读书会的角度来说，就是要长期坚持执行，只要坚持执行了，就一定会有良好的效果。

思考题

你对读书会这样的学习组织、干部组织怎么看，有没有什么不一样的观点？

第 52 讲 | 企盈学堂：对客户的培训

客户需要培训吗？

企盈学堂主要是对客户进行培训，已经坚持了两年多，到现在办了一百多期，所有课程都是免费的。

企盈学堂培训的内容

企盈的客户培训大致分为两类：一类是针对客户的行政和出纳，简单地培训一些基础的行政和财务常识。另一类是针对客户的老板，分享一些相对高端的主题，如关于公司的一些法律、管理、合理避税等问题（如表 5－7 所示），有时候也会组织私董会，帮助特定企业解决特定问题。这类培训主要是请外部和内部的业务骨干、管理专家来做专业方向的授课。

表 5－7 企盈学堂交流会

月份	会议内容	
	专题内容	日常内容
1	中小企业专题	财务专题、人事专题
2	政府项目补贴专题	项目申报
3	财务专题	税务专题、人事专题、商标专题
4	中小企业专题	税务专题、人事专题
5	项目专题	商标专题、项目申报
6	税务专题	税务专题、法律专题

（续表）

月 份	会 议 内 容	
	专题内容	日常内容
7	中小企业专题	税务专题、人事专题
8	税务专题	人事专题、商标专题
9	税务专题	财务专题、商标专题
10	商标专题	财务专题、人事专题
11	项目专题	人事专题、商标申报
12	人事专题	税务专题、人事专题

>> 企盈学堂的价值

坚持做企盈学堂，会给公司带来以下几点好处：

第一，加强客户对公司的工作配合，提高客户满意度。我们会对客户的老板，或者出纳、行政，针对性地做一些培训，使客户更理解我们的工作内容，他们就会更愿意配合我们，实际上是在减少我们的工作量，同时提高了客户的满意度。例如，我们对客户的出纳进行印鉴章管理、财务审批的流程和规则以及怎样整理凭证等方面的培训，能够明显提升客户对我们代理记账会计的配合程度，在减少我们代理记账会计工作量的同时提升客户的满意度。

第二，增加公司的潜在业务。就拿知识产权业务的培训而言，客户在听完课程后增强了知识产权方面的自我保护意识，就会产生想去实施的愿望。对我们来说，我们可以帮客户完成这些工作，这就是我们的潜在业务。再如政府项目，如果申请成功，就会有资金支持，但实际申请却并不容易。我们是有一个专业的团队来做这件事的，那么对客户而言，如果他的公司是符合相关申请标准的，在参加完这方面的培训后，就很有可能会选择由我们来帮他准备材料和申请，对我们来说也就多了一项业务。又如合理避税，对客户而言是降低了税赋，对我们而言就是增加了一个做税务筹划的潜在客户。还有关于劳动法、社保等的一些人事方面的政策培训，无形中也是在增加我们人事业务的潜在客户。

第三，承担一部分公共培训职能，获得政府对代理记账行业的认可和支持。企盈是上海市经信委认定的中小企业服务机构，政府每年会给予企盈一些培训补贴，用于租用教室、制作课件、聘请讲师等。可见，政府支持企盈做一些对创业者的免费培训，其实也体现了政府对代理记账行业和代理记账公司对构建良好营商环境的贡献的肯定。

第四，对企盈大学培训内容的有益补充，促进企盈大学的发展。目前，企盈大学课程内容的90%是针对公司内部的，还有10%就是像企盈学堂这样，是对外部客户做培训。

第五，提升内部员工、内部讲师的能力。正如我之前所说的，要把课讲好，事先要做很多准备，对于授课人而言就是一种成长。

随着企盈业务范围的扩大和企盈大学研究小组工作的开展，企盈学堂除了对工商、财税服务方面进行培训外，未来还会增加法律服务等方面的内容。

思考题

你的公司会专门组织客户培训吗?

第 53 讲 | 员工成长曲线

从财务报表中看，员工到底是资产还是负债？

在资产负债表中，关于员工的内容，如应付工资、奖金、社保、公积金等都体现在负债中；在利润表中，员工的工资、福利等分摊费用都体现在费用中。所以，从传统的财务报表角度看，员工是负债，是费用。

但从另一个角度来讲，我们现在把以前的人事部改称人力资源部，这就说明大家开始意识到员工不是成本，而是资源、资产。这一点，我在前面讲阿米巴模式的时候讲过。

那么，我们要怎样才能把资产负债表中关于员工的部分从“负债”变成“资产”，从“费用”变成“利润”呢？这就需要一种思维方式的改变，而不是在财务报表中做修改。

要搞好员工关系，首先得对员工有一个正确的认识。对于制造业企业，专利技术、固定设备可能是重要资产，可是对于代理记账这样的服务业企业来说，员工才是真正的核心资产。

>> 员工成长曲线

在此，我想借用知名企业管理专家张诗信的“员工成长曲线”来讲一下公司该怎样看待员工。

张诗信把员工的职业命运分成五种类型，并且绘制了一张职业命运曲线图（如图 5－15 所示），图中的五条曲线分别对应五种类型的职业命运。

第一条曲线反映员工的职业命运是从参加工作开始，一路向上。这个自然是最棒的一种成长曲线。

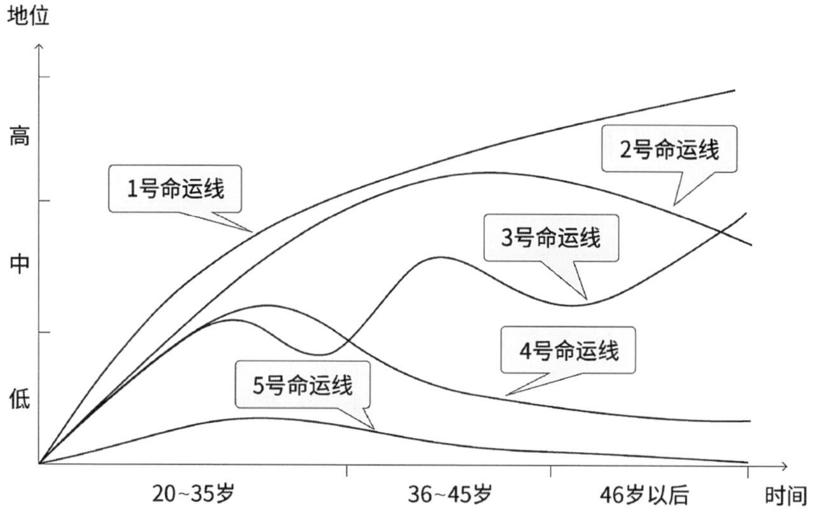

资料来源：张诗信《员工成长曲线》。

图 5－15　员工成长曲线

第二条曲线比较常见，反映员工年轻时快速发展，中年时期达到顶峰，而后缓缓下降，最终在不错的高度光荣退休。

第三条曲线反映员工的职业生涯经历了很多波折，但整体还是向上的，最终发展得也比较好。这种员工一般意志力比较强，往往在哪里跌倒了能从哪里爬起来。

第四条曲线反映员工年轻的时候做得比较好、发展也快，但后期就比较平庸了。

第五条曲线反映员工的整个职业生涯都做着最普通的工作，拿着比较低的工资。在代理记账行业中，很多基层会计就是这种情况。

>> 员工资产

结合前面讲的“员工是资产”的理念，我将员工资产分为四种类型：基础资产、普通资产、稀缺资产和优质资产。

第一类员工大部分是金钱导向型的员工。这类员工在职场上是最多的，我将他们定义为基础资产。他们的职业想法大部分是老板给多少钱，就干多少活。这类员工比较适合普通的计件工作，拿计件工资。

但是金钱导向型的员工中，总有那么一小部分人可以转化为奋斗者，转化为积极的事业导向型员工。所以，对于这部分员工，我们要擅于从中筛选转化。

第二类员工是安稳导向型的，占职场员工的20%左右，我称之为普通资产。他们的理念一般是家庭第一，工作第二。如果家里有事，就一定会请假的。这类员工在代理记账公司中的占比较大，在员工曲线中属于第四种曲线。一般可以给这类员工安排一些计件或类似的岗位，如会计、行政等。

第三类员工是忠诚导向型的，大约占职场员工的10%，我把他们称为稀缺资产。他们的特点是比较忠诚，工作想法往往是"我相信老板，老板到哪里我到哪里，老板叫我做什么就做什么"。这类员工如果能力强，对老板又忠诚，当然要重用，给他们比较大的职业空间，他们的职业生涯就会发展得比较好；但是如果这类员工只有对老板的忠诚，却没有过硬的能力，那千万不能把公司的重要管理岗位交给他们，否则会对整个团队构成危害。对于这类忠诚却能力一般的员工，一般可以安排一些普通的岗位，如出纳，或者一些涉密的、独立的岗位，让他们独立负责，不影响其他人的工作，如公司的投诉处理部门等。

第四类是事业导向型员工，是公司的优质资产。这类员工的数量在职场上大概占20%左右。他们是真正的奋斗者，注意力总是放在先干好活上，相信活干好了，钱是不会少的。正因为他们能够这么想，所以他们的职业生涯通常发展得比较好，待遇也不差。所以，我们要把这类员工发展成我们的事业合伙人。企盈目前的阿米巴组织的负责人基本上属于这样一群人。公司应当多想办法，提高这群人的比率，这样整个公司的氛围就会比较好。

思考题

你公司的员工中，属于优质资产和稀缺资产的有哪些？

第 54 讲 | 跟基层吃饭,跟中层喝酒,跟高层喝茶

各级员工该怎么团建呢?

老板与不同层面的员工沟通,需要有不同的策略。有一句话大家可以参考:“跟基层吃饭,跟中层喝酒,跟高层喝茶,跟股东一起生活。”

>> 不同的沟通策略

基层员工与老板的关系实际上是一个职业共同体。绝大部分基层员工工作的主要目的是养家糊口,因此他们最关注的是待遇和公平性问题。老板与这类员工的沟通方式可以比较形象地用“请他们吃饭”来描述。

中层员工有别于基层,他们中的大部分与老板的关系是利益共同体。中层员工的视野较为开阔,不完全是打一份工,他们看中的是在老板这儿工作的长期利益。中层员工不仅会关注眼前待遇,而且会关注自身的职业发展。所以,老板与中层员工的沟通可以比喻为喝酒,不仅仅“吃顿饭”,还要“喝喝酒”,交交朋友,明确利益的一致性。

至于高层员工,大部分与老板是事业共同体。他们很多是因为事业考量而加入团队,所以他们会更深入地关注公司的产品、客户、服务等更结构性的层面,更关心在这里工作是不是符合他们的职业理想。当然,为了理想而工作的时候,待遇往往也是不低的,但除了待遇,还要有价值观层面的默契。所以,老板与高层员工的沟通要“一起喝茶”。喝喝茶,聊聊理想,交交心。

最后一个对象是股东。股东不属于员工,那么,该怎么与股东沟通呢?我们创业的人经常说创业是一种生活方式、一种生活态度。因此,股东之间其实就像是在一起生活,处在同一种生活方式中。

我记得2014年的时候,我离开代理记账行业出去做过一次互联网方面的创业。那时候经常会有这样的情况:晚上11点到家就接到合伙人的电话,其实他打这个电话过来并不是为了跟我聊具体业务上的事,就是说说话、宽宽心、打打气。这种心灵上的默契就是股东之间的良好沟通。

也许有人会觉得,既然是股东,相互之间还需要沟通吗?大家不都是利益一致、愿景趋同,才在一起合伙的吗?其实,股东往往比员工的压力更大,也会焦虑,也会有想法上的波动,所以相互之间更需要沟通、更需要关怀、更需要心灵达成默契。一个公司,只有股东之间心里有默契,相互配合得好,才有可能谈发展。

>> 员工的公平感

团建的目的是提升员工工作的满意度,增强团队凝聚力;但是,如果公司连基本的公平感都没法让员工感受到,那么团建再好,也是徒劳。

分众传媒的江南春说过一句话:“不要让付出辛勤汗水的员工流下委屈的泪水。”越是基层的员工,越需要这种公平感。

企盈曾经给一个员工发5 000元年终奖,他挺开心。可后来一打听,和他一起进来的其他人的年终奖是7 000元,他顿时就很沮丧了。本来他觉得,他是一个入行不久的小财务,平时工资也就三四千元,老板发给他5 000元年终奖,超出了他的预期,感觉挺好的。但跟别人一比,发现少了,他就受不了了,感觉受了委屈。

公司有时候会做一些发钱还不讨好的事情。那么,我们该如何做到公平呢?有一个比较好的办法,就是做到透明。如果制定的考核、奖惩都是透明的,是真正公平的,那么员工的注意力就会集中在怎么在透明的机制下努力赚更多的钱,而不会过分关注与别人的差别。越是不透明的时候,大家越会去打听一些小道消息,斤斤计较各种利益得失。例如业务部门,可以做到奖金提成机制完全透明,做多少业务就拿多少奖金;会计做了多少账就拿多少奖金;等等。人力资源管理的一个很大的职能就是让员工与自己做比较,而不要与别人做比较。每个员工的能力不同,只要是在一个公平的制度下,待遇差别就是正常的,并不会影响公平感。

>> 在团建中选拔人才

前面讲的基层、中层、高层员工与各种共同体的对应关系并不绝对。

基层员工，包括刚进来的应届毕业生，很多是具有进取心的，所以公司在团建、沟通的过程中，一定要善于发现这样的员工，多给他们机会，多把他们提拔上来，引导他们向事业共同体的方向发展。

对中层员工也是一样，虽然其中大部分属于利益共同体的范畴，但也有很多人到了一定的阶段，有了一定的物质基础后，就开始有理想层面的期待，会有一些事业心，所以公司要把这些事业型的伙伴选拔出来，提拔成公司的高层，甚至阿米巴的合伙人。

灵活的团建方法

针对不同层面的员工要有不同的团建方法和目标：

第一，要自上而下，股东层面的团建最重要。如果股东层面都达不成心灵的默契，没有共同的梦想，那么下面的团建就都是白费的。

第二，高层、中层和基层要分层进行团建，对不同的群体要采取不同的方式。

对于中高层，团建的目的是引导他们更加认同公司的这份事业，比较理想的形式是中高层的管理者聚在一起，讲讲各自的故事，增加彼此的了解，因为这些员工能够做到管理层，一定都非常认真努力，都有各自精彩的职业故事。团建就是要把他们的这种精神激发出来，让更多的团队伙伴了解他们，以达到心灵层面的共识。心意相通之后，就能够形成一个事业共同体，团建的目标和效果就真正实现了。

对于基层员工，团建可以多提供一些福利，如一起去唱歌、吃饭，或者每年组织一次旅游等，使员工在拿到一份基本工资之余，还能经常感受到公司的一些额外福利，久而久之，就会对工作更有满足感。

思考题

你的公司有哪些团建方式？你认为团建的目的是什么？

第 55 讲 | 员工跳槽的正确姿势

员工跳槽，跳到哪儿去呢？

>> 员工为什么会离职

马云说：“员工离开无非两个原因：钱给少了，心委屈了。”

为了说明员工跳槽的问题，我做了一张员工跳槽图（如图 5－16 所示），用“领导”“行业（公司）”这两个维度，以及四个象限对应的不同情况来量化员工离职的原因和跳槽的方向。

A 象限：行业（公司）不错，领导很好。

B 象限：领导不错，但行业（公司）不好。

C 象限：行业（公司）不好，领导也不好。

D 象限：行业（公司）不错，但是领导不好。

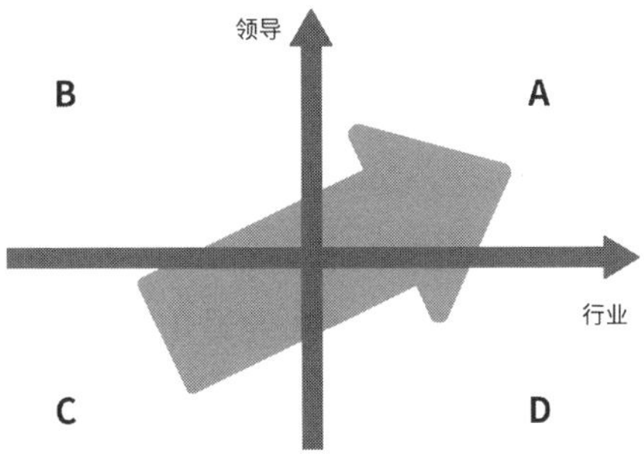

资料来源：得到线上音频课程“宁向东的管理学课”。

图 5－16 员工跳槽图

从图 5－16 可知，员工跳槽最准确的姿势应该是从 C 象限跳到 A 象限！

代理记账行业是朝阳行业，所以行业本身没问题，那么如果员工离开，尤其是优秀员工离开，老板就需要反思：究竟是公司有问题，还是领导有问题？

为了进一步说明这个问题，我梳理了差公司和差领导的 18 条标准。

>> 差公司的 18 条评价标准

1. 没有公平的工作和晋升环境

2. 任人唯亲

3. 老板特爱面子，甚至爱面子胜过爱公司

4. 把互联网当成工具而不是思维方式

5. 公司是自上而下的多层金字塔结构，老板指令从上而下

6. 口号多，但执行差

7. 高层没有学习习惯

8. 老板格局小

9. 公司八卦多

10. 靠关系维系业务

11. 只鼓励努力奋斗，不思考路在何方

12. 老板在公司的时间常常少于 2 天/周

13. 短视，过分注重眼前利益

14. 单靠融资度日

15. 老板几乎每周都在外面演讲、做节目

16. 行贿、受贿严重

17. 靠着少数大客户生存

18. 僵化的国有企业

在我看来，上面的标准中，符合 4 条以上的公司就算差的了，符合 8 条以上的肯定不会有前途！

>> 差领导的 18 条评价标准

1. 格局小

2. 批评多，鼓励少（乔布斯那样的“牛人”除外）

3. 学习少，自以为是

4. 很少反思自己

5. 刚愎自用

6. 特爱面子

7. 经常推卸责任

8. 善于权术

9. 主要用权力管理下属

10. 在公司和员工中影响力很小
11. 经常将下属的功劳占为己有
12. 口号多，执行少
13. 害怕变化，抵触变化
14. 不愿意指导下属
15. 不知道如何指导下属
16. 缺乏情怀
17. 任人唯亲，拉帮结派
18. 经常醉酒

同样，在上面的标准中，符合 4 条以上的领导就算差的了，符合 8 条以上的肯定不会有前途！

>> 你在哪个象限

结合以上"差公司"和"差领导"的评价标准，员工要跳槽，必须认清自己和环境，搞清楚自己在员工跳槽图的哪个象限。

如果你的公司和领导分别符合上述标准中的 4 条以上，那么你在 C 象限，这就意味着该跳槽了，再待下去是浪费青春。

如果你的公司符合上述标准中的 4 条以上，但领导还不错，那么你在 B 象限。这时，你可以了解一下你的多数同事怎么看公司？如果他们也大多认为这家公司符合上述标准中的 4 条以上，那你还是跳槽吧，一家差公司是很难在短时间内有所改变的。当然，如果你是那种可以力挽狂澜的人物，那么这家公司目前的"差"也许反而是你施展才华、取得建树的机会！

如果你的公司和领导都仅符合上述标准中的 4 条以下，那你还是反思一下自己吧。

>> 两种岗位信息

公司的岗位信息有两种：通用信息和专有信息。

从事通用信息多的工作的员工大多在公司的流程中工作，掌握的大多是通用信息，容易被替代。从事专有信息多的工作的员工，公司对他的依赖性强，因为掌握了很多专有信息而难以被替代，如特别的技术、优秀的业务、良好的创新、特殊的岗位、优秀的管理。

你有多少专有信息,你对公司的价值就有多大。专有信息从哪里来?大部分是自己在努力和创新中得来的。

>> 选择比努力更重要

“选择比努力更重要!”这句话很对,在你很优秀的前提下!这句话很错,如果你没有努力过!

想明白,该跳槽时就跳槽!

想明白,该努力时就努力!

>> 想跟老板说的话

第一,不担心员工跳槽,但不希望优秀的员工跳槽。我们应该事先分析一下公司和管理层,不要给员工跳槽那么多理由。

第二,公司需要积极的稳定,而不是消极的稳定。有一部分人离开是正常的,但应该是公司的薪酬体系和淘汰机制让他们离开。我们不希望离开的人离开了,那就要对照上述标准,反思我们自己。

第三,老板的工作其实是服务员工,所以,老板有很多限制,老板其实不自由。你是谁不重要,团队需要你成为什么样的人更重要。

>> 加油,老板们

这一讲的内容曾发表在我的个人公众号“涛漾年华”[①]上。最初我是写出来给员工看的;同时,也是对企盈管理层的严格要求,只有管理层自己做好,给员工一个公开、公正的平台,才能留住优秀的员工。我们必须有这样的胸怀,才能包容别人,也才能真正反思自己。在这之后,企盈的愿景中增加了重要一条:员工成长的事业舞台。

思考题

“差领导”的 18 条评价标准中,你符合几条?你敢于反思自己吗?

① 何明涛个人公众号、微信号:hmt71999999。

第 56 讲 | 哪些员工坚决不能留

哪些员工坚决不能留?

刘强东对员工的分类

关于员工,京东创始人刘强东做过一个分类。他把各种员工用金属做比喻,一共分为五类①:

第一类,金子。如果一个员工的价值观与公司匹配,能力又非常强,那么这样的员工就是公司的宝贝,他把这类员工比喻成金子。

第二类,废铁。这类员工与第一类正好相反,能力很差,价值观与公司不匹配,工作中根本没法用,所以将其比喻成废铁。

第三类,铁。这类员工的价值观很不错,对公司也很忠诚,但是能力一般。

第四类,铁锈。这类员工能力很强,但是价值观与公司不匹配。

第五类,钢。这类员工的价值观和能力虽然没有达到最好,但都是 80 分的水平,也是非常棒的。

在刘强东的员工分类中,“价值观”是一个很重要的考察标准。比起京东,阿里巴巴甚至把员工价值观的衡量纳入了公司的 KPI 考核,而且占了很大的权重。

虽然马云和刘强东是竞争对手,但在公司内部人才的使用以及对员工的看法上,他们是惊人的一致,都把价值观的考量放到了很重要的位置。

什么类型的员工不能留

我在前面的内容里讲过,不要把员工当成成本,而是要当成公司的资产。从这

① 刘强东:《刘强东自述:我的经营模式》第十章,中信出版社 2016 年版,第 161 页。

个角度来看，刘强东说的“金子”和“钢”这两类员工，应该就是公司的优质资产。那么，其他三类——废铁、铁锈、铁是不是就是这一讲要说的，坚决不能留的员工呢？

首先说“废铁”，这类员工，我认为坚决不能留。因为他们一方面价值观与公司不匹配，另一方面能力又不强，公司确实没有必要用他们。

再说“铁锈”，这类员工，我认为也是坚决不能留的。因为如果只是一块废铁，他顶多是不符合工作要求，出问题的是他自己一个人；但如果是铁锈的话，由于他能力很强，就会影响其他人，会给整个团队造成很大的腐蚀。这种员工往往是公司的麻烦制造者，会给公司、团队带来很多负面影响。所以，铁锈型的员工也不能留。

最后来说“铁”，这类员工对公司非常忠诚，甚至有的可能跟了老板很多年，可就是能力一般。这类员工最近有了另一个称呼——“小白兔”，人畜无害，楚楚可怜，但是没啥用。从管理学的角度来讲，这类员工对公司的影响比很多人想象的要大。因为他们长期在公司，却不产生好的绩效，很难考核。简单地说，这类员工就是混资历的人。他们的存在会给其他员工造成一种非常不好的影响，大家会觉得原来混混就可以了，不是非得努力工作的。这对整个公司的文化是非常大的损伤。在代理记账公司的会计中，这类员工占了很大的比例。那么这类员工该不该留？我觉得可以依公司的实际情况而定。如果公司要快速发展，时不我待，那么能淘汰的就应该淘汰。如果公司有余地，老板也想考虑感情因素，那么可以通过培训和沟通，试着把这类员工的认识转变过来，让他们有危机感，自己去主动学习、提升能力；或者，看看能不能把这类员工换到更合适的岗位上。

>> 三种人坚决不能要

清华大学的宁向东说，如果你是领导者，有三种人坚决不能要[①]：

第一种是负能量特别多的人。这种人在碰到问题的时候，总是觉得全世界对不起他。这样的人在招聘阶段就不应该放进来，进来了之后就是个麻烦。

第二种是态度不认真、吊儿郎当的人。这种人在他一直以来的学习和工作中已经养成了一种不认真、吊儿郎当的态度和习惯，我们是很难改变他的。

第三种就是不职业的人。这种人看起来和善，但就是解决不了问题。我们讲的

① 喜马拉雅线上音频课程：“宁向东的清华管理学课”第 47 讲“团队成员|三种人绝对不能要”。

职业，就是要用职业的素养和专业的技能来帮公司解决问题，如果做不到，那就是不职业。

这三种人之所以坚决不能要，是因为我们根本改变不了他们的缺点。

两句题外话

一是开除人，这是管理者成熟的一个标志。就像打仗一样，一个没有杀过人的士兵不可能成为一个优秀的士兵。古人云：慈不带兵。对每个管理者而言，如果遇上不合适的员工，就应该坚决地让他离开你的团队，这其实是一种值得赞赏的职业理性，是对员工、对团队、对公司负责任的态度。如果你心慈手软，明明知道他已经跟不上公司的发展，已经不适合你的团队，甚至对你的团队有负面影响，你还把他留在团队里，那你就不是一个合格的管理者。

二是领导者该怎样组建团队。如果你是一个部门的领导，公司要你来组建一个团队，我认为，你首先要有团队的人事决定权，目的是更有效地开展工作。例如，你现在组建一个小团队，老板把两个亲戚派给你，在这样的情况下，你的小团队肯定是很难管理的。所以，作为一个领导者，人事权很重要，如果你连选人的权利都没有，那就很难管理好团队了。

思考题

你公司里有“铁锈”型的员工吗？如果有，你打算如何处理？

第6章
财务管理

第57讲 | 换个角度看成本：成本不仅仅是省钱

考虑成本，省钱是唯一的办法吗？

代理记账行业中的很多老板是专业财务出身，而我是一个外行，对财务并不精通。所以，我想从管理的角度而不是会计的角度，谈谈代理记账公司的财务管理。

>> 成本是什么

在传统会计意义上，成本就是为达到一定目的的付出，最简单的公式就是：收入－成本－费用＝利润。在收入不变的情况下，为了增加利润，只能减少成本和费用。但我想从另一个角度来与大家探讨一下我们到底有哪些成本。

>> 选择成本

选择成本是最大的成本。如果你做出了某一个选择，实际上就放弃了其他选择。所以经济学上对成本有另外一个定义，即成本是你放弃了的最大价值。举一个生活中的例子：一个女孩，有两个男孩追求她，她选择嫁给其中一个男孩，那相应地就是放弃了另外一个男孩，那个她放弃了的男孩就是她的选择成本。

今天，经营代理记账公司也面临着非常多的选择。选择什么样的管理模式？选择谁合伙？选择什么样的薪酬体系？选择什么样的财务软件？这些都是非常重要的问题。一旦选择不合适，就会面临非常糟糕的结果。

>> 沟通与信任成本

我们每天有很多的时间和精力是花在内部沟通和解决信任问题上。很多时候，我们在工作中产生的不愉快是源于彼此的误解。信息不透明，事情还没有沟通清楚就吵了起来，这就产生了沟通成本。

所以，公司在招聘员工的时候，要尽量找沟通能力比较强的，这样内部的沟通才容易顺畅。公司管理的一个重要目标就是减少沟通成本。因此，公司要尽量使信息透明化，以减少沟通成本。企盈内部就做了一个“企盈一周”，每周把这一周内公司发生的重要事件向全员公开，长期坚持，信息就会越来越透明，沟通成本也会减少。

>> 沉没成本

因为决策失误，一些运营成本花出去就再也回不来了，从而形成沉没成本。代理记账公司最常见的沉没成本就是广告投放。

有这么一句话：“50%的广告是浪费的。”无论是投百度，还是做其他营销，总有一部分投放是浪费的，这部分沉没成本我们必须接受。但是，我们可以想办法尽量减少浪费。有一种方法是把沉没成本算出来。假设在百度上投2 000元/天，那么去掉一定会被浪费掉的部分，剩下的才是有效的点击。这些数据可以通过不断试算来确定，最终就能得出最佳的投放额度。

>> 付出成本是为了更大的收益

我认为，怎么样把钱付出去、把钱花好，比节约成本更重要。如果花一笔钱能获取丰厚的收益，那这笔钱就是值得花、应该花的，甚至应该花得更多，以付出更大的成本换取更大的收益。所以，成本付出去是不是划算，是我们考虑成本问题时一个非常重要的因素。

在代理记账公司的实际工作中，经常会碰到以下几个具体的成本问题：

一是获客成本，如该不该投广告等，值得反复考量。

二是服务成本。我们之所以花这么多精力帮客户去查名称、出执照、办理银行开户、核定税种(税务报到)，是因为这样做能换取客户的满意度和转介绍等其他价值。这个服务成本花出去是划算的。

三是人力成本。我们在之前讲阿米巴组织以及人力资源的内容时说过，员工是公司的资产。这里，成本与收益、资产与负债之间是可以相互转换的。关键是我们怎么看待这个问题，怎么看待员工。例如，公司人力资源部门的员工成本其实不单是几个员工的待遇，还会关系到整个公司的人力成本。从这个角度来讲，我们必须非常重视人力资源，尤其是招聘，因为这决定了整个公司的人员成本是不是值得。

此外，如行政成本等也是值得考量的。例如，代理记账公司经常会买电话交换机，假设目前公司只有5个人，那可能会选择买一个8口的，但公司未来人多了，这个就不够用了，还得再买。一开始看起来是省钱了，后来发现其实反而多花了钱。那么我们在买设备的时候就应该考虑，如果公司本身规划会快速发展的，那就直接买一个适合未来发展的才划算。所以，成本不能只看当下的支出，还要从长远来考虑，否则就会造成不必要的浪费。

思考题

除了浪费掉的广告费，代理记账公司还有哪些沉没成本？

第 58 讲｜零报税客户的价值：不算不知道

零报税客户到底好不好？

零报税客户指的是增值税零申报的客户，包括两类：一类是收入为 0 的客户，主要是没有开过发票，甚至没有申领过发票的客户。另一类是每个季度营业收入 9 万元以内的客户，现在国家对小微企业免征增值税①，所以它们也是零报税客户。当然，它们会有所得税，但由于其一年的营业额最多只有 36 万元，所以利润很少，所得税也很少。

目前，零报税的客户大概占代理记账客户总数的 30%，占比较大。

>> 零报税客户利润更高

代理记账行业的客户大致分为零报税客户、普通客户和高端客户三类，对应有三种不同的服务方式：

对于零报税客户，现在一般的收费是 200 元/月，当然也有极少数客户只是注册公司，什么发票都不开，收 100 元/月。保守估计，按照 150 元/月来计算，一个会计一个月可以做 200 家零报税客户。如果用财税机器人，则还能做得更多。

对于普通客户，小规模的一般收费是 300 元/月，一般纳税人是 500 元/月。照此计算，一个会计一个月能做 80 家小规模客户。

高端客户是指每月收费 1 000 元或者以上的客户，一个会计一个月可以做 30 家高端客户。

① 《关于延续小微企业增值税政策的通知》(财税〔2017〕76 号)规定：为支持小微企业发展，自 2018 年 1 月 1 日至 2020 年 12 月 31 日，继续对月销售额 2 万元(含本数)至 3 万元的增值税小规模纳税人，免征增值税。

现在来算一下做上面三类代理记账客户的人均产值和人均毛利润：

零报税客户的会计人均产值 = 150 × 200 = 30 000（元）

这个岗位配备初级会计即可，假设人力成本为 6 000 元 / 月，那么人均毛利是 24 000 元（30 000 − 6 000）。

普通客户的会计人均产值 = 300 × 80 = 24 000（元）

这个岗位需要相对熟练的会计，假设人力成本为 7 000 元 / 月，那么人均毛利是 17 000 元（24 000 − 7 000）。

高端客户的会计人均产值 = 1 000 × 30 = 30 000（元）

这个岗位一般需要配备中级职称的优秀会计，假设人力成本为 9 000 元 / 月，那么人均毛利是 21 000 元（30 000 − 9 000）。

三者比较后的结论是：零报税客户的利润最高（如表 6 - 1 所示）。

表 6 - 1　三类客户的成本与收益比较

项　　目	零报税客户	普通客户	高端客户
月单价（元）	150	300	1 000
每人处理家数	200	80	30
人均产值（元）	30 000	24 000	30 000
人力成本（元）	6 000	7 000	9 000
人均毛利（元）	24 000	17 000	21 000

>> 对零报税客户要转变观念

我曾经走访了一些上海知名的专门做外资高端客户的同行企业，他们一个会计的月产值差不多为 30 000 元，也就是说，这个数字是行业里做高端客户的平均水平。当然具体到特定客户，有的公司能做到每月 2 000 元、每月 5 000 元，甚至每月 11 000 元，不同的收费标准对应不同的代理记账复杂程度。

所以，我们没有必要去歧视零报税客户，从利润的角度出发，我们甚至应该欢迎更多的零报税客户。

几点说明

第一，各个公司的情况不同，以上数据及计算仅供参考。

第二，随着财务软件智能化程度的提升，以上人均数据还会持续上升。你可能会说，零报税客户的成长周期是不是长了一点？流失率是不是高了一点？可能是，但那是另外一个话题了。单纯从会计核算的角度看，做零报税客户是非常划算的。

第三，不是所有零报税客户都是按 100 元、200 元这么低的价格来收费的，也不是所有零报税客户都没有发展，有些零报税客户甚至是高端客户。例如一些软件公司、互联网公司，前期专注于研发，只有人工成本费用，没有其他任何支出。这样的公司未来可能需要融资，所以其账务在前期要非常规范，成本、费用，以及一些往来款、投资款或者借款等必须非常清晰。这样的零报税客户对代理记账的要求反而是比较高的。对于这样的零报税客户，我们的收费在 800～2 000 元，并且安排非常专业的会计去处理，这样的零报税客户事实上就变成了我们的高端客户。

思考题

你公司的零报税客户占了多大比例？

第 59 讲｜获客 ROI：算准确才敢投入

市场投入是否划算，怎么计算？

对于获客成本问题，我们不能简单地计算付出了多少，而是要算 ROI，即投资回报率，也就是投入产出比。

代理记账行业中的有些业务会有长期收入。例如，我们与客户签了一份代理记账合同，看似一次性产生了××合同金额，但实际上这个业务是会长期存续的，所以在计算投入产出比的时候，不能简单地只算合同金额。

>> 获客 ROI 的算法

我们现在获取客户的方式主要有两种：一种是投广告，另一种是“投人”。投广告，就会产生广告成本和人的成本；不投广告，就纯粹是人的成本或者渠道费用。这一讲我以广告获客为例，具体演示获客 ROI 的算法。

按照业务持续期的长短，可以把合同分为两类：一类是长期业务，另一类是一次性业务。

1. 长期业务

长期业务包括代理记账、税务筹划、人事代理等。这些合同一般会持续几年。长期业务支持了代理记账行业线性累加的盈利模式。当然，合同签订后也可能会发生退单的情况，所以存在一个履约率的问题。

我以代理记账业务为例，计算长期合同的利润。在计算过程中，我会用到以下三个指标：

一是代理记账的利润率。这里的利润率是指净利润率，扣除了人工、房租、管理成本等，不考虑获客成本。代理记账的净利润率一般在 40%左右。

二是代理记账客户续存年限。这里假设是3年，这也是代理记账公司的平均水平。

三是履约率。以企盈为参照，我们的长期合同履约率大约是95%。

假设我们的线上业务部一个月投入20万元广告费，一个月签了价值60万元的一年期代理记账合同，业务平均续存年限是3年，履约率是95%，并且利润率是40%。那么，3年的利润可以计算如下：

代理记账业务预计收益＝合同金额×履约率×平均存续年限×利润率

＝60×95%×3×40%＝68.4（万元）

代理记账业务广告投放的ROI计算如下：

ROI＝68.4÷20＝3.42

从上面的计算可以得出：如果月投入20万元广告费，签了60万元的代理记账合同（按照一年收费金额计算），那么，3年的客户预计收益是68.4万元，ROI就是3.42，非常棒！

当然，在此基础上，我们还可以扣除业务人员的工资和奖金、管理成本、办公分摊等费用，计算出净ROI。

需要说明的是，以上计算均不考虑资金成本。

以上只是围绕代理记账业务本身做的一个ROI核算。其实还有一个重要因素没有考虑进去，那就是这些业务进来之后，还会带来其他业务的转化。例如企盈的人事代理、商标注册等业务，其本身是不获客的，都是前面这些业务转介绍过来的。这些新客户未来也会给我们带来一些其他客户的转介绍。每个公司都有各自不同的转介绍率，如果服务做得好，转介绍率就会提高。

所以，在核算广告投放ROI时，可以把老客户转介绍带来的价值也加进去，这样的利润核算就更精确了，具体算法可以是把计算出来的长期合同或一次性合同的核算利润乘以一个包含了转介绍率的系数。例如，当期的客户未来能给我们带来10%的转介绍率，那就乘以系数1.1。把这些转介绍业务的收益都算进去，就是当期的投入所产生的总利润。有了总利润，就可以得出ROI，我们就能够明明白白地知道当下的广告投入是否值得。

2. 一次性业务

一次性业务包括工商注册、变更、注销等。假设一个月投入20万元，签了60万元的一次性业务合同，履约率是90%，利润率是40%。那么，预计收益的计算如下：

预计收益 = 合同金额 × 履约率 × 利润率

= 60 × 90% × 40% = 21.6（万元）

ROI = 21.6 ÷ 20 = 1.08

综上所述，可以得出如下结论：

第一，市场投入不能“拍脑袋”，要借助数据计算清楚。

第二，长期业务和一次性业务要分开。从上面的计算可以看出，同样的投入和合同金额，长期业务的收益要高很多。这就是我们为什么必须重视长期业务的根本原因。

第三，计算不求精确，相对准确就行，目的是通过核算ROI做到投入产出心中有数。

第四，这个计算还有一个非常重要的价值，就是为人力资源考核提供依据。例如对业务经理奖金的计算，不同的核算方式会导向不同的结果。如果将长期业务和一次性业务混同计算，那么一次性业务的占比一定较高，但实际上，长期业务更健康。

思考题

在你的公司里，长期业务和一次性业务是否分开计算投入产出比？投入产出比大约是多少？

第 60 讲 | 出纳管理：用系统管理收款

收款认领很乱，怎么办？

有些代理记账公司的日常出纳工作是这样的：公司每天进来好多笔钱，出纳把这些进账贴到 QQ 群或者公司微信群，催大家认领，场面十分混乱。如何避免这种混乱？用系统进行出纳管理。

代理记账行业会有大量小额收款，其中还有一些比较复杂的组合。例如，客户打进来 3 000 元，其中 1 800 元是 6 个月的代理记账费，1 200 元是商标注册的费用。这两笔费用除了业务类别不同外，还可能对应两家不同的公司——企盈的代理记账是用一家财务顾问公司去申请代理记账许可证，而商标注册又是用另一家知识产权代理公司来承接商标业务。遇到这种情况，该怎么认定款项呢？我以企盈为例，说说我们的经验。

>> 借助软件管理财务

企盈的管理系统中有财务管理模块，能够做到与业务相关的收入和支出都在业务系统中一一对应，也就是说，出纳账、银行和现金、会计账，还有系统中的业务款项都是完全对应的。这样，公司的出纳在做账时就非常清楚。

收到款项时，我们要求款项必须认领到对应的科目中。例如上述的 3 000 元收款，其中 1 200 元是商标注册费用，那就把它认领到商标注册费用中；1 800 元是代理记账费，那就把它认领到代理记账费中。收费与付费客户精确对应（如图 6 - 1 所示）。

图 6－1　系统认领

认领到代理记账费用中是收付实现，未来还要做权责发生的核算。例如，企盈 7 月收了一个新客户半年的代理记账费，但实际上我们前期要帮它办公司注册、银行开户、核税，可能要到 10 月才开始做账，因此起始的月份应该是 10 月。那么在系统里，要标记清楚真正开始做账、核税的时间。

>> 钱款认领原则

代理记账公司会收到很多不同来源的钱，有个人的支付宝、个人的微信、个人的银行卡，还有企业的转账、企业的支付宝、企业的微信等。对于这些钱的认领，我们坚持以下两个原则：

第一个原则：即使是用个人的账号收钱，也要纳入出纳的管理。

无论你是“夫妻老婆店”，还是一家比较规范的公司，用于公司的收款都应该纳入出纳的管理。不要把家里的钱和公司的钱混为一谈。就算完全是一个人的公司，账目也要清晰，这样才能对经营情况进行准确核算，合理规划。

如果你要用个人卡和个人支付宝收钱，那就把这些个人账号放到出纳那里。坚持这么做，公司内部的账就非常清楚了。

第二个原则：出纳收的钱必须及时认领到相应的科目中（如图 6－2 所示）。

图 6-2　会计科目选择

如前所述，收到的 3 000 元由好几个部分组成，不要当成一笔糊涂账混在一起，那样不仅影响核算，而且影响分配。例如，商标的奖金和代理记账的奖金不同，而代理记账的奖金又分业务员的奖金和做账会计的奖金等。因此，出纳在收款的时候如果账目不清晰，就会导致后续工作量巨大。只有把出纳的这些工作通过系统管理好，才能给后续的人事核算、财务核算、成本核算、费用核算带来便利。

在企盈的系统中设计了银行模板（如图 6-3 所示），将收款整理成 EXCEL 导入系统，然后由员工在系统中认领到客户的应收科目中。

序号	收款方式	交易日期	交易时间	收入(+元)	对方账号	对方账户名称	用途	交易附言	本方账号	本方账户名称	流水号

图 6-3　导入银行模板

>> 认领周期严格把控

企盈始终严控认领周期。一般来说，要求当天的钱当天认领完，以降低出错概率。当然，这与公司规模有关，如果公司的规模不大，收款也不多，那么可以每个星期结算一次。另外，如果公司有分部的话，分部的出纳和总部的出纳在一周之内必须把账对清楚，否则不允许入账。

要做到这一点，有一个前提条件，就是客户的合同必须清晰地录入系统，根据合同驱动任务。例如，公司注册的合同签订好以后，会自动驱动名称核准任务；同时，会自动驱动合同中的各个应收款，实际收到的金额会被认领到相应的科目中。

我们重视财务管理的目的不仅仅是要把钱管理好，更重要的是有了这样清晰的财务账目，才能及时、透明地计算员工的绩效奖金，才能给员工及时的激励，从而形成良性的企业文化。

思考题

你公司现在的收款认领是怎么处理的?

第7章
市场营销

第 61 讲 | 认识我们的产品：行业第一张产品圈层图

代理记账行业到底可以卖哪些产品呢？

市场营销是代理记账公司非常关心的内容，所以这章我会细分出“产品”“价格、渠道、促销”“政府沟通”“微信营销”和“销售管理”五个板块进行阐述。我会按照市场营销的“6P 理论”[①]，再结合代理记账行业的实际情况来讲解市场营销。

什么是产品圈层图

产品圈层图旨在讲清楚代理记账行业到底有些什么样的产品。在产品圈层图中，我把产品从里到外分为核心产品、形式产品、期望产品、延伸产品和潜在产品五种。以一个 LV 包为例：

它的核心产品是什么？其实就是一个装东西的袋子。

它的形式产品是真皮手感、设计精致的外形，以及值钱的品牌 logo（商标）。

很多女孩子之所以挤地铁的时候也要背个 LV 包，往往是期望得到一种身份价值的认同，期望自己因此属于某个圈层。这种感受就是期望产品。用户愿意为期望产品付的钱还真不少，甚至会超过核心产品。

LV 品牌除了包以外，还有很多其他产品，如鞋子、成衣、腕表、配饰等，这些就是延伸产品。

LV 品牌在全世界拥有大量用户和粉丝。针对这些用户和粉丝，LV 公司可以开发很多其他的产品，这些就是潜在产品。

代理记账公司的产品圈层图如图 7－1 所示。

---

① 该理论由营销学界的泰斗菲利普·科特勒（Philip Kotler）提出。“6P”分别代表产品（Product）、价格（Price）、渠道（Place）、推广（Promotion）、政治力量（Political Power）和公共关系（Public Relations）。

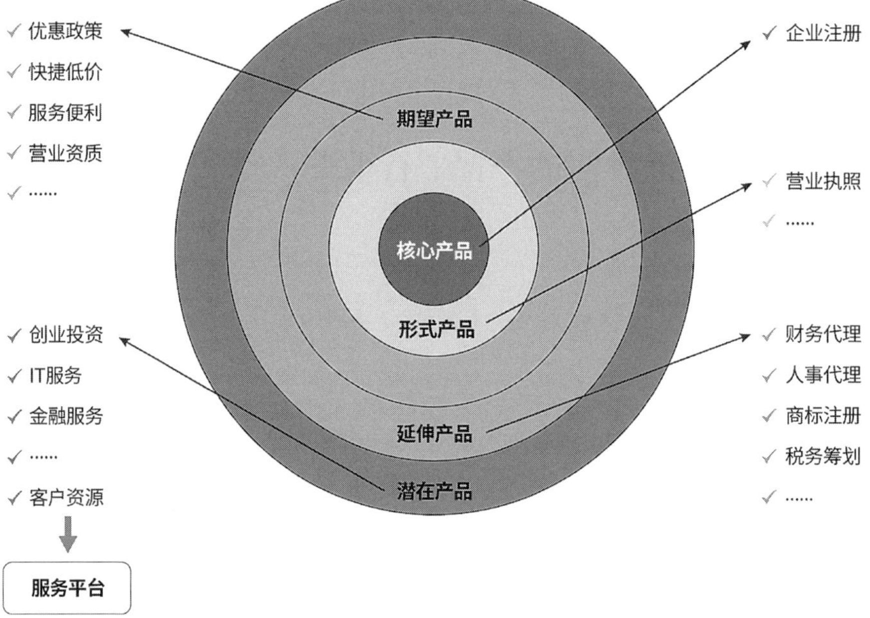

图 7－1　代理记账行业产品圈层图

第一，核心产品。代理记账公司的核心产品是企业注册。

第二，形式产品。营业执照正副本、刻好的公章以及许可证（如果有）等是代理记账公司最常见的形式产品。

第三，期望产品。客户找代理记账公司注册一个公司，不仅是为了拿到营业执照和公章，还会有很多别的期望。例如，有些客户期望加急办理，期望价格便宜，或者期望在注册地能够享受一些优惠政策；有些客户期望过程方便省心，让他跑工商、税务、银行的次数越少越好；有些客户期望每个月买发票能更方便；还有些客户则期望代理记账公司能继续帮他代办营业资质，如办餐饮、医疗器械等各种许可证；等等。所有这些都是客户想要的期望产品。

第四，延伸产品。代理记账公司替客户注册好公司以后，还会给客户提供各种延伸产品，如代理记账、人事代理、商标注册、税务筹划等。有些延伸产品会渐渐变成主营业务，如代理记账。实际上，代理记账已经成为代理记账行业主要的客户来源，企盈的大部分员工也主要是做这个业务的，同时它也是我们收入的主要组成部分。

第五，潜在产品。因为代理记账公司有这么大的客户群，汇集了这么多的创业者，所以就可以针对性地开发潜在产品。例如，对客户进行创业投资，向客户提供400电话安装等通信和IT服务，向客户提供安装POS机等各种金融服务等。据我了解，有的同行公司还与客户合作办公室的装修，以及代招聘等。所有这些新服务、新产品都是代理记账行业在有了这么多的客户资源，形成企业服务平台后，可以开发的潜在产品。

在企盈的摩羲云管理系统中，设计了一个九宫格产品图（如图7－2所示），其中囊括了代理记账行业几乎所有的业务。

图7－2　代理记账行业九宫格产品图

思考题

请用产品圈层图梳理一下你公司的核心产品、形式产品、期望产品、延伸产品和潜在产品。

第 62 讲 | 产品的本质：顾客让渡价值

客户不愿意花时间来配合工作，怎么办？

美国营销专家劳特朋教授（R. F. Lauterbom）于 1990 年提出了与传统营销“4P 理论”[1]相对应的“4C 理论”。“4C”分别代表 Customer（顾客）、Cost（成本）、Convenience（便利）和 Communication（沟通）。

“4C”和“4P”两种营销理论的最大差别是，“4P 理论”主要从公司内部角度出发来讲市场营销该怎么做，而“4C 理论”则是从顾客的角度出发来分析。但是，无论从哪个角度出发，产品永远是市场营销环节中最重要的因素。

从“4C 理论”出发，延伸出一个重要的概念，叫“顾客让渡价值”，是指企业转移的、让顾客感受得到的实际价值。

顾客让渡价值 = 顾客总价值 − 顾客总成本

>> 顾客总价值

顾客总价值，就是顾客所得到的东西，包括两个方面：

一是产品和服务的价值，就是劳动结果，如办理出执照、每月的做账报税等，这是最根本的价值。

二是人员和形象价值，就是客户满意度和愉悦度，如优美的办公室环境、悦目整洁的员工形象、专业热情的服务态度等。在现代社会，这种价值非常重要，而且越来越多的客户愿意为此买单。

---

① “4P”分别代表产品（Product）、价格（Price）、渠道（Place）和推广（Promotion）。

顾客总成本

1. 货币成本

货币成本也就是“钱”。我们帮客户做注册、做变更、做代理记账，客户都要出费用，这就是最直接的成本。

2. 时间成本

客户经常会要求快点出执照、快点能收钱、快点能开发票……在企盈摩羲云管理系统的九宫格产品图中，第九格“其他”里专门有个产品——“加急”。这个产品是可以和前面所有业务叠加的。

加急处理是代理记账行业很重要的一个产品，而且还可能很贵。因为时间就是金钱，客户愿意为“快”买单。所以对客户的时间成本，我们必须高度重视，并且要有类似“加急”这样对应的产品和价格。

需要特别指出的是：我们要明确知道客户“急”在哪里，然后解释清楚收费的合理性。所有的“快”都是需要付出代价的。例如，有的客户急需银行账户收钱，那么我们必须在名称、执照、银行三个环节都加急，相应的收费就会比较高。

3. 精力成本

服务产品有一个与普通商品不一样的地方，就是需要客户的配合。例如，查名称的时候，要客户一起想名称；出执照的时候，要客户过来签字；核税环节，要客户跟着一起去；有时候，客户甚至要接受工商局、税务局的约谈；等等。这些事对客户来讲都有时间成本，都需要花费精力。基于这种产品特性，我们要做的就是努力做好事前准备和安排，专业地搞清楚流程和问题，争取帮客户简洁明了地把事情办掉，不要让他反复跑，为他节省时间和精力。这样，客户的满意度就会上升，进而觉得代理记账等各种业务交给我们做很省心，哪怕我们的报价比别的公司高一些，或者比他的心理预期高一点，他也不会轻易把我们换掉。

4. 搜索和比较成本

例如，客户需要代理记账，可能要费一番心思去寻找和比较多家代理记账公司以决定到底哪家靠谱。这里就会产生搜索和比较成本。从顾客的搜索和比较成本就可以延展讲到产品提供商的品牌溢价逻辑。品牌为什么会有溢价？为什么同样做账，小公司收300元/月，而知名的大代理记账公司就要收600元/月呢？就是因为它的品牌建立起来之后，客户更信任它，会觉得不用搜索、不用比较，交给它就放心了。这里，品牌公司能帮客户省掉的就是这个搜索和比较成本，相应地，也就能要求更高的产品溢价。所以，品牌建设非常重要，直接关乎公司利润。不过就目前来看，代理记账行业中有品牌溢价，能够让客户非常信任的公司还很少。但正是因为品牌公司比较少，我们的机会才会大。如果我们做得好，能够建立起品牌，就会占领先机，在获客和溢价能力上大幅度提升。

>> 顾客让渡价值

我们帮客户节省或者说降低了一些成本后，实际上在为客户提供的总价值不变的情况下，增加了顾客的让渡价值，也就是让顾客感受到的实际价值更大，顾客的满意度就会提高。

思考题

以公司注销为例，你觉得该如何增加客户价值，或者减少客户成本，从而提升客户让渡价值？

第 63 讲 | 企业注册产品：代理记账的入口

公司注册该 0 元办理吗？

顺着上一讲提到的摩羲云软件系统九宫格产品图，我们来讲其中的第一大类产品：工商服务。

工商服务是一个统称，它的二级分类包括注册、变更、注销、其他四类。企业注册分为内资、外资、海外三类；变更分为普通、复杂、特殊三类；注销分为简易、复杂、特殊三类；其他包含了特殊核名、重新核名、年度公示、地址服务等（如图 7－3 所示）。

板块	大类	产品	描述
工商服务	注册	内资注册——标准	
		外资注册	
		海外注册	
		自定义	
	变更	企业变更——普通	园区注册，不涉及股权、注册地、许可证变更
		企业变更——实地	
		公司转让	股权变更
		自定义	
	注销	企业注销——简易	企业未核税
		企业注销——复杂	
		自定义	
	其他	特殊核名	
		重新核名	已核准名称情况下，再次核名
		年度公示	
		地址服务	服务商提供地址
		调档	
		自定义	

图 7－3　工商服务产品分类

>> 企业注册

企业是包含公司在内的一个大概念,分为有限责任和无限责任,与之相对应的是法人和非法人的概念。法人是有限责任的,非法人是无限责任的。其中,法人又分为两类:一类是以营利为目的,即公司;另一类是非营利的,如部分事业单位。非法人也可分为两类:个人独资企业和合伙企业(如表 7-1 所示)。

表 7-1 企业的分类

是否为法人	责任性质	主要区别	工商分类
法人	有限责任	以营利为目的	公司制
		非营利目的	非公司制
非法人	无限责任	一人	个人独资企业
		多个合伙人	合伙企业

我们帮客户做注册公司,一般指的是“有限责任公司”;但也有个人独资企业、合伙企业的注册业务,这些就是非法人,是企业,但不是公司。所以,对于我们做的各种注册产品的准确描述应是“企业注册”。

公司和企业的概念搞明白之后,还有一个很重要的概念,叫市场主体。截至 2018 年年底,全国共有 3 474.2 万家企业,其中绝大部分是公司,再加上 7 000 多万个体工商户,实有的市场主体数量达到 1.1 亿户。[①]

现在个体工商户也开始被要求建账,并且逐渐减少核定征收。这个庞大的个体工商户群体对代理记账公司来说是巨大的市场。

>> 入口问题

代理记账公司的工商和财税服务是企业服务的一个入口。而企业注册又是工商和财税服务的一个入口,从这个入口衍生出代理记账、人事服务、知识产权、税务

① 国家市场监管总局:《2018 年全国市场主体发展基本情况》。

筹划、企业变更等一系列后续服务。

代理记账公司如何看待“企业注册是入口”这个问题决定了它的公司类型。如果它本身在公司注册这个环节的业务量非常大，也很赚钱，那它的定位可能就是努力赚注册这个一次性的钱；如果它本身在公司注册这个环节赚的比较少，主要是赚后续服务的钱，那它就是一个以代理记账和后续服务为主的公司。

如果代理记账公司是把企业注册当成入口的，那么在经营和管理方面最关注的可能就是绑定率。例如，某个月公司新接了 30 个企业注册的客户，其中有 21 个客户还做代理记账，那么绑定率就是 70%。这个绑定率是比较好的。反之，如果绑定率过低，就要分析原因，是不是因为前面的注册收费过高而影响了后续业务收入的持续性等。

此外，在企盈办理注册的公司，后续可能会找我们做人事代理、商标等一系列其他服务。这就是我在本书前面的内容中反复提到的另一个指标——转化率。转化率在很大程度上决定了代理记账公司的利润。

>> 注册业务的分类

从企业的注册地、注册国、资金来源等角度，注册业务又分为内资、外资和海外三类。

大量企业是中国人自己在国内注册，它们就属于内资。

有一部分企业是属于海外资金投资到中国的，称为外资。就拿上海而言，每个月平均有 700 家新注册的外资企业。

海外是指中国人投资到海外去，典型的如英属维尔京群岛(BVI)公司，由于有税率差的优势，因此注册这种海外公司的人比较多。

从企盈的实际情况来讲，外资部门是目前所有企业注册中利润最高的部门。外资注册收费比较高，利润也比较高，而且很多是绑定代理记账的。

>> 企业变更

企业变更是代理记账公司非常熟悉的业务，这里我要着重说明一点：股权变更是特殊的企业变更，如果 100%股权变更，本质上就是公司转让。

第一，公司转让涉及债权债务问题。即使老股东做了承诺，但从法律上讲，如果有担保或者之前的债务问题，还是要新股东先承担，然后新股东向老股东追溯。这点我们需要跟上下家的股东说明。代理记账公司做这类业务的时候一定要专业、谨慎。

第二，虚开发票问题。很多人"买公司"的目的是虚开发票，对此，我们不能参与，必须有一定的风险控制机制。

>> 企业注销

有大量企业注册，就会有大量企业注销。再加上政府"金税三期"①和个税、社保缴纳越来越规范，企业注销的数量在不断增多，企业注销业务的市场也在不断扩大，所以我们应该重视这项业务。

我们把企业注销分为简易注销和复杂注销，其中，复杂注销包括印鉴丢失、执照丢失、欠税、异常等。这些业务在企盈的摩羲云系统中都已列明，每家公司可以根据自己的实际情况定好价格，作为产品进行业务推广。

>> 其他工商服务

其他工商服务包括有关名称、地址等的服务。这些服务各地均有本地化的内容，这里就不展开了，摩羲云系统中已定义。

思考题

你公司的企业注册业务是以直接赚钱为目的，还是以入口为目的，为了获取后续业务利润？

① 金税工程三期：1994 年 1 月，我国推行新税制，核心内容之一是建立以增值税为主体税种的税制体系，并实施以专用发票为主要扣税凭证的增值税征管制度。

第 64 讲 | 代理记账产品：你想创建一家拥有怎样定位的代理记账公司

只做高端客户的代理记账公司活得滋润吗？

摩羲云九宫格里的第二格是财税服务，包括代理记账、财务服务、税务服务、发票及相关服务等(如图 7－4 所示)。

代理记账产品

每一家代理记账公司提供的代理记账产品，由于针对的客户类型以及对这个产品的理解不同而存在差异。

我国目前有超过 50 000 家代理记账机构，但市场极度分散，每家的平均客户数量只有 500 个左右。与美国和欧洲相比，我国的代理记账行业还不够规范和成熟，尚处于发展的初级阶段。近年来，行业进入了快速发展期，一方面全国新增企业数量巨大，另一方面企业选择代理记账的比例较高。据统计，目前全国有 70%左右的企业选择代理记账。借此契机，各地陆续成立了行业协会，积极推进行业的标准化建设。

代理记账的服务对象有内资和外资的区别。过去绝大部分代理记账公司只做内资的代理记账，如今，行业里涉足外资领域的公司逐渐增多，如上海的中瀚石林，以及星德财务、玛泽咨询两家上海的代理记账协会副会长单位，都是很有特色的外资代理记账机构，外资业务都做得非常棒，对很多客户的收费能达到 10 000 元/月。可见，外资业务也是一个很大的细分市场。

要把外资客户服务好，不是简单地找一个资深的财务就能做到的。企盈本身有外资注册业务，但为了深入做好外资代理记账业务，我们和星德财务合资成立了企

板块	大类	产品	描述
财税服务	代理记账	代理记账	
		自定义	
	财务服务	审计报告	
		上门服务	
		理账	
		财务软件备案	
		会计上岗证服务	
		自定义	
	税务服务	核定税种(税务报到)	
		汇算清缴	
		出口退税	
		办税员证	
		代理申报个税	
		数字证书（报税U棒）	
		税控器	
		代缴税款	
		税务筹划	
		自定义	
	发票及相关服务	认证发票	
		代买发票	
		发票升级	发票版本升级，如千元版升级为万元版
		代开发票	帮客户去税务局开，客户的税控器放在我司代开
		开票系统维护	
		自定义	
	其他	自定义	

图 7－4　代理记账产品分类

星财务，专门服务企盈的外资客户。正如前面讲解服务鱼骨图时举过的例子，要通过那么多细节服务好外国人，需要一个系统的服务体系。

>> 产品背后是公司的定位

代理记账公司的定位是什么？这是每个代理记账公司的老板都应该思考清楚的问题。

有的代理记账公司，客户都是用电话营销得来的，那么它的定位就是低端的代理记账,收费大部分是200元/月甚至更低。这种做法是通过低价争夺低端市场,目的是尽快做大规模。然而,低端市场中的有些客户其实并不低端,正如我们之前所分析的,零报税客户也可能有高端代理记账需求,这样的客户就不能总是用低端的方式去服务。

代理记账市场中的大多数客户属于中端客户,对这类客户,全国现在基本上采用标准定价:小规模纳税人为300元/月,一般纳税人为500元/月。

收费800元/月以上的就是相对高端的客户了。这些客户要么有出口退税的业务,要么是外资,要么账务比较复杂。

不同的客户有不同的诉求,我们应该匹配不同的服务和不同层次的服务人员。就财务而言,如果一个财务人员同时服务70个客户,其中有的是零报税的,有的涉及出口退税,有的是外资,还有的需要上门服务等。一个人应对,相当于要在不同的模式之间转换,往往会把自己搞晕,时间一长,一定会顾此失彼,影响客户满意度。所以,企盈内部将VIP(贵宾)客户和外资客户列出,专门成立了服务团队,从工商服务到财务代理都由专门的团队负责。

我们现在对人员做了严格的分层。低端、中端、高端、外资,每一类代理记账人员和部门都是分开的,这样就可以建立起不同的服务体系和服务标准。

>> 代理记账服务体系

代理记账公司应该有两大管理体系:一个是质量控制体系,另一个是服务体系。简单地说,一个是质量标准,另一个是服务标准。质量标准,指的是专业性,我们给客户做的那些账必须符合中国的会计准则,符合客户的利益;服务标准,指的是怎么样在质量过关的情况下,让客户有很高的满意度和愉悦感。

企盈目前已经制定了代理记账的管理SOP(标准作业指导手册)。现在整个公司都建立了针对低端、中端、高端和外资代理记账产品的质量标准和服务标准,并且写入了SOP。

>> 人工智能对代理记账公司的影响

麦肯锡曾经做过一个预测,说到2025年,很多基础会计会被淘汰。随着人工智能的发展,电子发票也在不断发展,销项和进项都可以直接抓取,因此流转税这个税种可以直接申报。至于所得税,目前还是要由会计人员去做一些人工核算。但总体来说，未来的代理记账对会计人员的依赖一定会不断减少。

另外，现在各种会计软件、财税软件也在针对代理记账行业做不断开发，未来也会为代理记账行业提高工作效率带来非常大的帮助。

>> 其他财税服务

除了代理记账，财税服务还包括财务服务、税务服务、发票及相关服务等其他一些服务。

财务服务包括出具审计报告（找审计师事务所处理）、上门服务、理账、财务软件备案等。这些企盈都在系统中作为产品固化了。

税务服务的内容比较多，包括核定税种（税务报到）、汇算清缴、出口退税、个税申报、数字证书、税控器、代缴税款、税务筹划等。

发票及相关服务包括发票认证、代买发票、发票升级、开票系统维护等。

以上这些财税服务，企盈在摩羲云系统中进行了一级、二级、三级分类，并做了初始化，每个公司根据自己的实际需求定义价格即可。

思考题

你的代理记账公司属于哪一种定位，是做低端、中端还是高端，或者是都做？还是有其他独特的定位？

第 65 讲 | 税务筹划：如何合法赚钱

税务筹划是在打“擦边球”吗？

摩羲云九宫格中第二格“财税服务”中有一个特别的分类，叫税务筹划。因为税务筹划在部分地区代理记账公司的经营中占了非常大的比重，对从业人员的专业度要求比较高，所以，这一讲我想专门讲下税务筹划这个产品。

美国的每个州都有对税收政策的立法权，所以税务筹划在美国的需求非常大。中国的地区之间也存在各种不同的情况，所以税务筹划在中国也是一项非常重要的工作。然而在中国，税务筹划尚处于初级阶段。

>> 税务策划的分类

税务筹划可分为内部的税务策划和外部的税务筹划。

1. 内部的税务筹划

所谓内部的税务筹划，主要是指一家公司已经建账，业务已经成形，那么在内部，可以通过一些政策方式帮助其实施避税。例如，卖东西都有售后服务，尤其是大型设备，把贸易和服务分开就能合理避税，关键问题是业务合同如何签署，这就需要我们对客户公司的业务有所了解。又如设备租赁，是否按照有形动产租赁纳税要看业务本质，择优而定。

在客户咨询公司注册时，我们就应当帮助客户设定经营范围、核定税种、拟订业务合同从而符合税法的要求，合理避税。这也是“黄金 60 秒”的具体体现。

2. 外部的税务筹划

目前，外部的税务筹划最常见的方式就是采取个人独资企业和合伙企业个税代征的方法，具体就不展开了，这里主要通过几个反面典型来提醒大家注意。

第一，虚开发票。没有真实的业务发生，就是虚开发票。合法开票通常的判断标准是业务流、资金流、物流一致。也就是说，业务合同清晰，与合同对应的甲方和乙方的资金流匹配，如果是贸易公司，则与对应的货物的物流匹配。为避税而故意设计的虚开发票风险极大。

实际上，企业通过真实的内部组织重构，或者实施阿米巴，既可以实现组织优化，激发企业活力，又可以实现合理避税。公司的业务、财务、人事、法务可以聚在一起讨论综合解决方案。

第二，走极端。有的公司过度避税，实际上已经构成偷税漏税。例如，一家企业有200万元的实际利润，通过咨询费冲掉了180万元，最后只留20万元的账面利润，这样的风险实在太大。还有的公司明明有合法的解决方案却过度保守，不顾客户企业的成本，僵化地强调风险，实际上是对客户不负责。这两种情况都不可取。正确的做法是，仔细分析客户企业的业务，将不合理的部分进行合理规划，从而达到合理避税的效果。

第三，税收洼地。税收洼地是指如国内的西藏、新疆，国际上的英属维尔京群岛(BVI)等的避税地。但是现在这些税收洼地已经受到很大的限制。如果完全是以避税为目的把公司注册到这些地方，税务部门是不认可的。

盈利模式

代理记账公司经营税务筹划这一产品的盈利模式有以下两种：

一种是在帮客户做税务筹划后，从客户省下的钱中收取一定比例的服务费，如10%；也可以直接收取财务咨询费。

另一种是与地方政府签订招商服务外包合同，帮政府引进一些企业到当地园区注册。这些企业会给园区产生地方税，相应的，政府会给代理记账公司招商服务费。这本质上是政府采购，是一种政府服务外包。

相对于美国，税务筹划产品在中国尚处于起步阶段，甚至还有很多“灰色地带”亟待逐步规范，直至专业化、阳光化。

思考题

你的公司做过税务筹划的业务吗？你怎么看待这项业务？

第 66 讲 | 知识产权产品：拼通过率

商标注册，你的通过率是多少？

摩羲云九宫格中的第五格是知识产权（如图 7－5 所示）。

板块	大类	产品	描述
知识产权	商标	商标注册	
		商标转让	
		商标变更	
		商标续展	
		商标复审	
		商标撤三	
		自定义	
	著作权	版权申请	
		软著申请	
		自定义	
	专利	专利申请	
		自定义	

图 7－5　知识产权产品

知识产权产品主要分为三类：商标、专利和著作权。目前，行业里只有少部分代理记账公司在做这类产品，一方面是因为做这项业务需要营业执照上有专门的知识产权经营范围，另一方面是因为涉及知识产权方面的一些业务，如商标的诉讼或者一些复杂的专利申请，一般的代理记账公司没有能力做，目前在做的知识产权产品大部分是商标注册。

>> 做知识产权产品的好处

知识产权产品的专业门槛不高，而且产品客户大部分源自公司的老客户，即在我们这儿办注册、做代理记账，顺便找我们把知识产权的申请也做掉，这就等于重复利用了原有的客户，因此没有获客成本。这正是企盈做知识产权产品的重要原因。

对于企盈这样的代理记账公司，获客成本是特别高的，那么该如何降低获客成本呢？一是提高注册公司和代理记账的直接销售转化率；二是一次获客，提供多个产品，以此分摊获客成本。知识产权就是这样一个可以分摊获客成本的好产品。

做知识产权产品有三个明显的好处：一是客户的信任度比较高，因为他们本身就是我们已经在服务的客户；二是多了一个产品，员工的提成会增加，有利于稳定员工队伍；三是客户在我们这儿绑定多种服务，客户的黏度会增强。

>> 如何经营知识产权产品

1. 定价

这里要明确一点，就是我们没有必要跟商标公司比价格。因为我们是为我们现存的客户服务，能帮客户省却一项搜索和比较成本。老客户找我们做商标注册，说明他信任我们，如果我们能确保专业的话，在定价上就没有必要采取低价策略。

2. 拼通过率

我们所做的知识产权产品不拼量。其实，我们的知识产权产品本身是从其他业务的老客户转化而来的，也不可能有很大的量。我们要拼的是通过率，背后的逻辑就是专业服务。如果客户出了钱找我们去申请一个商标，结果等了很久又没通过，对客户来说，给我们的钱是小事，耽误了他的业务发展才是难以估量的损失。因此，我们必须把商标申请的通过率做高。有了高通过率，客户体验就会好，就更有利于留住老客户，从而带来更多转介绍。

说到这里，我从人力资源管理的角度补充一点：商标注册部门是一个非常小的部门。企盈现在的商标注册部门大概有 3～4 个人，他们每年贡献的利润约 100 万元。商标注册部门虽然不是公司的主营业务部门，但这个部门的利润不错，在这种情况下，管理就很重要了。企盈现在让商标注册部门独立核算，也就是用阿米巴的模式，部门负责人就有很强的积极性去做好这件事情。

知识产权产品如何做得更深入

目前，企盈在知识产权产品方面只做了商标注册这样一个最基本的业务，深度是远远不够的。未来怎样才能做得更深入呢？我觉得有两个办法：

第一，成立律师事务所，或者与律师事务所合作。把知识产权产品放到律师事务所的板块中，吸纳法律人才，很多知识产权业务就都可以做了。

第二，由大公司把这项业务平台化，让其他代理记账公司共享知识产权产品团队。如果你的公司是一个 50 人以内的代理记账公司，专门成立部门做商标注册不是很划算，不仅人力资源成本很高，而且不专业。商标注册业务有一个特点，就是可以全国申报，那么如果大公司能把自己的商标产品和团队平台化，让同行共享，小的代理记账公司就可以把自己的客户带进来，在多提供一种产品给客户的同时，自己也可以赚钱，对大代理记账公司来说，多了客户来源，也有一定的价值。

思考题

你的公司做知识产权这个产品吗？开展情况如何？

第 67 讲 | 人事服务产品：拼转化率

>> 人事服务真的比代理记账赚钱吗

人事服务产品出现在摩羲云九宫格的第四格（如图 7 - 6 所示）。

板块	大类	产品	描述
人事服务	社保公积金	人事代理	社保、公积金代理
		社保开户	
		社保代理	
		公积金开户	
		公积金代理	
		挂靠（个人代缴社保和公积金）	
		社保审计	
		代办账户设立	
		自定义	
	居住证户口	代办居住证积分	
		代办居转户	
		代办非本地生源应届生落户	
		代办外国人“三证”	
		代办留学人员落户	
		自定义	
	劳务招聘	代发工资	
		劳务派遣	
		人员招聘	
		自定义	

图 7 - 6　人事服务产品

企盈从开始做人事服务产品至今，人事服务的客户已接近 2 000 家，一年的利润超过 100 万元，做这个业务的部门现在有 8 个员工，比财务代理的效率高。

人事服务产品到底做什么

目前，企盈对外承接的人事业务主要包括以下几类：

1. 社保、公积金业务

我们通常所称的人事代理，就是指社保、公积金代理，包括用工退工、医保卡申请、社保关系转移等；也包括一些一次性业务，如为新企业代办社保、公积金开户，具体内容包括代办账户设立、社保和公积金功能的数字证书、社保和公积金委托协议的拉取以及对应公积金建行协议的签订等。

2. 居住证和户口类业务

这类业务主要包括代办居住证积分、代办居转户、代办非本地应届生落户、代办外国人“三证”、代办留学人员落户等。

3. 劳务招聘类

这类业务主要包括代发工资、劳务派遣、人员招聘等。

人事服务产品的意义

人事服务是一个长期业务，一次获客，一次转化，就长期存在，而且客户还是预付费用的。这就是人事服务产品极具价值的地方。

人事服务产品该如何经营

与知识产权产品一样，人事服务产品的经营不拼价格和客户数量，而是拼转化率，看有多少注册公司和代理记账客户找我们做人事代理。企盈现在的转化率为15％～20％，也就是说，出100个执照，有15～20个会转化出人事服务产品。

那怎么转化呢？企盈是这样做的：理清客户需求，提供针对性的服务。

很多企业在开办的时候不了解人事，可能连基本的员工手册、劳动合同也不清楚。但这些又是不复杂的基础活儿，从客户的角度考虑，确实没有必要专门招聘一个人来做这些人事基础工作。那么，针对客户的这一需求，企盈为他们提供人事服务产品，为他们设计一些必要的人事制度、格式合同，如员工手册、考勤制度、劳动合同模板等；同时，为他们提供一些基本的人事业务方面的咨询，如社保、公积金、员工关系等的基本概念。这样，客户就可以在我们的帮助下，迅速拥有基本的人事服务保障。

要把人事服务做好，还有一个关键环节，就是怎么激励业务人员和会计积极主动地推进人事服务的转化。会计本身要做账，平时工作就很忙，怎么让他有意愿与手头的客户沟通，进一步转化出人事服务业务呢？企盈采取了三个比较简单的办法：

第一个办法就是奖励。业务人员或者会计只要转化出一个人事服务客户，就会获得持续的奖励。我们前面在拆解客户鱼骨图、讲服务及营销和动车原理的时候都提过，财务代理和人事代理都属于可以给转介绍的长期激励的业务。

第二个办法就是给任务。人事代理服务和商标注册一样，是代理记账公司的辅营业务，本身不获客，但通过重复利用一个客户把业务做起来后，又可以从整体上摊薄代理记账公司的获客成本，因此从公司的角度来讲，这是一个战略性的任务，需要全员参与。所以，企盈规定每个业务人员和会计一年至少要转介绍成一单人事业务。如果做不到，那么他所在的部门年底就不能评优秀团队，而他个人也不能评优秀个人。现在在企盈，大家基本上能完成这个指标，而且一旦全员形成习惯，人事服务的业务量就会快速增长，效果非常好。

第三个办法就是老板重视。我非常重视人事服务业务，大会小会上都会强调。每当员工第一次转介绍人事业务成功，我都会亲自发个红包，在鼓励这名员工的同时，对其他员工起到很强的示范效应。

>> 人事业务部门的管理

与商标部门一样，企盈的人事部门也实行阿米巴，部门中的 8 个人分成两个小组，设更小一级的阿米巴，把内部的竞争激励机制做好。

企盈代理记账部门和业务部门的会议，人事服务部门的阿米巴组织都会参与，并且宣讲他们的人事业务。这样，把代理记账部门和业务部门做客户转介绍的积极性也激发出来，转化率也就进一步提高了。

思考题

你怎么看待人事代理产品和服务？你想开展这项业务吗？

第 68 讲 | 综合企业服务平台如何炼成

怎样才能形成一个综合企业服务平台？

法律服务

摩羲云九宫格中的法律服务产品如图 7－7 所示。

板块	大类	产品	描述
法律服务	法律服务	法律顾问	
		法律咨询	
		自定义	

图 7－7　法律服务产品

法律服务可以分为两大类：诉讼业务和非诉讼业务。诉讼业务只有律师事务所才能做，而有些非诉讼业务，我们可以成立法律咨询公司来经营。

代理记账公司开展法律业务需要注意以下几点：

第一，法律业务也是长期业务，非常值得我们去做。

第二，法律业务虽然低频，但是随着人们法律意识的增强，这是一个比较好的切入机会。

第三，传统的法律服务需要与专业律师合作，但大部分律师对大客户感兴趣，那么，对小企业感兴趣的律师就是我们合作的对象。

第四，互联网法律服务是个趋势，但目前还没有找到从根本上提高效率的方法。

企盈与律师合作成立了法律咨询公司，尝试法律服务业务，主要包括：(1) 传统的常年法律顾问，收顾问费；(2) 基于社群的基础法律服务，用“治未病”的逻辑帮助创业者在一开始就规避一些法律问题，不要进入诉讼阶段；(3) 法律服务在线课程。

银行服务产品

摩羲云九宫格中的银行服务产品如图 7－8 所示。

板块	大类	产品	描述
银行服务	银行服务	银行开户	
		银行回单	
		银行账户注销	
		自定义	

图 7－8　银行服务产品

银行服务主要包括银行开户、银行回单、支付、银行账户注销。

关于支付业务，上海代理记账行业协会的王友军会长正在起草支付服务标准，我们期待这个标准能够指导代理记账行业的实践。

培训

摩羲云九宫格中的培训产品如图 7－9 所示。

板块	大类	产品	描述
培训	职业技能培训	会计职称培训	
		自定义	
	业务培训	汇算清缴培训	
		税务筹划培训	
		营销管理培训	
		自定义	

图 7－9　培训产品

培训的模式比较简单——招生、收费，主要包括会计培训和业务培训。例如，河北省代理记账行业协会王娅嵋会长的顺捷集团就与学校合作办会计培训，非常有特色。

许可证业务

摩羲云九宫格中的行业资质许可证产品如图 7－10 所示。

板块	大类	产品	描述
行业资质许可证	医疗类	医疗器械许可证	
		药品经营许可证	
		药品生产许可证	
		医疗机构执业许可证	
		公共场所卫生许可证	
		自定义	
	食品类	食品生产许可证	
		食品流通许可证	
		酒类零售经营许可证	
		酒类批发经营许可证	
		餐饮服务许可证	
		自定义	
	建筑类	建筑业企业资质证书	
		安全生产许可证	
		自定义	
	人力资源类	人力资源服务许可证	
		劳务派遣许可证	
		保安服务许可证	
		人才中介经营许可证	
		自定义	
	文化类	模特经纪许可证	
		演出经纪许可证	
		互联网出版许可证	
		出版物经营许可证	
		网吧经营许可证	
		游戏出版备案	
		ICP经营许可证	
		广告经营许可证	
		办学许可证	
		自定义	
	物流类	道路运输许可证	
		快递经营许可证	
	旅游类	国际旅行社业务经营许可证	
		国内旅行社业务经营许可证	
	教育类	民办学校办学许可证	
		自定义	
	金融类	经营保险代理业务许可证	
		经营保险经纪业务许可证	
		进出口备案	
		自定义	
	其他	消毒产品生产企业卫生许可证	
		公共场所卫生许可证	
		危险化学品经营许可证	
		上海市特种行业许可证	
		自定义	

图 7－10　行业资质许可证产品

许可证业务的范围非常广泛，包括：(1) 医疗类(医疗器械、药品生产、药品经营、医疗机构、公共场所卫生)；(2) 食品类(食品生产、食品流通、酒类零售经营与批发经营、餐饮服务)；(3) 建筑类(建筑工程、建筑设计)；(4) 人力资源类(人力资源服务、劳务派遣、保安服务、人才中介经营)；(5) 文化类(模特经纪、演出经纪、图书出版、ICP、游戏出版、互联网出版、网吧经营、广告经营等)；(6) 物流类(道路运输、快递)；(7) 旅游类(国内旅行社、国际旅行社)；(8) 教育类(成人培训、幼儿培训)；(9) 金融类(商业保理、保险经纪与代理、进出口备案)；等等。

其他

摩羲云九宫格中的其他产品如图 7－11 所示。

板块	大类	产品	描述
其他服务	加急	加急	
		自定义	
	刻章	普通公章	
		光敏公章	
		普通章1套[公章、财务章、法人章]	
		光敏章1套[公章、财务章、法人章]	
		普通发票章	
		光敏发票章	
		法人章	
		财务专用章	
		普通合同章	
		光敏合同章	
		自定义	
	遗失补办	证照补办	
		印章补办	
		自定义	
	异常处理	工商异常处理	
		税务异常处理	
		自定义	

图 7－11　其他产品

这个“其他”中，其实有很多是代理记账行业很重要的服务，包括：

（1）加急。时间成本是很重要的客户成本，有时会影响客户的收款甚至经营。所以，帮客户加急办理是非常重要的。

（2）刻章。刻章包括很多产品：普通章、光敏章；公章、法人章、财务专用章、合同专用章；一枚章、一套章。

（3）遗失补办。这个包括章遗失、证照遗失补办等。

（4）异常处理。这个包括工商异常、税务异常的处理等。

这些产品往往与前面八大类产品同时在协议中签署。

金融产品

企盈目前没有做金融产品，但金融产品实际上利润不错，有些已经在做的同行，如成都的“顶呱呱”做得不错，所以，这个产品的未来一定很美好。

那么，我们该怎样把这个产品做好，使它成为代理记账公司的一个盈利模式？

第一，小微企业是不错的对象。小微企业是法人，这个法人与其法定代表人之间有着千丝万缕的联系，如果有个人的征信记录，还有法人的一些税务记录，我们就有很大的机会来做自然人和法人结合起来的贷款。这在未来是一个很好的方向，市场非常巨大。

第二，代理记账公司普遍缺乏技术支持，数据很难获取。没有数据，全靠手工很难得出准确的分析结论，也就很难把金融产品真正做好。因此，未来一定要通过一个系统，把代理记账公司的各种数据整合起来形成大数据，从而实现金融业务的产品下沉，然后把产品转化出价值，以增加代理记账公司的利润点。

第三，由于代理记账公司普遍规模较小，因此未来一定要与一些大平台合作，或者集聚在一些相对大的平台上。通过平台，与更多金融产品对接，让这些金融产品满足客户的需求，这才是我们最终能够把金融产品做好的一个方向。

我在这里抛砖引玉，希望引起大家的重视，集思广益，一起把金融产品也做成代理记账公司服务客户的一个“拳头产品”。

思考题

本章的这些综合服务产品，你的公司做了哪几个？

第 69 讲 | 代理记账定价背后的逻辑：战略决定价格

如何让客户不讨价还价？

代理记账行业的服务与其他行业的服务一样，什么样的产品、服务对应什么样的价格；另外，同一个业务在不同的公司，定价策略也会不同。所以，不能简单地说是便宜的好，还是贵的好。

>> 先谈产品再谈价格

价格的高低一定是与产品相匹配的。如果产品清晰了，那么价格也就清晰了。

湖畔大学的梁宁在她的音频课程“产品三十讲”中，把产品的用户体验从外在到核心分成了五个层级，分别是感知、角色、资源、能力与价值观。这五个层级的产品体验不同，意味着产品定价的差异。根据代理记账行业的特点，我们将公司的产品体验对应地简化成以下四个层级进行分析：

第一层：感知。

客户对产品的感知是产品用户体验最外面的一层。例如，客户要注册一家公司，我们帮他注册好了，这就是感知。客户对服务过程的直观感知就是客户付费理由的第一层，也是产品定价逻辑的第一层。

第二层：角色。

客户在感知产品的过程中，除了直观感知以外，还会对产品有其他层面的考察。例如，客户在与我们的员工接触的时候，在他眼中，我们的员工是什么样的角色呢？是冷漠的、不耐烦的、不专业的，还是热情的、周到的、急他所急的？正如我之前讲到的服务鱼骨图，提升各个服务环节的水平，本质上就是在提升员工在客户眼中的这个“角色”的价值。角色价值高，产品的定价就可以高；角色价值低，自然就开不起价钱。员工角色价值的高低，归根结底是由公司底层的战略决定的。

第三、第四层：资源和能力。

公司底层的战略重点决定了在代理记账产品的各个服务环节中怎样配备能力和资源。例如服务鱼骨图中的前台接待、税务报到等环节，如果公司的底层战略是要把这些环节做成营销机会，那自然会在这些环节上配备更多能力和资源，之后，员工就会在不同的环节上呈现比之前更好的角色形象，然后我们再用制度的方式把这个角色形象固化，这样，从客户的角度看，其产品体验就会明显提升。相应的，这个产品的定价方式就会不一样了。

所以，公司战略与产品定价之间的关系是战略决定价格。

>> 代理记账行业的定价策略

不同的公司有不同的战略，也就有了各种各样的定价策略，以下是常见的四种：

1. 成本定价

代理记账行业中有一类公司只做公司注册和变更，或者只做代理记账，其他都不做。在这种战略思路下，产品就得用成本来定价，即要考虑做一个注册、变更，成本是多少，或者代理记账会计的人力成本和办公成本是多少，然后通过成本来反推价格。

2. 入口定价

代理记账行业中有一种多业务平台，类似企盈，业务从公司注册入手，再做代理记账、人事代理、商标、税务筹划等，在这种情况下，产品的定价就不能简单地根据各项业务的成本来反推了。

就拿公司注册这个业务而言，它在公司的整个业务链条中变成了一个入口，那这个入口产品的价格一定要低，如企盈做公司注册，在上海的收费基本为 500 元/次。这个定价能否成立与后续的业务能力和资源有关。如果后续公司还有在此基础上的代理记账、税务筹划等收入，或者有政府的补贴，也就是说，在别的地方得到很多，那么在入口向客户收得少就是可行的。

3. 套餐定价

这是代理记账公司常用的一个定价策略，最典型的就是公司注册和代理记账一起做。假设单独做公司注册是 2 000 元/次，单独做代理记账是 3 600 元/年，如果客户选择两项一起做,我们可能就只收 5 000 元,相比原来的总价 5 600 元便宜了 600 元,相当于优惠了 600 元注册费用,或者送了 2 个月的代理记账服务。

4. 高端定价

代理记账行业中还有一类公司专做高端业务。例如,有些公司只做外资客户,数量不多,但利润不少。那么,这种业务为了保证高利润,定价就必须高。而要定价高,就必须为客户提供真正高端的、让客户愿意接受的溢价服务,如高度专业、不容易被替代的个性化代理记账服务等。

不同的战略决定了公司会配备不同的能力和资源,也决定了员工以什么样的角色让客户感知到服务,最终,根据所有这些因素来给产品定价。这就是战略与定价之间的关系。

弄明白这个逻辑以后,我们就不用跟别人比价格了,因为你要的东西和他要的东西可能是不一样的,最重要的是要知道自己要做什么,那样才可以有针对性地去匹配相应的能力和资源。只要做到了这些,产品的价格就是合理的。

思考题

99 元/月的代理记账,你会如何应对?

第 70 讲 | 两个提高代理记账价格的故事

如何提高代理记账价格?

控制流失率是代理记账公司管理的重中之重。

客户流失的小故事

有一次,我们公司的一个会计跟他的主管说,一个客户要流失了。主管问他为什么,他回答说,客户公司的规模比以前大了,所以想请一个专职会计,再加上与我们的合同快到期了,就提出不再续约了。

主管听后,觉得有点可惜,就自己去问客户,为什么他们要请一个专职会计呢?客户说,其实他们的规模也并没有大多少,但公司现在多了个股东,想要把内账做好,所以他们想请一个专职的会计。再进一步了解:这个客户是从事餐饮行业的,餐饮行业因为成本很难有进项发票,所以很多是核定征收,内部现金流情况需要有真实的账目,需要对股东透明。

由此可见,客户要请专职会计的真正目的并不是因为规模扩大了,而是因为有多个股东,需要把内账做清楚。

主管一听客户是这个理由,就跟客户说:"您专门请一个会计,像在上海这个城市起码要五六千元一个月,还不是很专业,加上员工的社保、公积金、办公和管理,成本就上去了。而交给我们,不但能节省人员成本,还拥有一个团队在提供专业服务。您现在的主要精力都放在业务上面,没有工夫去管理会计,效果不是很好,专职会计的工作量也不饱和,是很不划算的。"

主管接着说:"要不内账您也交给我们做吧,我们也可以帮您做好,而且只收1 500元/月。这样比您单独在外面请一个会计至少要节省2/3。"

客户说:“那可以啊。”

最终,主管就带着会计到客户那边把合同签了。300 元/月的代理记账还是继续做,然后又增加了一份 1 500 元/月的合同,每个月上门一天。

原本要流失的一个客户,最后不仅挽回了,而且增加了一份更大的新合同。

>> 提高客户代理记账价格的故事

我们把客户分为零报税客户、普通客户和高端客户。

有一回在整理客户信息的时候,我们发现有这么一个客户,原本收费是 300 元/月,他一直是零报税,但是后来与客户沟通下来,发现它不同于一般的零报税客户:首先,这家公司一直在开发软件,所以之前半年是没有收入的,只有人员投入;其次,这家公司未来会有一个很大的融资计划,而且产品非常好;最后,这家公司的账目上有很多资金往来,但存在一些不合规的地方。例如,3 个股东都借款给这家公司,但账目上借款和投资款名目混乱,具体来说,这家公司原来有注册资金 100 万元,3 个股东是按 6∶3∶1 的比例投入的。后来这 100 万元用完了,融资资金还没到位,经过股东会决议,公司以向股东借款的方式筹集资金,继续做研发,借款金额为 100 万元,3 个股东还是按照 6∶3∶1 的比例掏钱。于是,大股东就借了 60 万元给公司,二股东借了 30 万元,三股东借了 10 万元。但具体操作时,大股东和二股东的钱是以借款的名义打给公司的,而三股东的 10 万元是用投资款的名义打进去的。这样,在会计处理上,这家公司的注册资金就变成了 110 万元。我们在发现这个问题之后,就让客户在账目上把三股东的 10 万元投资款退回,然后用借款再打进去。因为后来的 100 万元,要么统一是借款,要么统一是增资,否则与股东会决议不一致,会给日后的融资尽职调查带来不必要的麻烦。

此外,这个客户账上有很多资金往来。后来我们了解到,开发人员的工资都很高,一般为 20 000 元/月,但公司为了规避社保,只发 6 000 元/月,其他都是用现金发放,这显然是不合规的。借款出去了,没有发票进来,也没有做进工资,一个月大概平均有十几万元的费用挂在账上,这些钱也说不清去哪里了。类似种种不合规都会给日后的融资带来麻烦。

基于此,我们觉得这个客户不能简单地做零报税,考虑到未来要融资,所以解决上面两个问题对客户来说非常重要。于是,我们就让公司的注册会计师或者中级职称会计师把客户每个月的账都审一下，让它变得更合规。因为我们给客户增加了这项服务，代理记账费用就由原本的300元/月变成了2000元/月。

涨了代理记账费用之后，这个客户还非常感谢我们，觉得我们的提醒太及时了，幸亏我们帮它把这件事情做好了，不然后面会很麻烦。价格提高了，客户还感谢我们，这是多么美妙的感受啊！

与大家分享上述两个发生在企盈的真实故事，主要是想说明一点：价格的高低源于服务，源于战略。我们为客户做了什么，就会获得相应的价格。这就是"怎样提高代理记账价格"的答案。

>> 在哪些情况下可以提价

代理记账公司一般在哪些情况下可以提价呢？

工商服务中有"加急"的，或者一些特殊事项，如有一些名称要想办法通过的，遇到这些事情自然可以提价。除此之外，代理记账业务在以下情况下应该提价：

从外因看，最常见的就是客户的变化使我们的工作量和工作难度增加。例如，客户从小规模纳税人变成一般纳税人；客户以前没有出口退税，现在有了出口退税；客户以前只要求做外账和报税，现在还要求做内账；等等。

从内因看，由于我们主动深入了解客户、分析客户，触发了客户新的代理记账需求，由此带来服务价格的提升。上述两个小故事便是例子。

思考题

在你的实际工作中，有提高代理记账价格的案例吗？

第 71 讲 | 透明、及时：让渠道真的信任你

>> 渠道的本质就是合作

合作的本质就是，对你来说很难的事情但对对方来说很容易，也就是说，让对方在无比简单的情况下很轻松地赚到钱，这就是商业合作。

例如，对于代理记账公司，寻找意向客户是非常困难的，而找到意向客户以后把他们搞定反而是容易的；对于一些“孵化器”而言，找客户是容易的，客户会去那儿租房子，但是要满足客户多方面的经营需求是不容易的，因为如公司注册、代理记账等工商和财税服务都比较专业。那么，这里就存在一个合作点。

对于我们来说，如果“孵化器”有能力给我们提供客户，它就是我们需要开拓的渠道。

>> 怎么找到最适合的渠道

渠道分为线上渠道和线下渠道。线上渠道包括 BAT 这些大平台，以及代理记账行业内的一些平台。上述“孵化器”，以及各种能够给我们带来新客户的会计师事务所、律师事务所等就是我们的线下渠道。

不仅如此，代理记账行业的同行之间也是可以互为渠道的。因为代理记账行业中的企业极度分散，而且每个代理记账公司都有自己的优势和特点。例如在某个区域，有的公司在工商方面有业务优势，而有的公司在税务方面有业务优势；或者在另外一个区域，某一个公司外资业务做得特别棒，或者税务筹划方面有很好的产品和优势；等等。

一个公司很难把所有服务都做掉，可是有时候我们获取了这么一个客户，如涉及公司转让，那么就需要上游和下游的资源在整个行业中进行调配。如果业务接到了之后却没有承接方，这个客户就浪费了，从某种程度上说，是增加了公司的获客成

本，因为获客成本是靠一个个客户分摊的。因此，同行之间互为渠道是代理记账行业非常显著的一个特点。企盈现在至少有10%的客户单子是给同行消化的。在上海，我们几个同行会一起成立合资公司，去跟政府的园区签订招商合同，既提高了合作效率，也提高了各自的收益。

如何维护渠道

1. 怎么定义渠道

例如，一个客户在我们这里注册公司、代理记账，他又给我们介绍了一个新客户，那么原来这个客户是算转介绍，还是算一个渠道？我们内部是这么定义的：如果一个客户、个人或者单位一年内给我们介绍了3个以上的客户，我们就把它认定为渠道，我们就会主动地跟他签订渠道合作协议，按渠道的规则给他返佣。如果一个客户一年内给我们介绍了3个以内的客户，那么，当该客户第一次给我们介绍一个新客户时，我们给他发88.88元的红包，再介绍一次还是发88.88元的红包。如果介绍第三次，我们就会把它定义为渠道，会跟它签订渠道协议。之所以前两次给它发红包，是因为：第一，相比送一个月的代理记账费等对客户公司的让利，把这个红包发给直接介绍的人能够起到更实际的激励效果。第二，直接发红包给介绍人是给他一个惊喜，也显示出对他的尊重和感谢。

再小的渠道都应重视，并且设定类似的激励机制，推动全公司执行，长此以往，转介绍率一定会提高。

2. 给渠道的回馈要及时、透明

渠道把客户介绍给我们，我们跟这个客户处于什么状态？是成交了还是没成交？成交了什么业务？收了多少钱？渠道该得到多少佣金？这方面的回馈要及时、透明。

渠道的获客业务其实是一个低频的业务，有些渠道，如会计师事务所，可能一年只介绍一两个客户，即使如此，回馈也要及时、透明，让渠道感受到我们对它的重视，它才有意愿持续与我们合作，我们的获客和收益才能积少成多。

企盈专门做了一个与公司内部CRM系统对接的转介绍系统。渠道或者客户介绍人直接关注我们的微信公众号，就能够进入系统，并在里面直接看到它介绍给我们的新客户的业务进展情况，就如我们平常寄快递，可随时查看物流情况一样。有了这样一个系统，渠道的黏度就会提高，因为我们能够给他及时、透明的回馈，他做转介绍就会非常放心和有获得感。所以，用技术的手段去管理渠道非常重要。

3. 让渠道的工作尽可能简单

渠道把客户推荐给我们，那些专业性的工作应该由我们自己完成，不要让渠道做过多的工作。例如税务筹划，一定是我们去与客户做专业沟通，渠道只要做一个简单的推荐就可以拿到佣金。

思考题

你周围有哪些渠道？你是怎么维护渠道的？

第 72 讲 | 代理记账公司需要促销吗

代理记账费用是 3 300 元/年好，还是 3 600 元/年再送一个月好？

促销，顾名思义就是促进销售（Promotion），是市场营销“6P”理论中重要的一个因素。那么，代理记账公司需要促销吗？这得看每家公司的实际情况。但从行业大的范围来讲，促销是一定要做的。最重要的促销形式就是广告。

>> 代理记账公司的广告

代理记账公司的广告主要有两种形式：线上和线下。线上的广告，如百度投放；线下的广告，如在一些商业楼宇附近，或者工商局、税务局门口，张贴一些广告牌等，有的甚至在自己的私家车上也弄个广告牌。

做广告一定要弄明白一个问题：我们的广告是做给谁看的？

2011 年，我的企业正式更名为“企盈”。为了打响新品牌，促进销售，我选择在上海的 600 辆出租车上投放后窗广告，我们当时测算了一下，基本上上海的各个地方都能够看到“企盈”这个品牌，特别是相关行业的人，这对于我们新的企业品牌来说，一定是一个非常有影响力的宣传。后来我们到各个园区去谈业务的时候，园区都说知道我们。客户也经常会说，“我是坐在印着你们广告的出租车上过来的。”可见，广告起到了非常好的促进销售的作用。

投放广告时，做一下具体测算是很有必要的。例如在上海投放 100 辆出租车的后窗广告，效果就大打折扣，因为量太小、太分散了。当然，当时还没有同行做过出租车的广告，我是首先做的，这可能也是广告效果比较好的一个原因。

当时还有一个细节，就是我在做这个广告的时候，连公司电话都没留。后来有同行问我："你怎么这么傻，电话也不留一个。"我就跟他们解释说，我们这个广告的核心目的就是向园区、向客户做品牌宣传，既然如此，在出租车后窗这么有限的一块地方，我们应该删去一切冗余信息，只突出核心信息，把这个品牌做出去，让人家知道就好了。况且，即便留了电话，也不会真的有多少乘车的人会打这个电话的，所以不留电话不会有多少获客损失。

除了这个出租车后窗广告，为了做品牌宣传，我还建了一个网站，域名是71999999.net，取的是"企业长久"的寓意，提醒大家以后注册公司、代理记账，只要找这个名字好记的"企业长久"网站就可以了。

综上所述，公司在投广告的时候，要非常清楚广告是做给谁看的。

另外，做广告的方式也要接地气、有新意。成都有一家公司，在每次签代理记账客户时都会提出可以免 2 个月的代理记账费，但要求客户必须在公司窗外或者办公桌上放一个他们代理记账业务的广告牌，上面有二维码和联系方式等信息。试想，如果这家公司一个月有 500 个新客户的话，就多了 500 个广告，算下来，投放成本其实不高，而且由客户来帮忙打广告、做宣传，更具有说服力。

广告的形式还有很多，如从获客角度来说，线上的百度投放是最精准的。因为搜索相关词条的用户一定是对公司注册、代理记账没有经验但又有实际需求的潜在客户。

>> 代理记账公司品牌的建立与传播

品牌的价值是什么？就是减少客户的搜索和比较成本，从而带来溢价，这一点在前面的"顾客让渡价值"中已有阐述。

目前，国内还没有一家代理记账公司拥有家喻户晓的品牌，成为行业中的"龙头"企业。在这种情况下，公司的品牌要通过对客户的良好服务来建立和传播。

>> 产品促销

最常见的促销形式就是套餐。例如，注册公司的客户再做代理记账，或者再做商标注册，就会有一个套餐优惠。

还有一种形式，就是单个业务的优惠，如代理记账的业务赠送。例如一年的代理记账，原价是300元/月，总计3 600元，做促销方案时有两个选择：一个是收3 300元/年，相当于送了一个月；另一个是3 600元/年，一年之后再多送一个月。这两个方案哪个好？前一个是3 300元除以12，每个月275元；另一个是3 600元除以13，每个月接近277元。看上去两者的价格差得不多，但如果有10 000家客户，后者一年下来要多产生二三十万元的收益。显然，应该采用后一种方案。

促销陷阱

第一，不要因为促销而把整个公司的产品价格体系打乱，否则对客户和对业务人员的管理都会带来不必要的混乱。代理记账行业做的不是消费品，而是专业服务，促销应尽量少用。同样是专业服务行业，从来没听说过哪个医院经常搞促销打折的吧。

第二，不要掉入低价竞争的陷阱。优惠赠送本质上还是降价，降低的价格其实全是利润。因为不管这个客户是支付300元/月还是200元/月，公司的人工成本是一样的。所以，不要轻易用降价的方式促销。

思考题

你的代理记账公司做过哪些广告？

第 73 讲 | 理解政策与政府沟通：不是成本，而是代理记账公司的产品

我们可以通过哪些渠道与政府沟通?

>> 政府沟通是公司的产品

传统的市场营销中有“4P”理论，主要是指产品、价格、渠道和促销。随着市场营销理念的不断发展，这个理论又扩展到“6P”，增加了政府的权力和公共关系。这里，我把政府的权力和公共关系合在一起，简单地理解为与政府部门的沟通。

代理记账公司因为业务的特性，与政府沟通的频率很高。例如，我们常年要与工商、税务，或者政府的园区做沟通；如果要做许可证业务的话，还要与食品药品监督管理局等部门打交道。

我们之所以要与各类政府部门打交道，原因就在于我们提供给客户的产品中包含了这些工作。所以，它不是一个成本项，而是我们产品的一部分。既然是产品，就肯定要花成本、花精力去把它做好。只有把产品做好，客户才能满意，我们也才能向客户收费。

>> 政府和政府官员的诉求

第一，政绩。例如一个园区的主任，他的主要诉求往往是通过有效的招商引资，尽可能多地创造地方税收。因为我们国家采用的是分税制，这就决定了地方政府一定看重企业税收。所以如果有人想去某个地方投资，投资的方向与当地的产业导向相符，而且投资体量很大的话，当地的市长、市委书记可能会亲自接待。

尽管现在经济指标已经不再作为考核政绩的唯一指标，但如果没有经济收入，

政府拿什么去改善当地的民生？所以，政绩其实是政府非常明确的一个诉求。

第二，安全。政府的各个部门，不管是园区，还是工商、税务，都需要我们的协助。因为园区要完成它的招商引资目标，税务要完成它的征管目标，工商要完成它的工商管理目标。但我们协助政府达成这些目标必须是在安全的情况下，不能用非法的手段去做。就像当年万科的王石提出来的，我们坚决不行贿，坚决用正大光明的手段去拿地，我觉得这就是做企业真正该有的态度。

代理记账行业目前还没有那么大的体量，整个行业也没有那么规范。但我相信，如果我们明确了政府的诉求，致力于给他们带去一些工作便利，有助于提升一个地方的营商环境，那么政府就肯定愿意与我们合作。

>> 与政府沟通的目标

第一，对园区的沟通目标，我认为是要达成长期稳定的合作。因为长期合作有利于公司的持续经营。

第二，对工商、税务的沟通目标，我认为是要提高双方的效率。我们帮工商、税务提高效率的同时也是在提高我们自己的效率。

>> 与政府沟通的原则

第一，不行贿。作为一个企业，从有利于双方工作开展的角度，确实应该主动与政府走得近一些，这样才能沟通畅通、提高效率。但万事不可逾越法律的底线。

第二，经营靠市场，不靠政府。我们的重心是把产品和服务做好，用产品和服务去满足客户的需求，从客户那里赚钱，而不是总想着从政府那边赚钱。凡是强烈地依靠政府去从事经营的企业都很难长久。我们既要得到政府的支持，又不依靠政府，这才是正常的做企业的心态。

第三，真诚和“靠谱”。真诚和“靠谱”是与政府一切有效沟通的前提。

>> 通过什么渠道与政府沟通

第一，通过自身“靠谱”赢得推荐。当公司做到一定的规模后，自然会有人介绍我们、推荐我们去与政府沟通。当然前提还是“靠谱”。我们“靠谱”，朋友才会推荐。

第二，通过自下而上的沟通。我们可能在基层碰到一个问题解决不了，那就需要往上走，见到上一级领导，谋求进一步沟通。

第三，通过各种政府热线和媒体沟通。大家不要小看12366（纳税服务热线），还有每个地方的12345（市民服务热线），我们打一个电话进去，他们就会受理我们的事情，再逐层分发下去。这个时候，我们的事情其实就有了一个政府的监督渠道参与进来，反而可以促进具体的部门与我们开展比较高效的沟通。另外，现在还有一些新媒体，如政府的官方微博，其实也是非常好的沟通渠道。

第四，通过各种政府组织的活动沟通。政府经常会组织各种活动，如各种招商活动、工商税务活动等，目的是及时了解企业的诉求。我们经常会去参加这些活动，从中认识一些领导，碰到问题的时候就可以比较方便地沟通解决。

第五，通过行业协会沟通。我们现在的代理记账行业协会是在政府的支持下成立的，与政府有比较好的关系。例如，企盈2018年7月发生了一次大的火灾，有些发票烧毁了，客户的报税成了大问题。当时，上海市行业协会的王会长通过他的渠道帮我们联系到了税务局的领导，我们及时做了情况汇报，得到了税务局的帮助，妥善解决了很多问题。

思考题

你在与政府沟通的过程中遇到过哪些问题？你是怎么解决的？

第74讲 | 与政府沟通的四个故事

如何让政府领导喜欢你？

>> 关于“靠谱”的故事

这个故事的对象是政府的一个园区。我们与园区的合作方式一般是签一份招商服务协议，帮政府招商，然后政府给我们一定的招商服务费用。

记得有一次，我到某个园区谈合作。园区领导说：“我们现在迫切需要多引进一些质量高的企业，你来帮我们做招商，园区可以按照这些企业带来的地方税收，给予你一定比例的服务费用。”

当时我听完就觉得这个比例非常高，是一项很不错的合作收益。但我想了想，说：“我不需要这么高的比例。”然后我报了一个数字。当时领导就觉得很奇怪，问我为什么只要这个比例呢？别人来谈的时候，都是恨不得要更多。我说，从我们公司的角度来讲，我们需要长期的合作，而作为政府的领导，你也需要对上面有交代。更重要的是：我们的合作必须在政府允许的范围内，所以最好能达成一个彼此都有收益，但彼此又都不太有压力的合作方式，这样更有利于事情的可持续性。领导听了之后很高兴，觉得与我合作“靠谱”。所以直到现在，这个园区与我们的合作都是非常愉快的。

>> 关于“专业”的故事

有一段时间，上海出现了很多到国外去做展览的公司，我们也有这类客户。国外没有像中国这样的发票，而是有一个 Invoice①，与国内的发票不是同一样东西。

① 发票；（发货或服务）费用清单——《牛津词典》。

客户到国外去做展览，产生了很多费用，也就持有很多 Invoice，回来该怎么做账呢？对于这些 Invoice，当时很多税务局不太认可，很多东西不能抵扣，要用全额来缴税。于是，我开始收集与展览相关，特别是与到国外去展览相关的税收法律法规，从中找到相关依据，也找到了相关案例。收集好这些资料后，我就亲自拿到税务局去沟通。

我把这些资料给专管员看，专管员觉得这件事他做不了主。于是我就去找主管业务的副所长，把这些资料一一呈现给他，并且有理有据地向他解释。无论副所长听了之后认不认可，至少有一点是肯定的，我的专业性得到了他的认可。

其实，并不是副所长没我专业，而是一个税务所要管的各个种类的企业实在太多了，他根本没有精力像我一样收集一个领域这么多的资料。所以之前的操作中，很多东西在没有厘清之前，他也不敢做决定。当我把所有资料收集齐，解释清楚后，副所长说："这样，按你们的资料，每个出去的展览，就按项目核算，你们的这一部分内容，成本是可以做抵扣的，但是这些资料，每个点、每个项目都要做项目说明，我们就按项目来核算。"到这里，其实客户的诉求就得到了解决。

>> 关于"情怀"的故事

有一次我与一位财政局的领导沟通政府采购的事，过程中就跟他聊到代理记账行业。我说，代理记账行业其实是不 low 的，它对社会有很大的贡献。全国三千多万家中小企业①，大约有 70%，也就是 2 000 万家是代理记账的。那么，我们代理记账公司其实服务了很多比较优秀的中小企业；不仅如此，在"双创"的背景下，我们也帮政府做了很多事，如"营改增"的时候，我们就帮政府做了大量的税务政策宣传。然后，我还把我对中国财政政策的理解和看法与他进行了交流，如分税制有哪些好处、对小微企业的政策该怎么解读和执行等。

聊完他就觉得，这么认真的一个企业家在这么认真地做这个行业，是一件很有情怀的事。然后，他就对我说："你这个公司肯定是'靠谱'的，肯定会做得很大的。"当领导对你有了这种印象后，未来再要与他沟通其他的工作细节就会方便很多。

>> 关于"高雅"的故事

多年前，我和政府的园区、工商、税务等几个部门的领导一起去湖南考察。经过

① 国家市场监督总局：《2018 年上半年市场环境形势分析报告》。

长沙的时候，我们想稍做停留，顺便到湘潭的毛泽东故居参观。当时在长沙有半天时间是没有行程安排的。我说："领导们，我带你们去一个地方。"大家知道我带他们去了哪里吗？我带他们去了湖南省博物馆，里面有很多马王堆汉墓出土的珍贵文物。到了那里，我请了一个专业的讲解员给大家讲解（湖南省博物馆是免费参观的）。听完两个小时的讲解，同行的领导们都感到非常震撼。原来这个马王堆汉墓这么不得了，很大程度上展现了中国悠久而辉煌的历史文明。

为什么我要带领导们去博物馆呢？因为我想让他们感觉到我和别人不一样，平时很多人都想请领导去吃饭、去 KTV，而我请他们去博物馆，这个娱乐形式就高雅得多了。

这么多年过去了，现在碰到那些领导，他们还念念不忘当年一个小伙子带他们去的那个地方。这些领导中，有一些当年可能只是一个专管员，所以，我现在与他们沟通起来就非常顺畅。

思考题

你平时是怎么与政府沟通的？有没有比较好的故事和经历？

第75讲 | 如何帮客户与政府沟通

哪些客户，我们该帮他与政府沟通？

很多时候我们与政府打交道主要是帮客户去做沟通。

了解客户的情况

要帮助客户去与政府沟通，客户的情况我们必须非常了解。

客户要求我们去与政府沟通的情况形形色色，大概有以下四类：

第一类，政策咨询。有时候因为客户有意无意隐瞒了一些情况而导致我们后续与政府沟通遇到困难。所以在去沟通之前，我们必须非常清楚地了解客户的具体情况，以及它碰到的到底是怎样的问题。例如，我们要帮客户去沟通返利模式涉及的一些税务问题，这种新兴的商业模式，也许税务部门的工作中还没碰到过，那么我们在去沟通之前，一定要向客户了解清楚具体情况，再看怎么解决、怎么沟通。

第二类，客户异常。例如，客户碰到工商纠纷，甚至营业执照已经过期了；又如，客户有一段时间出国，导致无法报税，或者忘了年报公示；等等。这些情况都需要我们帮客户去与政府沟通。

第三类，客户有违规违法行为。例如，客户自己开了假发票，结果出了事，就会想到找我们去帮忙沟通。如果客户想通过与政府沟通达到非法的目的，那我们必须坚决拒绝帮忙。

第四类，加急或协助。例如，营业执照加急办理等。

客户找我们帮他与政府部门沟通到底属于哪一种情况必须提前了解清楚，因为不同的情况需要采用不同的解决方案。

重要的事情说三遍：专业、专业、专业

与政府沟通一定要非常专业，一定要在事前做好充足的准备，以提高沟通效率。

一家代理记账公司如果做到了专业，政府能感知到，客户也能感知到。如果我们不够专业，那客户就会觉得找我们毫无意义，政府也就不会费时费力地帮我们解决问题，从沟通的成效和关系的维护角度来看，都是不妥的。

客户到场的好处

有时候碰到特别紧急的事情，让客户亲自到场的效果会更好。

例如，客户的章丢了或者急着要买发票，要我们去加急解决。如果只是我们去与政府沟通，那无论是税务专管员，还是工商部门的人员，他们首先感知到的也许是我们要赚钱，那他们就没有必要对我们特殊对待，照章办事就可以了。但如果客户亲自去沟通，税务专管员、工商部门的人员就会感知到客户确实很重视这件事，确实到了不得不解决的程度。在这种情况下，他们可能就愿意帮忙加急办理了。

预防工作更重要

《孙子兵法》是我国历史上一部伟大的兵书，讲的是如何打仗。但是，《孙子兵法》的核心观点是尽量不要打仗。

生病了就要去看病，但最好的状态是平时多锻炼，保持健康，尽量不要去看病。

代理记账公司的工商和税务的很多事项也是一样的，做好预防，尽量不要出事，不要总是去找政府沟通，做各种补救。例如年报公示，我们会反复提醒客户不做的后果，把利弊得失讲明白，防患于未然。

那么，如果真的出了事儿，该怎么办？前面讲的专业地去沟通解决当然是必要的。除此之外，我们还必须做事后的教训总结和案例宣传，这样对员工也好，对客户也好，都能起到警示作用，避免以后再出现类似的情况。

思考题

你的客户有哪些共性问题？哪些问题是可以预先防范的？

第 76 讲 | 员工该如何与公务员打交道

员工该如何与公务员打交道?

前几讲的内容大部分是代理记账公司的老板该怎么与政府沟通。但平时我们做各种注册、变更、报税等业务,主要是由公司的员工去与工商、税务等部门的基层公务员打交道。所以,这一讲我来说一说公司的员工该怎么与基层公务员沟通。

>> 我们了解公务员吗

既然要与基层公务员沟通,就要对这个群体有一定的了解。据我所知,基层公务员普遍存在以下两个特点:一是工作压力比较大,大量事务性的工作,以及日益提高的工作要求,经常会让他们处于疲于应付的高压状态。二是待遇一般。从这两点来看,很多基层公务员的状态并不舒适,他们在工作中经常是充满焦虑的。

>> 基层公务员工作上的诉求

我观察下来,基层公务员有以下两个方面的明显诉求:

第一个是安全。基层公务员特别需要工作上的安全感。我们有一些同行遇上事就想行贿、通关系,人家不肯收,他还一厢情愿地想"肯定是给少了,关系没到位"。其实,他的这种做法会让基层公务员非常没有安全感,导致不愿意与他多打交道。

基层公务员还有一种不安全感,就是有人找他帮忙,但事情太不"靠谱",不断浪费他的时间和精力。关于这一点,我一直向我的员工强调,当他们需要找基层公务员帮忙解决问题的时候,一是自己要专业,二是事情一定要"靠谱"。

第二个是省事。找基层公务员帮忙的事一定要简单,让他们能轻易地帮你处理掉。要做到这一点,就要提前做很多准备工作,务必把问题化繁为简后再去找他们沟通。

>> 将心比心地沟通

企盈曾经有一个工作经验不足的财务小姑娘，某个月忘了将一张客户的发票抵扣进去，导致客户当月的税收要多缴。尽管这张发票下个月还可以抵扣，可是当月要多缴税这件事客户很难接受。该怎么处理呢？

这个小姑娘自己先去找了税务专管员，但是搞不定。那个时候因为公司规模小，人也不多，我就亲自带她去税务局沟通。

对方是一个 50 岁左右的专管员大叔。一开始他的态度很不好，类似“你们自己搞错了，你们自己去处理”的话讲了一大堆。我首先向他道歉，说我们这个小姑娘确实比较粗心，把这么简单的事搞错了，给你添麻烦了。然后，我对他说：“你看，这个小姑娘也不容易，年龄估计跟你的女儿差不多，刚开始工作，社会经验不足，总会碰到一些问题的，以后慢慢就好了。你看你能不能想办法帮她一下，就像帮你女儿一样。”当我说这句话的时候，我感觉他的表情变了，他的心软了下来。谁家里没有孩子，哪个孩子在外面不会碰到些困难。当我用将心比心的办法去沟通的时候，他就能理解和通融了。最后，这位专管员大叔说：“行，你们赶快把材料准备好，我帮你们做一次抵扣的补申报。”

>> 必要的时候直接与领导沟通

如果员工遇到了基层公务员实在解决不了的问题，我支持他们去找领导解决。领导可以自己直接去找，也可以通过别人介绍。

找领导固然更有利于问题的解决，但我们也要把握一个原则，不要总是让领导去帮你解决问题，凡是基层公务员能够解决的问题就在基层解决。因为谁都不愿意做领导压下来的事情，而且领导也不愿意每次都为了一些小事去协调。

▶思考题

你公司的员工是怎么与基层公务员沟通的？碰到问题又是怎么解决的？

第 77 讲 | 为什么代理记账公司应该重视微信运营

如何玩转微信？

微信营销到底 low 不 low

从公司发展的角度出发，一个新的营销方式既合法，又合乎道德，然后经过一些同行公司的实践证明是非常有效的，那为什么不用呢？如果它本身很有效果，而你却觉得很 low，那只能说明你已经落后于时代了。

在我看来，微信营销 low 不 low 不重要，有没有效果才重要。

为什么要重视微信营销

哪个手机 APP 我们每天打开的频率最高？是微信，对不对？想找人聊天、沟通事情，或者想看看有没有人找我们，或者想分享一些见闻，都是打开微信，对不对？所以在当前这个时代，打开微信已成为大多数人的日常习惯。

如本书第 1 讲所述，截至 2018 年年底，我国的各类市场主体已经达到 1.1 亿，成年人中约每 34 个人就拥有一家企业，北京、上海、广州、深圳等一线城市的这个数字更大。这么大的人均企业数量，而每家企业上至老板、下至员工，几乎人人用微信，这就意味着，我们通过微信是很容易触及这些企业客户的。这是代理记账公司应该重视微信营销的一个数据基础。

员工的微信好友也是营销对象

员工的微信好友大致有两类人：

第一类是客户。由于工作原因，企盈员工的微信中一般有很多客户好友，这其实是天然的微信营销资源。不仅如此，这些客户好友中，一部分本身就是老板，而客户老板的微信好友中，开公司做老板的比例会比一般人高出许多。如果这些老板好友愿意转介绍身边的朋友来找我们做公司注册、代理记账，这个获客概率是不是就会很高？

酒香也怕巷子深，我们在努力做好服务后，如果能够借助微信营销这样的新手段去更好地触及客户，获取客户，是不是就更好啦？

第二类是同学、家人和朋友等。虽然这些私人好友与员工的工作没有直接关系，但我们依然可以从微信营销的角度做些分析。

我们员工微信里的这些私人好友是不是知道他所在的公司可以做注册公司、代理记账、商标注册、人事服务、税务筹划这些业务？我们曾做过调查，至少有一半以上的员工的微信好友中的家人、朋友和同学等并不知道这个员工具体是做什么的，他的公司可以做哪些业务。

我们拼命地在外面找客户，到处宣传我们的业务，而回过头来，我们自己公司员工的人际资源却没有好好利用起来，这是多么浪费啊！而要把这些资源利用起来，只需要每个员工把微信运营好就可以了。因为员工微信中的私人好友大部分与员工的关系十分亲密，彼此之间有非常强的信任基础。员工不用太过刻意地去推销，只要时不时发发朋友圈，让他的好友们知道他在做什么，知道他的公司有什么样的业务、什么样的产品，一旦有谁碰巧有这个需求了，就很有可能会联系他，商机也就出现了。更重要的是，有了这个营销意识后，我们的员工平时在与他的家人、朋友、同学聚餐、聚会的时候，也可以顺带聊一聊这个话题，拉近他的微信好友和我们公司产品之间的距离，以提高获客概率。

思考题

做一个调研，看看你公司的员工，特别是会计的微信好友中，有多少人知道他可以做公司注册、代理记账、商标注册等业务。

第 78 讲 | 微信营销，从加好友开始

工作手机该如何管理？

微信营销需要有好友量做基础，然后才有转化比例。所以，微信营销要从加好友开始。

>> 先相信，再执行

关于微信营销，老板自己要先相信能成功，然后带领公司的团队一起相信。

现在很多营销做得好的公司把微信应用到了极致，如厦门满亿、广州金不换等。推行微信营销之初，我曾带我们的团队去参观学习，让他们能够亲身地感知到，原来微信营销真的可以做得好，原来一个普通财务一个月也可以获取 10 个以上的转介绍代理记账客户。

“人家已经做到了”，有了这么一个认识，团队就相信微信营销能做好，回来再想办法就相对容易了。

>> 怎样增加好友数量

1. 在执行之前要做好充分的准备

在准备工作中，我觉得最重要的一点是要让员工清楚“我加了微信有什么好处”。这个就涉及公司薪酬体系的调整。例如，以前介绍一个客户，公司给他一个月的代理费作为奖金，那么现在是不是可以把这个提成变成长期的？我是非常赞同用动车原理的，给员工设定的激励机制应该与公司的长期激励一致，这样，员工相当于是自己的 CEO，就会有很大的积极性去做微信营销。

2. 准备工作做好后要做全员动员

我建议通过会议的形式进行全员动员，讲微信营销的重要性，讲它的好处，讲它的未来。大部分代理记账公司过去是比较传统的公司，财务通常比较内向，想在一瞬间就激发出所有员工的积极性，让他们全都很热烈地响应不太现实。正因为此，我们更需要动员。只有在做好全员动员以后，才能开始实施。

3. 制订计划和目标

对于加好友，最简单的一个目标是每天加多少个微信好友。企盈现在给会计定的最低考核标准是每天加 4 个好友，主管每天加 8 个好友。实践下来，我们有的主管一周能加到 200 个以上好友。

4. 协助员工执行

（1）由易到难，循序渐进。很多会计的性格非常内敛，觉得发个工作内容的朋友圈像是在做广告；主动加好友也很害羞，“平常都是别人来加我，别人加我，我都还不愿意通过的，现在突然间要主动去加别人……”这需要一个适应的过程。我们现在的办法是，至少每天加 2 个好友，从加同事、朋友、亲戚开始，慢慢养成习惯。如果连 2 个好友都加不到、不肯加，那就是态度问题了。等每天加 2 个好友不成问题了，再增加到 4 个，就这样循序渐进地去做，由易到难地去做。

（2）每周看结果。我们的每个员工都要配备工作手机，每周都会对结果做一个统计。这张统计表既能起到监督作用，又是公司考核的依据。

（3）表扬先进。对做得不好的，我们可以暂时不批评；但是对做得好的，我们要不遗余力地表扬，并且请他分享经验。

（4）老板要重视。微信营销刚启动的时候是最难推进的，此时老板要亲自参与以体现重视。最初我对每个月加好友最多的员工会在群里发红包给他，亲自鼓励；同时，给其他员工一个示范。

（5）给方法。微信营销对我们所有人来讲都是一个新事物。所以，我们不能光去考核员工，还要经常给他们一些方法。

例如，我建议我现在的主管们一个月至少参加两次线下活动。现在每天、每周在创业咖啡厅、园区、“孵化器”等地方会举行各种商务类的活动，以及各式各样的营销培训、人力资源讲座、招商会等。参加这些活动的人中很多是我们的潜在客户，而且很多活动的主办方会建微信群。我们入群之后，群里参加活动的人就都可以成为我们的好友。

如果主管自己没有这种活动渠道，我就会找这样的活动带他们去参加。当老板身先士卒的时候，微信营销这件事就比较容易推进了。

思考题

你能想到哪些加微信好友的办法？

第79讲｜朋友圈该发什么内容

像微商一样做代理记账行业，可行吗？

加了好友之后，朋友圈该怎么发？内容从哪里来？

>> 朋友圈内容规划

目前，企盈对每个员工的工作手机平时怎么发朋友圈做了详细的规划（如表7-2所示）。在做微信营销的时候，员工的微信昵称要统一设置，把公司名称、产品信息等写清楚，如"某某-企盈-代理记账"。这样，在帮别人点赞的同时也是在打广告。

表7-2　企盈员工每周朋友圈的内容

日　　期	朋友圈的内容
星期一	解读相关政策
星期二	介绍公司产品与服务
星期三	对好友点赞
星期四	展示公司内部企业文化
星期五+周末	展现个人生活

星期一，发政策解读类的内容。

星期二，发与公司产品和服务相关的内容。

星期三，不发朋友圈，只要求员工去点赞。

星期四，发公司内部的内容，如部门的活动、公司的故事等，向他人展示、宣传公司的企业文化。

周末，我们鼓励员工随便发些生活类的、个人喜好类的内容，如鸡汤文、励志小故事等。为什么周末让员工发一点这样的内容？因为我们是真实的人，虽然是工作手机，也不要让微信好友觉得我们像机器一样冰冷。我们每个人都是有生活的，当把这些生活的内容发出来的时候，微信营销也就有了温度，微信里的好友才会愿意关注我们所在的行业以及我们工作上的专业。那么，当其中一些人碰到相关问题的时候，就会想到我们。这是我们做微信营销最主要的目标。

至于发朋友圈的形式，可以丰富多样。我们可以发链接，也可以发图文，还可以发短视频。形式上丰富多样了，朋友圈才丰富多彩，我们的微信人设才是真实的、有意思的、别人记得住的。

>> 朋友圈内容要加导语

朋友圈千万不能只发一张简单的图片或者一个链接，一定要加上导语。

导语是什么？就是你发朋友圈的时候写的心得或感受。我们一般的要求是，导语写三行，内容要么是员工自己的原创，要么是公司统一给他编好的文案，他再结合自己的想法略做调整。有时候，我们甚至要求员工故意写个错别字上去，以增加内容的真实性。

>> 朋友圈内容的误区

第一，不要一天发很多。有的人喜欢每天发好多条朋友圈信息，事无巨细，什么都要分享，这种做法，我认为是不负责任的。我们应该把自己真正觉得有价值的内容拿出来分享。我一直告诫企盈的员工，不要好不容易加了这么多好友，发了这么多内容，结果人家都是屏蔽你的，那就太可惜了。

第二，不要发太多广告。

朋友圈一定不能发广告味太浓的信息，因为没有人愿意接受低质的广告轰炸。所以在朋友圈里，我们一定要表现一个真实的人的生活状态，而不要像一个微商。

第三，要慎用群发功能。

我们通常会对收到别人的群发消息很反感。所以，如果我们动不动就群发广告，肯定会被别人屏蔽。辛辛苦苦加了很多好友，结果因为运营不当而被拉黑，就很可惜了。

第四，不要在收获了很多人的点赞后却想不到转化。微信营销的最终目的是做业务转化。如果有人在你的朋友圈里点了赞，或者他表现出对某些特定内容感兴趣，你就可以主动跟他私聊一下，问问他是不是有与我们业务有关的需求，是不是需要有人为他提供专业服务。主动去聊，也许商机就聊出来了。

朋友圈的内容尽量原创

我们要求员工发朋友圈的时候，尽量发原创内容。一部分可以是他自己的原创内容，公司层面也会组织人力去策划一些原创内容供大家使用。例如，企盈每周都会做一个“企盈一周”，把公司过去一周的重大事件通过邮件方式向全员公告。企盈还有一个电子半月刊，通过邮件群发到所有客户以及一些潜在的合作伙伴。另外，企盈还有自己的公众号，定期发布公司、行业的各种信息。以上各种类型的内容都是企盈的原创，我们可以从中进一步整理出适合的内容，供员工发朋友圈。

代理记账行业中的人发的朋友圈中，有两类是我比较反感的：

一类是内容很随意，充斥着鸡汤类、搞笑类的。代理记账行业主要涉及工商、税务，是相对严肃的。我们作为从业者，偶尔发一些搞笑的内容是挺好的，可以把我们比较枯燥的工作日常用活泼的方式、吐槽的方式展现出来。但如果成天都是那种无底线的搞笑、无病呻吟，我想即使是“90后”“00后”，看多了也会不喜欢的。

另一类是过多转发。如果朋友圈中全是转发而没有原创的内容，那么朋友圈的价值是不大的。

思考题

你是怎么理解朋友圈的内容的？你还有哪些好的主题内容？

第80讲 ｜“附近的人”真的可以成交吗

如何通过“附近的人”来成交客户？

微信有一个“附近的人”的功能(如图7－12所示),打开之后就可以与在你附近一定距离的人互加好友。这一讲,我就来说一下微信营销中如何靠这个“附近的人”来完成交易。

图7－12　微信“附近的人”功能

>> 微信营销获客的小故事

前一阵子,企盈有一个财务小女生很开心地对我说:“何总,我通过‘附近的人’成交了3单。”

原来有一个周末,她去外面上课,正好那几天公司刚培训过各种微信营销方法,所以她想试一下,就把“附近的人”打开了,果然就有很多人加她,她看了一下这些好友申请,其中有一个人的头像、名称、朋友圈、可见信息比较靠谱,于是就通过了。通过之后,那个人就在微信上询问她公司变更方面的事情。原来这个人正好在“附近的人”里看到了我们这个财务小女生的微信名备注栏里写的是“工商和财税服务”,所以才加她。就这样,他们开始聊公司变更,后来又聊到代理记账的事情。之后,对方约她星期一面谈。

到周一要去面谈的时候,小姑娘有点担心了,因为这样的微信客户还是第一次碰到,毕竟是陌生人,就怕受骗上当。于是,她就约上公司里的一个小伙伴一起去。

根据客户提供的“某某大楼 307”的地址，几经周折，终于找到了那个微信上跟她聊天的客户。原来这个客户有两家做实验仪器设备的公司，其中一家要做工商变更；另外，这两家公司都需要找代理记账。后来的过程就很顺利了，财务小姑娘先签下一个工商变更合同，然后又签下两份代理记账合同。也就是说，通过这个“附近的人”，她一共签了 3 单业务。

如何更有效地促进成交

“附近的人”既然可以成交，那我们就要认真地总结一下，怎样可以更有效地促进成交。

第一，要想提高“附近的人”的成交率，微信头像有必要换成美女头像。适当的美颜没关系，但头像必须是真实的自己。因为人们通常喜欢与长得美的人打交道，也更容易信任美的人。

第二，在什么地方打开“附近的人”？一些商务场所，如商务楼、会议现场等，商务人群相对比较集中，可以在这些地方打开“附近的人”，加到潜在客户的比例会比较高。

第三，哪些人的好友申请可以通过？通过好友申请的时候要谨慎。有的好友申请一看就是不靠谱的，那就别通过。不要怕因此错过潜在客户，毕竟能够通过“附近的人”真正做成业务的概率不高。另外，在通过好友申请的时候，要注意自我保护，如可以先设置朋友圈“三天可见”“半年可见”等，不要过多透露个人信息。

第四，要有防备意识。第一次与客户面谈，尤其是小姑娘，一定要找一个小伙伴一起去，千万不要一个人去！

思考题

1. 你知道在各种微信群里可以怎么做营销吗？

2. 你觉得发红包有没有讲究？应怎样用发红包的方式引起关注，获得潜在客户？

3. 员工工作微信的聊天记录该如何管理以改善微信营销效果？

4. 你的公司做微信营销吗？有什么比较好的故事可以分享？

第81讲 | 目标=成功，其他都是这句话的注解

感觉很累，最根本的原因是什么？

本章前面几讲分别介绍了产品、价格、渠道、促销、政府与公共关系，以及微信营销。接下来就是如何让公司的销售团队去执行，也就是销售团队的管理。

>> 目标

前段时间，我们请“企大师”的周伟明来给企盈的业务团队做营销培训。“目标等于成功，其他都是这句话的注解”就是他那天演讲的主题。

成功有很多定义，我觉得“目标”是最重要的一个定义。一个人如果有了目标，其他的问题就都只是方法问题。因为只有先树立目标，然后才会有动力去坚持、去努力。没有能力就弥补能力，没有资源就寻找资源。当我们目标很清晰的时候，其实离成功就不远了。

对于公司的销售团队来说，更要强调这种目标感。因为销售看的就是结果，也就是目标实现与否。有目标，才会有奋斗的动力、奋斗的方向和奋斗的行为。

有的人会说：“我好累，我好烦。”为什么累？原因是没有目标，或者目标不坚定。如果目标很坚定，目标就牢牢树在前方，那么当下的这点累算什么？当年韩信为什么能受胯下之辱？刘备为什么能够三顾茅庐？因为他们有目标。

“不被嘲笑的目标不值得执行。”这句话是广州金不换的董事长范伟型说的，意思是目标一定要定得远大。只有有了远大的目标，才能带领团队去实现那种价值感；反之，如果目标定得很平庸，那么最后的成就一定也很平庸。

>> 如何制定目标

首先要明确公司的目标是什么，然后要明确销售团队的目标是什么。

企盈的销售团队有各种命名，如尖刀队、战狼队、澎湃队等，每个销售团队都有一个目标，如一年要达到 200 万元的有效收入，分解到每个月，至少是 20 万元/月。

当销售团队有了这样的目标后，再分解到每个人，每个人也就有了一个明确的目标。假设一个人的目标是每个月完成 5 万元，那么 4 个人就可以完成 20 万元了。个人有了月目标后，又可以把这个月目标继续分解到周目标，甚至分解到日目标。

这样就建立了几个目标维度：公司的目标、团队的目标、个人的目标。这些目标又都可以分解成年度目标、季度目标、月目标、周目标和日目标。目标一定要细分才会执行。如果永远是一个团队 200 万元的目标挂在那里，太遥远、不直接、没有触动感。触动感指的是一天要切实完成多少目标。我们在讲解人力资源的时候分析过，只制定 KPI 目标没有用，还要制定 OKR 指标，即“目标与关键结果”，目的就是把总目标落实到过程，通过一个个小目标来实现。

>> 人生的目标

对每个员工来说，明确人生目标尤其重要。因为只有把自己的人生目标想明白了，工作目标才能更明确。其实，工作目标是人生目标的一部分，而且很多时候占了绝大部分，因为人生绝大部分的目标是要通过工作、通过努力奋斗来实现的。

企盈前段时间做过一次销售部门的团建。两天的时间只讨论一个命题——目标，明确公司目标，明确团队目标，明确个人目标，还要明确人生目标。先制定人生目标。其中有一个特别的仪式——让每个员工都写下自己的墓志铭。也就是说，当你离开这个世界以后，你希望在你的墓碑上留下的那句话是什么？你希望后人怎么评价你？这其实就是让他们明确自己人生的终极目标。然后，再讨论为了达到这个人生的终极目标，10 年内要做什么，5 年内要做什么，1 年内要做什么……今天要做什么。

所以，公司在做团建的时候，要推行目标管理。有了目标，很多问题就迎刃而解了。

思考题

你 2019 年的目标是什么？这个目标你是怎么分解的？

第82讲 | 销售管理漏斗：精细化销售管理最重要的工具

10个意向客户成交了3个，还有7个去哪儿了？

>> 销售管理漏斗图

销售管理漏斗图反映了代理记账公司的业务流程：先有销售线索，然后将销售线索转化为商机，商机转化为订单，之后再去核准公司名称、出具营业执照、银行开户、核定税种，随后是帮客户代理记账（如图7-13所示）。

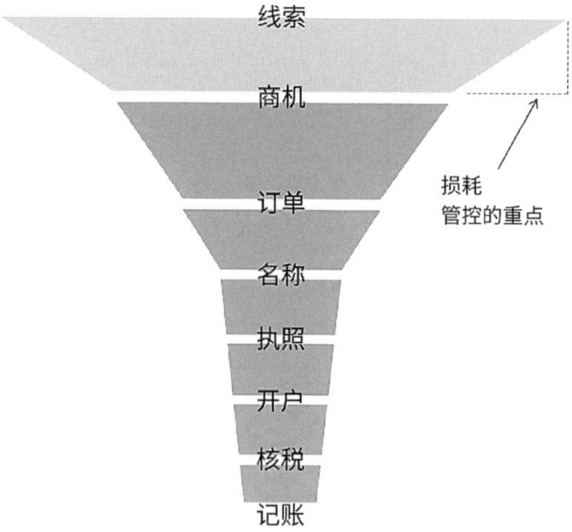

图7-13 销售管理漏斗

线索就是我们从各种渠道找到的有可能转换为订单的有联系方式的数据。商机就是线索中经确认有明确需求的数据。例如，我们获得了一大堆电话号码，但这些人其实是没有注册公司、没有代理记账需求的，那它们就不是商机，而仅仅是线索。所以，从线索到商机是一个确认需求的过程。

有了商机并不等于能把客户的订单签下来。从商机到订单，是销售过程中“临门一脚”的关键环节，即把有确定意向的潜在客户转化为客户。

合同签好以后，我们还是可能在销售管理漏斗图的各个环节面临损失：（1）客户首付款已经支付，在名称核准环节却提出退单；(2) 客户不退单，但出现了营业执照出不了的情况；(3) 营业执照出来了，但银行开户迟迟开不了；(4) 在银行开户后，客户因为没业务而出现了不核税的情况；(5) 核税完成后，客户的代理记账找其他公司做了；等等。

用销售管理漏斗工具进行销售管理

从图 7-13 可知，从上到下的每一个环节都有一个倾斜的部分，那些部分就是损耗点。例如，有 100 条线索，经确认其中只有 10 个商机，那么剩下的 90 个就是损耗。在这 10 个商机中，最后只转化出 3 份订单，这就意味着有 7 个商机损耗掉了。

当我们通过销售管理漏斗注意到商机损失这个问题之后，就应该马上想办法减少这种损失。

我们经常会碰到的商机损失原因如下：(1) 我们的价格太高；(2) 我们没有合适的产品提供给对方；(3) 我们的销售人员能力不够。

当我们分析清楚了商机损失的原因之后，该怎么去减少损失呢？

如果商机损失的原因是地域问题或者缺少合适产品的话，我们可以谋求与同行的合作来减少商机损失。

代理记账行业的特点是极度分散，每个同行都有自己的资源，有的擅长做医疗器械注册，有的擅长做餐饮注册，甚至有的在外地。那么，当我们接到相关商机的时候，就可以介绍给相关的同行去做，然后两个公司之间再做结算，这样同行之间可以成为非常好的合作伙伴，商机的转化率也会高很多。

如果是价格问题或者销售人员能力问题导致的商机损失，就得从员工培训、客户沟通等方面着手改善了。

思考题

请选取你公司某个月的销售数据用销售管理漏斗分析一下，哪个环节是公司最弱的，该如何改进。

第83讲 | 结构化咨询：业务人员复制的基础

销售人员很难培养，怎么办？

代理记账行业的老板们通常都烦心这样一个问题：我们这个行业的业务人员比较难培养，或者说培养的周期比较长。原因是什么？

代理记账行业的业务人员既要懂公司法，又要懂税法，还要有基本的财务知识，不仅要对各种行业的特定政策非常了解，而且要熟悉大量案例。此外，一个优秀的销售人员还要具备良好的沟通能力和谈判能力等，这些都需要长期的工作实践才能缓慢提升。由此可见，一个好的业务人员的培养周期的确很长。

那么，怎么解决这个问题呢？我的办法是：总结有利于行业销售的结构化咨询技巧，让业务人员快速掌握这个技巧，从而让公司可以高效复制销售效果，缩短培养优秀业务人员的周期。

>> 什么是结构化咨询

假设我们患了感冒去医院，医生是怎么给我们看病，向我们提供专业咨询的呢？

第一步，医生一般会先给我们测体温，诊断是不是发烧了，以及是高烧还是低烧。

第二步，查看舌苔，判断我们有没有患上感冒并发的炎症。

第三步，如果有炎症的话，医生会要求我们去验血，通过血常规检查结果进一步判断我们是病毒感染还是细菌感染。

基本情况都掌握以后，医生就给我们开处方，我们去付费取药，就诊过程就结束了。

医生的这种咨询实际上就是一种结构化咨询，即事先有安排的、有套路可循的、可不断复制的标准化咨询方式。代理记账公司的业务，如公司注册，实际上也应该是非常典型的结构化咨询。

>> 如何实现结构化咨询

代理记账公司的业务人员在向客户推荐公司注册业务时，往往会踩进一个"坑"：经常客户问什么，业务人员就跟着回答。例如，客户一会儿问："我这个企业法人身份证是什么样子的啊？"一会儿又问："该怎么办理，要来几个人，要来几次？"这几个问题还没等业务人员回答明白，他又会问股权该怎么设置啊；等等。如果业务人员是这样来做销售，就会很被动。结果就是，沟通上被客户牵着鼻子走，又回答不清楚客户最关心的问题，导致客户不满意，合同没签下来。

你能说这是客户的问题吗？当然不是，客户就是因为不了解注册公司该怎么做，所以才问这么多。但业务人员零零碎碎回答了他那么多问题，结果他还是搞不清楚，不肯把业务给我们做，本身就说明公司的销售工作没做到位。

那正确的做法是什么呢？我们回头想想医生看病的过程。在整个过程中，不是我们来问医生，而是医生来问我们，也就是说，要主动咨询。我自己是从最底层的业务人员一步步做上来的，现在我带几十个人的销售团队，管理整个公司。我的体会就是，要向客户推荐公司注册业务，主动问好以下三个问题就可以了：

第一个要问客户的问题，也是最重要的问题，就是"你是做什么行业的，你的主营业务是什么？"

假设客户是做广告的，我们就要快速告诉他"设计、制作、代理、发布"这八个字。这八个字概括了广告行业的所有业务。其中，代理和发布是广告业，会有 3%的文化事业费；设计和制作是普通服务业，没有 3%的文化事业费。

假设客户是做医疗器械的，那么业务就分为一类、二类、三类医疗器械，部分二类和全部三类是要许可证的，一类是不需要许可证的。许可证里面还有更复杂的，如一次性无菌产品和体外诊断试剂，有的还需要做冷库。

假设客户是做建筑行业的，就要有一级、二级或三级资质，每种资质对应不同的条件。客户到底是做工程，还是做装修，又有两种不同的资质要求。

所以，与客户沟通的第一个问题就应该把他的行业以及主营业务搞明白。当业务人员能把相关行业的特定政策向客户说明清楚时，客户立刻就会感受到我们的专业性。

第二个要问客户的问题是他的公司未来一年内大概会有多少营业额。因为从营业额的状态就可以大体把握这家公司未来的规模和发展情况。如果客户说他只是兼职做创业，一年可能只有 20 万元的营业额，那他就是个几乎零报税的创业者；如果他说一年大概会有 1 000 万元的营业额，那它将会是一家比较成熟的企业，这时我们就要推荐他做一些税务筹划。

第三个要问客户的问题是注册地。不同的注册地对什么法人到场、身份证要原件还是复印件等都有不同的要求。

把以上三个问题问清楚，相关的政策、规定介绍好，我们给客户提供的公司注册业务咨询就是一个很好的结构化咨询了。

企盈业务人员的名片上没有写“业务员”，也没有写“销售”，而是写着“咨询师”。因为无论是公司注册，还是代理记账，都是专业化的事情，业务人员向客户提供的应该是比较专业的咨询服务。其实大部分客户并不明确他该在哪里注册，或者该注册什么样的公司。例如，有时候我们根据客户的业务情况，判断他注册一家合伙企业是最合理的，或者注册到某一个园区对他最有利；又如，客户是做发布代理业务的广告公司，那他应该注册在传媒产业园，因为在那里，国家可以给他免去 3%的文化事业费。以上这些，客户可能并不清楚，所以当我们了解了客户的真实情况之后，就应该给客户一个最佳的解决方案，就像医生开处方一样。

通过咨询，给客户一个解决方案，可以说是一种顾问式营销。把这种顾问式营销的每个过程结构化，就叫结构化咨询。把结构化的事情做好后，我们的业务就容易复制了。

>> 如何快速复制结构化咨询销售效果

结构化咨询就是一个类似标准化的套路，有了这个套路，就要教给员工，让他们快速掌握。那么，怎么做才最有效呢？我们做了一个很重要的工作——把它写入软件中予以固化。

还是以注册公司这个业务为例，诸如医疗器械公司办许可证的有关规定、广告公司文化事业费的有关规定、贸易公司发票的有关规定，甚至哪个注册地需要带什么材料、多长时间办完、需要跑几次等所有这些业务人员需要的信息都写入软件系统中。当我们的业务人员接到一个商机，给客户打电话时，沟通起来就很轻松，凡涉及专业知识，只需对着电脑屏幕直接告知客户就行了。业务人员的专业性是有一个系统在做支持的，那么新业务人员在与客户沟通的时候，也能做到像老业务人员一样专业。这样的话，销售效果就比较容易复制了。

思考题

对于公司注册，你有什么更好的建议吗？

第 84 讲 | 狼性销售团队的打造：PK 是最简单和最有效的管理

如何打造狼性的销售团队？

从业务层面来看，代理记账公司一般分三个主要部门：一是销售部，是获取客户的部门；二是工商服务部，或称注册部、操作部，是做工商注册、变更的部门；三是代理记账部。三大业务部门中，销售部的不确定性最强。因为如何获取客户、如何签单、收多少钱等，这些相对于其他部门的业务而言，具有极大的不确定性。因此，销售部是代理记账公司中最难管好的一个部门。

销售部员工的收入、销售部负责人在公司的地位通常是最高的，因为没有客户进来，后面的操作部、代理记账部将无法工作。而行政、人事、财务等职能部门也要服务于业务部门。所以，销售部是公司“动车”中的“火车头”。

那么，怎么做好销售部门的管理，进而打造出一支狼性销售团队呢？我想着重讲两个办法：一是“跟我来”，二是做“PK”。

>> “跟我来”

“跟我来”是企盈在工作中总结出来的一个非常有效的销售管理方法，意思就是销售负责人或者老板亲自做表率，让业务人员“跟我来”。

正如前面所讲的，老板都找不到好的办法，却指望找一个销售经理过来就能够把销售做好，是不太可能的。因为有这样本事的人，他自己就可以单干了。当然，我们可以找一个销售“牛人”过来，给他合伙人的地位。总之，对于代理记账公司来说，要么老板自己，要么股东之中，一定至少有一个人能够探索出一套行之有效的销售方法。一定是自己首先趟出一条路，然后让业务人员去复制这个成功的办法。这样，公司其实就是把销售的不确定性慢慢变得确定。

不仅仅是销售，所有管理都可以使用“跟我来”，具体做法有以下四个步骤：

第一步是“我说你听”。我把做好销售的方法说给你听。

第二步是“我做你看”。例如，我去见客户的时候带着你，你在旁边看我怎么沟通、怎么签约。

第三步是“你说我听”。我说的，你听明白了，然后我也带你搞定过客户了，那么接下来，你跟我说说看，该怎样去跟客户签单、该怎样去搞定客户。

第四步是“你做我看”。你去见客户，我跟着你去。一方面给你壮壮胆，有老板在，有销售经理在，你不用担心，放心跟客户谈；另一方面，如果现场真的碰到什么问题，我可以帮你一起解决。

“跟我来”的四个步骤其实就是一个完善的“以老带新”制度，坚持执行就能不断地把新业务人员培养成成熟的业务人员。

>> 做 PK

管理销售团队有一个最简单、最高效的方法——PK（Player Killing，挑战）。为什么要 PK？

第一，结果说明一切。销售工作是结果导向的，结果最有说服力。

第二，公司提供的环境、资源是一样的，不同的团队在一起，到底谁做得好，谁做得不好，一目了然。比较之后，那些做得差的可以向做得好的对标。一次次的业绩对标本身就有一个自我驱动、滚动提高的效果。

第三，在竞争中可以激发潜力。我们每个人的“小宇宙”的能量其实是很强大的，只要目标明确，在竞争中就可以把这种潜力充分激发出来。

PK 与“跟我来”一样，不仅在销售管理中有用，在所有管理中都可以发挥作用。

▶思考题

除了 PK 这种方法外，你还能想到哪些更好的管理销售团队的办法？

第 85 讲 | 销售结果是“盯”出来的

销售团队怎么带?

这一讲,我要说一个字——“盯”,就是盯着看的“盯”,紧盯的“盯”。在我看来,销售结果是“盯”出来的。

>> 为什么要“盯”

销售工作没有过程就没有结果。每个人都有惰性,所以必须“盯”。首先老板自己要勤奋、要去“盯”,不能指望员工个个都有很好的自觉性。即使是遇到自觉性较强的人,也需要老板去盯、去督促,让他在一个好的团队氛围里把业绩做好。销售的潜力是没有上限的。所以,即使在我们心目中已经可以打 90 分的销售人员,我们也要“盯”,让他在团队中继续成长。

>> “盯”什么

第一,“盯”过程指标。我们不是有目标吗?定了目标以后不是有过程指标吗?那么过程指标完成了没有?今天一天到底打了多少个电话?回复了多少条微信?发展了几个意向客户?参加了多少场活动?这些都是要“盯”的过程指标。

第二,“盯”销售细节。关于销售细节,企盈有两点一直在坚持做:

一是听电话录音。如果是通过电话销售,或者做了广告后接客户来电的,电话录音一定要听。因为从录音中可以听出业务人员的各种问题,及时帮他调整改善。

二是看微信聊天记录。企盈现在的很多百度推广和微信获客是通过聊天完成的。通过聊天记录可以看出业务人员与客户沟通的细节,从中能及时发现各种问题。

第三,“盯”销售漏斗。如前文所述,把销售漏斗的各个环节罗列出来,业务人员自己就能找到问题并解决问题。一些问题如果是他们这个层面不能解决的，就可以通过公司层面帮他们解决。

>> 怎么“盯”

最简单的办法就是用会议“盯”。每天要有晨会、晚会，早上“盯”、晚上“盯”。在晨会上打起精神，布置一天的任务和 OKR 指标；在晚会上总结出现的问题，听电话录音，看聊天记录，看细节，看过程指标。

晨会和晚会讲的是每天看，后面还要做到每周看、每月看，也就是坚持开周会和月度会议。

如此天天“盯”，周周“盯”，月月“盯”，销售工作怎么可能没有良好的效果呢？如此始终不合格的业务人员，不是能力不行，就是工作态度不行，这样的人就应该离开。

>> “盯”谁

有的人说是不是“盯”那些落后的人就可以了？不是，优秀的人也要“盯”，因为优秀的人有更高的上限、更大的潜力，让他做得更好、有更多业绩，就会给公司起到领头雁的作用。

此外，“盯”那些最优秀的业务人员的工作细节，可以把好的经验总结出来，让后进的业务人员学习。我前面讲过对标管理，自己内部的对标往往是最有效的。因为我们处在同样的公司，有同样的品牌、同样的产品，为什么他做得好，我做得不好？这种对标非常具有贴近感，就是身边的事和身边的人，学习起来也更容易。

>> “盯”了之后一定要有解决方案

“盯”出来的各种销售上的问题，有的是业务人员自己就能解决的；有的是在销售部门内部通过学习、改善精神状态等办法能解决的；还有的是要去协调公司的各个部门来一起解决的，那么这就要在公司会议的层面提出，甚至让老板一起来解决。

思考题

你的销售团队，你“盯”了吗？

第 86 讲 | 销售团队的人力资源管理

销售精英可以找猎头挖过来吗?

>> 激励好“头狼”

我们现在都讲狼性的团队,尤其是销售,那当然应该是狼性的。在狼性的团队中,最重要的是“头狼”,也就是销售经理。那么,该怎么激励“头狼”呢?

企盈的办法是,如果销售经理的团队做到 100 万元有效收入,就可以做阿米巴。我觉得特别优秀的人就应该用特别激进的办法把他们的热情激发出来,所以我们从有效激励、机会公平的角度,定了这个机制。

对“头狼”而言,最好的激励就是给他们一个平台,让他们去发挥。阿米巴的核算可以是一个公司,也可以是一个部门,目的就是让优秀的人有自己做“老板”的感觉,让他们在公司的平台上有更大的空间去实现他们的梦想。

对老板而言,要信守承诺。他们真的做到了,就真的要给。这样大家才有积极性。

此外,我建议至少要有两匹“头狼”。如果只有一匹“头狼”,无法比较,我们就很难判断他做得好不好,因为销售具有不确定性。

最初“头狼”是“小狼”,也就是说,销售团队的规模不适合搞得特别大,能够管好三个人我觉得已经是比较优秀的销售经理了。假设一匹“头狼”带三只“小狼”,一年完成 100 万元的营业额是问题不大的,而且能够始终保持比较高的工作效率。一个人“盯”三个人相对容易,而且在“1 + 3”的团队中,“头狼”自己可以做很多示范,自己去开拓很多资源,自己可以想很多办法,跟三个小伙伴一起,又可以把执行的过程“盯”得很精细。当这样的团队业绩比较好,团队的人员逐步增加的时候,还可以设置小组长,小组长下面可以带一两个人。这样,整个团队逐渐扩大,内部也有晋升机制，建立了梯队，组织结构就十分高效了。

关于招聘

对销售经理来说，要亲自招贤纳士，不要太依赖人力资源，正如我之前所述。当然，人力资源部也要更多地支持销售，多向他们提供线索和渠道。

人力资源管控

如果销售部门自己招了很多人，那成本显然非常高。因为代理记账公司的业务销售主要就是靠人，人的成本除了工资、奖金，还有社保，整体来看成本非常高。

企盈现在的策略是，销售部门可以招人，但招进来后，前 3 个月有严格的管控：第一个月没有业绩要求，第二个月要求如 5 000 元的有效收入，第三个月要求至少做到 15 000 元。如果 3 个月的要求完不成，人力资源部可以直接把这个人淘汰而无须通知销售经理——人力资源部要有强势的淘汰权，以提高销售团队的人员效率，减少无效招聘。

销售团队的文化建设

销售团队应该是公司中最活跃的团队，那么销售团队不仅内部要有一种积极的文化，而且要把这种活跃的、正能量的文化带给公司的其他部门。所以，销售团队的文化建设非常重要。例如，我们现在开晨会的时候，都是要精神饱满地喊出："早上好，好，很好，非常好"这样的口号，然后大家一起读羊皮卷。那些优美的句子能激励人，然后开始一天的工作。

要有良好的激励机制

前面讲过阿米巴，这里就不重复了。我只想强调一点，销售人员薪酬体系的特点应该是激进而有效的。激进，就是敢于给优秀的人员丰厚的待遇；有效，就是激励必须是有效的、公平的。

外部要结果，内部要过程

从公司层面上来讲，既要看整个销售部门，以及其中某个业务人员的业绩结果，也就是外部结果，也要对销售部门内部，或者单个业务人员的销售工作“盯”过程、“盯”考核。实际上，把过程做好了，结果是不会太差的。

思考题

你公司的销售部门开晨会吗？

第 87 讲 | 转介绍率的及格线是多少

转介绍，多少比例是及格线？

转介绍靠的是口碑。如果公司的口碑很好，就说明公司正在良性发展。

>> 为什么要重视转介绍

转介绍靠的是口碑，所以没有销售成本，不仅如此，转介绍还可以分摊获客成本。我们前面在讲产品的时候知道，无论是从百度，还是从线下渠道，获取客户都是有成本的。如果只是做单次的转化，即只做公司注册或代理记账，获客成本是比较高的。如果能够从客户身上获得转介绍，那么最初的获客成本就被摊薄了。这里的转介绍分为两类：一类是老客户介绍新客户过来做公司注册、代理记账等业务；另一类是一个已经在我们这里做公司注册和代理记账的客户，再把知识产权、人事等其他业务交给我们做。

在前面的章节中我们讲过，将 ROI 做精细的计算后，如果转介绍率高，其实是可以加大市场预算和投入的。所以，我们其实不简单只讲转介绍业务本身，实际上还涉及公司的营销策略，会对市场投放带来巨大影响。如果转介绍和产品设计得比较好，我们甚至会从一个简单的代理记账公司转变成一个平台型的公司，这也就关系到了公司的发展战略。

>> 转介绍的基础是客户满意度

如果我们的服务不好，客户满意度不高，就很难有转介绍。

回顾第 1 章讲的服务鱼骨图，其中的每一个环节都是我们的营销机会，客户满意度就是具体来源于服务鱼骨图中的每一个节点，其涉及的服务都可以分为基础的服务、标准的服务、满意的服务和感动客户的服务。如果在这些节点上把服务都做到了让客户满意甚至感动,那转介绍的比例一定不会低。

决定转介绍的是服务鱼骨图,而支撑转介绍的是人力资源鱼骨图,其中每一个节点上的员工如果都能把积极的心态和状态激发出来,就很有可能把服务做到让客户满意乃至感动。

>> 转介绍的分类

转介绍分为两类:一类是销售团队本身的转介绍,另一类是非销售团队的转介绍。

销售团队自身的转介绍比例是一个非常重要的数据,如注册公司的客户有多少转介绍给公司其他部门做代理记账、商标注册、人事业务等。

非销售团队的转介绍主要来自工商服务部门和代理记账部门。这两个部门都是在业务上与客户直接接触的,尤其是代理记账部门的会计每个月都要与客户紧密接触,所以他们的转介绍是公司整体转介绍核算中非常重要的组成部分。

>> 转介绍率

转介绍肯定是越多越好,那么至少要达到多少才算好呢?同行目前是一个什么样的状态?我走访了全国多家代理记账公司,总结出两个角度的行业参数。

第一个角度:根据营业执照数。新的注册公司客户在出具营业执照的过程中是最容易形成新业务的转介绍的。

假设某个月有30个注册公司的新客户,出具了30份营业执照,那么转介绍率的及格线是多少呢?根据我对很多同行的观察,以及企盈的业务统计数据,我觉得10%是及格线。这个转介绍主要包括公司注册、代理记账、商标注册和人事业务。也就是说,我们开发的新客户中,得有10%的客户会给我们做这四大类业务转介绍。如果没做到,那就没有及格。做得优秀的话,这个比例可以达到15%,如我们的商标和人事业务,基本做到了当年营业执照数15%~18%的转介绍。

第二个角度:根据业务总量。

假设某个月我们获取了30个新客户,其中的20%来自转介绍,也就是说,30个客户中有6个客户是来自转介绍的,那么,我们把这个比例提高到30%就是比较优秀的了。

当然，业务的来源还取决于市场投放所带来的新客户的力度，但总的来说，如果按照营业执照数，转介绍率在10%以内；或者按照业务总量，转介绍率在20%以内，那我们就要想一想，究竟是哪里出现了问题。

思考题

你公司的转介绍情况如何？有可以改进的地方吗？

第 88 讲 | 形成转介绍习惯：万事开头难

如何形成代理记账会计转介绍的习惯？

>> 老板要重视

万事开头难，转介绍尤其如此。我们要想办法让员工形成一种习惯，习惯一旦养成，员工就有信心了。但开始阶段是最困难的，需要得到特别多的鼓励，尤其是老板的鼓励。所以，老板要重视转介绍这件事。

企盈的做法是对转介绍进行战略性考核，也就是通过设定考核来告诉大家，转介绍这件事很重要，是公司的一个战略性决策，大家一定要把这件事做好。

>> 转介绍的考核

企盈的转介绍想要达到的是“全民营销”的效果，所以要求全员参与。但每个员工都有自己的本职工作，不能强制地把每个人都变成业务人员。所以，我们要求财务也好，工商注册部门的员工也好，首先是把自己的本职工作做好，在这个基础上，我们再进行战略考核。在具体做法上，我们不仅不处罚，而且在正常的转介绍奖金激励机制外，还定了一些奖励指标。

例如，公司决定要把人事业务做起来的时候，就出台了一个规定，要求每个员工一年里至少介绍一单人事业务，如果做不到，就没有资格参加公司优秀员工的评选，所属的团队也不能评选优秀团队。当时整个公司沸腾了起来。团队之间互相帮忙，都想办法要把这一单转介绍完成。那么，等大家都完成这一单以后，公司就形成了一个惯性，以后的转介绍就不用担心了。

又如，公司每个月都会有一张报表，统计这个月公司人事、商标等业务的转介绍情况，其中会特别标明谁完成了首次转介绍。我会让首次转介绍成功的这个员工加我的微信，然后在微信里至少发一个 18.88 元的红包给他，作为奖励，然后写点鼓励的话。这样，员工会很开心，因为他除了正常的转介绍奖金激励外，还收到了老板的一个奖励红包，得到了老板的认可。

以上这些奖励指标实施久了，就能在公司里逐渐形成转介绍的氛围。在年终总结会的时候，每个部门都会汇报各自转介绍的完成情况，做得好的前几名员工还要上台领取奖品和奖金。正是通过各种渠道不停地强调转介绍，整个公司才有了重视转介绍的氛围和习惯。

沟通机制

要做转介绍，建立一定的沟通机制必不可少。例如，企盈的人事部门、商标部门的员工要经常对其他部门的同事进行基础培训，这样其他部门的人员才能了解人事、商标业务的特点，才知道该怎么做转介绍。又如，企盈的代理记账部门开月度会议的时候，商标部门和人事业务的同事都会做讲解，有时候甚至会买些小礼物搞好人际关系，让会计多多转介绍客户给他们。

转介绍是部门之间的合作

对一方来说很简单的事情，对另一方来说很难，那样双方就能合作，转介绍恰恰就是这样。例如，经常会有代理记账的客户向公司的会计咨询社保、公积金等相关问题，而公司的人事业务部要获取这么一个意向客户是很难的，既然会计已经遇到了这样的意向客户，就应该把商机给公司的人事业务部，形成转介绍。同样，代理记账会计或者工商服务部的同事在做账、办营业执照的时候，与客户聊起商标问题，如果发现客户真的有这个需求，就应该把客户介绍给公司的商标部门，让商标部门去对接，用商标部门的专业性把客户搞定。这样，公司内部的各个部门之间就能形成良好的合作。

思考题

你的公司对首次完成转介绍的员工有没有相关的激励？你的第一次转介绍难吗？你是怎么做的？

第 8 章

代理记账部的管理

第 89 讲 | 代理记账部的 KPI：运营利润、转介绍、流失率

代理记账部该考核哪些关键指标？

代理记账部是代理记账行业最重要的部门之一，也是该行业内所有公司均有的部门。这个部门的效率直接关系到整个公司的效率。

目前，企盈的代理记账部考核三个 KPI：运营利润、转介绍、流失率。

>> 运营利润

对于代理记账部来说，大部分客户是业务部的同事获取的，尤其对于传统的代理记账公司而言，绝大部分客户是先在公司进行企业注册，再做代理记账的。所以，获客是业务部门做的，然后交到代理记账部去做账。这个过程可以理解为一个加工厂的流程，前面的材料已经由业务部门的同事移交过来了，代理记账部就对它们进行加工再产出，这个过程中产生的利润，企盈称之为运营利润。

那么，运营利润该怎么核算呢？

1. 简易算法

简易算法不考虑代理记账部不能控制的成本，如获客成本、房租成本等，而仅核算与它有关的成本。这样的话，运营利润就是代理记账收入减去运营成本，即人力成本。

运营利润 = 代理记账营业收入 − 代理记账部人员成本

这里的营业收入是指按权责发生制计算的每月实际做账收入。

该指标可以核算整个代理记账部，也可以考核部门的负责人，还可以层层分解，

细化到小组甚至个人。

这个考核的效果：运营利润率增加。如何做到？有两个办法：一是提高每个人的效率，二是利用代理记账软件提升效率。

简易算法的弊病：部门负责人和代理记账会计并不清楚真实利润，甚至有的会计还以为自己为公司贡献了非常多的利润，而自己的收入却不匹配。

所以，更精细、更准确的核算是阿米巴算法。

2. 阿米巴算法

阿米巴算法是计算扣除获客成本后的收入，考虑的是所有成本和费用。

$$利润=70\%的营业收入-所有成本-所有费用$$

这里将代理记账收入中的30%给业务部门，给“工厂”计算的收入只有70%。这个比例可以根据每个公司的实际情况进行调整。

这里的成本包含人力成本在内的所有成本，费用包含房租分摊、行政分摊等在内的所有费用。

采用阿米巴算法的好处：(1) 真实反映经营利润；(2) 可以长期科学核算；(3) 管理者和员工更容易真实评估自己对公司的贡献。

采用阿米巴算法，管理层会关注更多指标，有利于激励管理层综合提升代理记账部的利润率。

>> 转介绍

会计也可以转介绍。企盈的代理记账部在2018年的转介绍收入大约为600万元，这部分收入是没有任何获客成本的。我们最好的一个组12个人(8名正式员工+4名实习生)一个月的转介绍收入为13万元。

会计每个月都与客户沟通，是“服务即营销”的最好场景，如果服务得好，转介绍应该是成比例的。

公司的所有产品都可以转介绍，包括企业注册、财务记账、人事服务、知识产权等。原则上，代理记账等财税相关业务，会计可以直接签单，而其他产品必须交由专业业务部门签单，但所有权属于介绍人，有业务奖金。

这个指标长期考核，形成习惯，将是代理记账公司的巨大财富，同时也会增加管理层和员工的收入。

代理记账客户越多、员工越多，就越应该重视转介绍，因为大的基数有大的业务拓展空间。

流失率

如果不统计流失率、不重视流失率，企业就会出现前线员工在获客、后方客户在流失的情况，导致很多公司苦心经营了很多年，结果还是只有那么几百家甚至几十家客户。

当然，客户总会有一些流失，代理记账行业客户的平均流失率在 10%以内。如果该比率比较大，我们就要分析一下，那些流失的客户到底为什么走。可能是公司员工的原因，也可能有其他客观原因，如客户要注销。所以，我们在考核流失率指标的时候，要把注销这一项排除在外。

那么，如何来控制流失率呢？我觉得老板得首先重视流失率。企盈现在规定，所有流失客户的情况一定要有邮件发到我这里进行说明，一般是由员工报给他的组长，组长报给大区经理，大区经理报给财务公司总负责人，最后报到董事长，层层上报，每一层都要对流失率负责。

对于流失的客户要进行再沟通，问问到底什么原因要走。其中有一部分流失客户是可以想办法找回来的。我们曾经有一个客户要移走，原因是他朋友的公司有会计能帮他一起把账务做掉。因为我们的客户流失率是每个月有限制的，所以我们负责这个客户的组里的三个小姑娘就去约客户吃饭，努力地沟通，对客户说："你看，我们真的不容易，我们公司对我们的流失率考核是很严格的，而且你公司现在的账务交在我们手里，做得非常规范，从来没出过问题，如果换一个会计，他没有我们这么了解你，谁也无法确定以后会做得如何。"客户想了想，觉得她们做得确实很真诚、很专业，反正也就 300 元/月，于是就答应留下了。所以，不管是靠优秀的服务态度，还是靠本身过硬的专业能力，总之是有很多办法把客户留下来的，关键是重视。

思考题

你的公司是如何控制流失率的？

第 90 讲 | 代理记账部的管理体系：质量体系和服务体系

既要确保质量，又要服务好，怎么做到？

我们追求利润、追求客户黏度，当然也必须追求做账的质量和客户满意度。

>> 质量体系

第一，公司要有质量控制岗位，有了这个岗位，就有了制度上的保障。

第二，质量保证的重点客户对象。坦率地说，我们很难做到每个月 100%的质量检查，但有些重点客户是必须保证的。企盈的重点质量保证对象有两类：一类是税收较多的客户，帮客户准确无误地报税是基本要求，这类客户我们要求 100%复查审核。另一类是收费较高的客户，客户支付高的费用当然要匹配高的质量，尤其是那些对财务要求高，或者未来需要融资的企业，即使前期零报税，也必须保证高质量。

第三，重点事项的保障。代理记账中的重要事项，我们必须有质量保证，如一般纳税人的进项认证与抵扣、进出口企业的出口退税、每季度的所得税需要提前跟客户确认，以及核定征收等。

第四，如何应对查账查出来的问题？这是管理者需要考虑的。问题已经出现了，如何形成机制，避免再次出现，这是我们的终极目标。

>> 服务体系

在质量体系的基础上，要提高客户满意度，还必须有服务体系。服务体系其实就是鱼骨图。

第一，核定税种（税务报到），这个环节是代理记账会计与客户的第一次“亲密”

接触，而且往往是与客户的法定代表人接触，所以这次见面如果很愉快，那将是非常美妙的开端。如何让有经验、善于沟通的会计带客户核税，前面已经讲过很多，这里不再重复。

第二，每个月与客户沟通。沟通需要花时间，但这也是机会，让客户了解我们在帮他做什么，可以增加客户给我们转介绍的概率。

第三，客户满意度调查。摩羲云系统的 2.0 版将增加“客户满意度调查”这个功能。企盈在为客户代理记账 3 个月后，会用微信小程序推送给客户满意度调查。这个过程计算机自动完成，无须财务参与。通过数据来进行客户满意度的统计，我们就可以有依据地想办法提升客户满意度。有了这个功能，员工就会关注客户满意度了。

第四，利用技术手段提高客户满意度，从而增强客户对公司的黏度。摩羲云系统中会增加“简易报表”这个功能，给客户发送他们最关心的关键信息，如税、现金都花在哪里了；同时，做些基本的分析并给出建议。例如，对于未分配利润比较多的企业，建议做税务筹划；对于软件开发企业，建议申请为高新技术企业；等等。这些既是服务，又是获客。这些服务由计算机系统完成，很少需要人的参与。

当客户每个月都收到这样的报表和建议后，客户就不太会因为会计的离开而流失了。让客户依赖公司和系统而尽量少依赖“人”，这样客户黏度就增强了。

第五，投诉。在第 12 讲中，我们专门拆解了客户投诉这个环节，这里不再重复。需要强调的是，对你不满意还投诉你的客户只有 10%，绝大部分不满意的客户直接离开了，所以，高度重视客户投诉至关重要。

我们重视客户投诉，除了要处理好客户的投诉外，更重要的是总结和反思，为什么会出现这样的情况，如何形成机制去规避。每次都这样去做，我们的服务一定会越来越好。

>> 系统反思

不管是质量，还是服务，出现问题后该怎么办？

前面讲了要形成机制去规避，避免再次发生，而且管理者要制定避免再次发生的应对方案并且能执行落地。这是对结果的反思，但这样的反思还不够。

更高一级的反思是对目标进行反思。有可能我们的目标有问题，如果我们只追求利润，让员工做尽量多的账，那么质量和服务肯定很难保证。这个矛盾如何解决？2018年年底，我们在讨论代理记账部的变革时，最终回到了公司的愿景、使命和价值观。我们的使命是帮助创业者实现梦想，也就是说，客户满意度是第一位的。那么，我们最核心的指标应该是客户满意度。而真正从客户满意度出发，利润是不会低的。为此，我们将在代理记账部设置一个岗位——客户成功经理（Customer Success，CS）。这是硅谷企业服务的理念，我们尝试将“客户成功”的概念引入代理记账。

如果再深刻一点，还可以对我们的心智模式层面进行反思。我们平时是如何思考问题的？我们内心深处的想法是什么？这才是根本的。我们每个人和每个公司都像是台计算机，心智模式是操作系统，上面运行的是我们的各种产品和服务。底层的操作系统有问题，上面的产品和服务不可能好。产品和服务相当于计算机里的应用程序，应用程序有各种用户界面。我们的客户是通过我们的员工和产品界面与我们进行沟通，客户只能通过这些界面感知我们的服务。但最底层的其实是我们经营者的心智模式，在此基础上才是我们的产品和服务。

思考题

你的公司是如何保证做账质量的？

第 91 讲｜代理记账部的人力资源管理

代理记账部如何科学管理?

人力资源伙伴的概念

人力资源伙伴(HR Business Partner,HRBP)就是企业派驻到各个业务部或事业部的人力资源管理者,主要协助各业务单元高层及经理在员工发展、人才发掘、能力培养等方面的工作。

企盈专门有一个人力资源部的员工被派到代理记账部做人力资源伙伴,协助代理记账部的负责人做人力资源管理工作。这个人力资源伙伴的 KPI 与代理记账部的部门负责人是一致的。

人力资源伙伴的好处:这个员工会紧跟代理记账部,从人力资源的角度支持代理记账部的管理。当然,公司规模小的时候没有必要设立这样的岗位,但这个思维方式可以借鉴。

人员的稳定性

代理记账部特别要求稳定性。因为员工稳定,客户就相对稳定。经常更换员工,客户会对公司的服务和公司本身产生不信任。

我们要的是一种积极的稳定,而不是消极的稳定。因为消极的后果是极低的工作效率,而且会形成恶性循环。

组织的扁平化

未来的组织都应该是扁平化的,代理记账部也一样。企盈现在有一百多个会计，分成 5～6 个大组，每个大组下面又有 5 个小组。大组的营业额和利润都比较容易计算，如果让负责人自己去做独立核算，自己去当老板，有了自己管理的意识，那就是把整个组织扁平化，既缩小了公司的管理半径，也把员工的积极性激发出来。

大家一般认为会计比较沉闷，然而，再沉闷的群体中，总归有那么几个人是比较活跃的。把这些人组织起来，先跟他们达成一致，让他们先富起来，然后慢慢地带动大部分人。企盈的做法是，从少数人开始进行组织变革，然后进行组织扁平化改革。我们现在主要是实施阿米巴。

对代理记账部的阿米巴同样要考核运营利润、转介绍和流失率三个核心指标。在企盈的考核中，有一个奖金体系，根据员工的运营利润和转介绍，再乘以一个系数，这个系数是根据流失率来制定的。例如，流失率定的是 8％，那么低于 8％的，这个系数就高一点，如 1.1、1.2；高于 8％的，这个系数可能就是 0.9、0.8。最后乘以系数得出的结果就是考核结果。

>> 招聘

在招聘会计时，除了要考察财务专业技能外，还要特别重视价值观和沟通能力。如果应聘者不具有积极的价值观，沟通能力也不强，招进来之后会对整个公司的氛围产生不好的影响。不仅如此，给一个会沟通的新人培养专业性比起给一个专业性强的新人培训沟通，难度要小，因为沟通没法培训。

此外，招更好的人进来，逐步把负面的人淘汰掉，也有利于形成一种积极的稳定，整个公司也就能朝正向发展。

>> 文化建设

企盈的代理记账部每个月都有一次大会，全部门一百多人都参加。这个大会中有一个环节叫“企盈论语”，每次都有 3 个小伙伴来做个人分享，我们鼓励他们分享工作以外的内容，包括他们家乡的介绍、他们自己的经历，有时候还会有一些才艺展示。通过这个分享，可以让员工从另外一个角度来认识他们的同事，长此以往，可以在公司里形成一种愉快的文化氛围。

学习

关于学习，企盈目前有两个渠道：一个是外面的学习，另一个是内部的学习。

关于内部的学习，企盈有很多外资业务类的高端账，很多基层会计就想去学习，公司内部如果能提供这样的学习机会，对他们来说就很重要。其实很多会计进入代理记账公司，就是想学习更多本领。

另外，我们要让员工在学习区里学习，不要让他们焦虑，也不要培训一些对他们来说过于简单的内容，让他们在舒适区里懈怠。在教与学的关系中，学的人更重要，只有员工想去学习，我们的培训才有效果。所以，我们鼓励那种主动学习的人，而且是以正向的鼓励为主，使整个公司形成良好的文化氛围。

思考题

你觉得代理记账公司代理记账部的员工容易管理吗？为什么？

第92讲 | 代理记账部的市场营销

代理记账会计手上的客户都是资源，怎么转化为订单？

>> 会计人员是公司非常重要的营销资源

公司的每一个会计都有一个不小的朋友圈，也就是说，他们每一个人都拥有不小的获客潜力，我们应该想办法把他们的潜力激发出来。

企盈现在的转介绍，仅代理记账这一个部门，每个月的收入就超过60万元。在实施了微信营销以后，转介绍率提升了30%。由此可以看出，会计人员是很好的营销资源。

>> 逐步培养营销思维

会计出身的财务人员性格相对保守，在朋友圈里发产品介绍会不好意思。我想强调的是，“酒香也怕巷子深”。我们应该把我们能够做的，做得比较好的一面告诉潜在客户，让他们对我们有印象，当他们有需求的时候，就可以找我们。从另一个角度看，这是一种正常的价值交换，在帮助公司提升业绩的同时，也能帮助朋友解决问题。

>> 专业的人做专业的事

在我们的产品和规划中，财税相关产品，包括代理记账，允许会计直接签合同，因为他们对这些产品比较了解。但是其他产品，如公司注册、变更、注销的，他们是不熟悉的，所以不准他们直接签这类合同，而必须转介绍到其他对应的专业部门。如果会计草率地就把合同签下来，不仅后续会给其他相关部门的执行带来很大的麻烦，而且会影响客户的满意度。所以我们认为专业的事情应该让专业的人去做。但是会计转介绍的奖金绝对不会少给。

>> 转介绍 PK

业务人员要 PK，会计人员也要 PK，具体从两个方面进行 PK：一个是总的转介绍业务量，另一个是增加速度。企盈现在每个月得了第一名的小组都会有 2 000 元奖金，他们会拿去团建，形成正向循环。企盈还会给第一名的同事发一项特别的奖金，在月度会议的时候由董事长亲自颁发，目的是激励所有员工，并形成你追我赶的氛围。对落在后面的员工我们不批评，如果一个会计只是把本职工作做好了，那也没问题，但是从公司文化上，我们会在各种会议上鼓励前面的人。“小成就，大进步”。每当我们的会计有一些小的成就的时候，就及时地鼓励他，逐渐让每个人的小成就汇聚成公司的大进步。

思考题

在你的公司里，会计做得最多的转介绍业务是哪一种？

第9章

软件系统

第93讲 | 管理软件是管理思想的固化：没有管理思想的管理软件就是耍流氓

公司制定了很多流程，员工不遵守，怎么办？

为什么需要管理软件

真正意义上的计算机的出现只有不到70年的时间，而管理软件系统的出现不超过40年，在中国的发展是近20年的事情。虽然时间不长，但软件系统对企业管理的影响是无比巨大的，世界知名的大公司几乎都是高度依赖管理系统的。

具体到代理记账行业，为什么要有管理软件？我们前面花了九十多讲介绍了那么多管理理念和方法，而且每个公司都有一大堆管理制度和规则，但是这些管理规则，我们的员工记得住吗？以前我们住酒店的时候，酒店为了节约能源和用电安全，一般会在房间门口贴一个温馨提示，提醒我们出门的时候关闭电源。但仅仅有这么一个提示，我们就会把电源关掉吗？估计80%的人不会。与这个例子类似，公司制定了一大堆规章制度和奖惩措施，差不多有80%是员工记不住的，也就没法真正执行，怎么办呢？酒店想出了一个办法，给每间房客一个总控开关的房卡。我们进去的时候要把房卡插进开关，房间里的电才能接通。出门的时候，我们肯定要把房卡带走，那么房卡一拔出来，电源就自动切断了。有了这个方法，自然就不需要贴那个温馨提示了。这就叫有效的机制。

软件就是要把我们前面讲的那么多管理内容固化到一个系统中，形成一种机制，让员工没有办法犯错，这就是软件的作用。

我在公司只有3个人的时候就用了一个简单的客户关系管理系统（Customer Relationship Management，CRM），将签单的客户管理起来。这样，从一开始，整个公司就形成了数据意识、流程意识，这是保证公司能够持续稳定发展的重要前提。

所以，不是公司做大了才需要管理系统，而是管理好了公司才做得大！

代理记账公司需要什么样的管理系统

管理系统不是一个简单的工具，它是管理思想的固化。管理系统的功能可以非常强大，但对于代理记账公司而言，最基础的功能必须包括：

1. 客户关系管理（CRM）

客户是公司的收入来源。对于代理记账公司而言，管理系统需要用以下三种方法解决获取客户的核心痛点：

（1）提供标准化产品，这是能规模化复制的前提。

（2）实现结构化咨询，把最优化的行业话术固化在系统中，让销售变得简单，这是销售团队高效复制的重要保障。

（3）用销售管理漏斗进行销售管理，通过对销售数据的分析，支持销售管理决策，这是细化管理的重要手段。

2. 流程管理（BPM）

很多时候，客户满意度差的原因是公司内部管理混乱。因此，内部管理流程化、标准化是提高客户满意度的前提。哪些流程需要固化？

（1）跨部门流程。例如，将服务鱼骨图中的交接节点在系统中固化，员工就只能按照这个规则来，不需要唠叨，让员工没有办法犯错。

（2）合同驱动任务。合同签订后，系统驱动任务往前推进。例如，签订了公司注册的合同就必须进入名称核准环节，然后是营业执照办理环节。

（3）合同驱动财务收款。签订合同后，根据合同的收款，在系统中对款项进行管理。

3. 内部财务管理

内部财务清晰不仅是财务本身的需要，也是人力资源的需要。因为，财务不能及时核算，员工绩效就不能清晰、及时地兑现，也就不可能打造狼性的团队。

例如，客户打了 3 000 元到公司账户，其中包含半年 1 800 元的代理记账费和 1 200 元的商标注册费。我们要把这笔账核对清楚，需要到多个部门核对，全部核算清楚需要一至两周，这样的话，业务人员的奖金就很难及时兑现，而且财务的工作量也很大。而管理系统可以直接根据合同分别记录到二级科目，财务部直接做凭证，这样，公司的财务管理就非常清晰、及时，员工可以随时看到自己的业绩报表。

最大公约数和最小公倍数

这里的最大公约数，指的是代理记账行业中各个公司的共同点，如都要做公司注册、工商服务、财务代理，这些部分都要收费，那么我们可以提前把数据做好，列在系统中，员工只要套用就可以了，非常方便。

这里的最小公倍数，就是把行业中各个公司都能用到的东西尽量放在系统中，然后每个公司可以根据自己的特点选用。例如培训业务和审计，企盈没有，但系统里面有，那么，有培训或者审计业务的公司可以把相应的产品作为商机录入进去，生成合同即可。

管理软件的陷阱

1. 管理软件要灵活

很多软件开发者会宣传自己的软件很灵活，可以随意定制。实际上，代理记账行业的大多数老板对计算机并不熟悉，而定义那么多规则、流程是非常复杂的事，坦率地说，如果能定义出来并执行好，早就做大了。华为在当年引进 IBM 管理系统的时候，也有很多人说系统不够灵活。任正非当时的回答是：先学习别人的先进管理方法。他提出：先僵化，再优化，再固化。

其实，“先僵化”从表面上看是不灵活，但本质上是被赋能的过程。使用一段时间后，根据自己的实际情况提出优化方案，再回过头来将优化方案固化在系统中。这是所有小公司在实施管理系统时的一个参考。

2. 公司大了才需要管理软件

实际上，公司是因为管理好了才能做大，而当前的管理几乎不可能不依赖管理系统。

3. 管理软件要实现全自动化，管理所有事务

认为所有管理问题都需要在系统中管理起来实际上是走向了另一个极端。大部分代理记账公司的规模并不大，我们不是搞科研的，而是要实现商业上的效益最大化，寻求的是线上管理与线下管理的最佳结合。

思考题

给员工开过很多次会，讲过无数次，但还是执行不好，你有这样的经历吗？

第 94 讲 | 代理记账管理系统：CRM

什么样的 CRM 才能帮助销售提升业绩？

关于代理记账公司的产品

在企盈的管理系统中，我们将代理记账公司提供给客户的服务初始固化在系统中，并将这些服务按照业务属性分为九大类，包括工商服务、财税服务、行业资质许可证、人事服务、知识产权、法律服务、银行服务、培训和其他。

我们首先看工商服务这个大类，因为这是代理记账公司业务最多的一个分类，其二级分类包括注册、变更、注销和其他四类。其中，企业注册分为内资、外资、海外三类；变更分为普通、实地、转让三类；注销分为简易、复杂两类；其他包含了特殊核名、重新核名、年度公示、地址服务等（如图 9 - 1 所示）。

财税服务也是代理记账公司业务较多的服务，其二级分类包括代理记账、财务服务、税务服务、发票相关服务和其他五类。在代理记账中，除了代理记账这个典型产品外，我们还可以自定义。财务服务中包括审计报告、上门服务、理账、财务软件备案、会计上岗服务等。税务服务包括核定税种、汇算清缴、出口退税、办税员证、代理申报个税、数字证书、税控器、代缴税款、税务筹划等。发票相关服务包括认证发票、代买发票、发票升级、代开发票、开票系统维护等（如图 9 - 2 所示）。

对于系统固化产品，可以根据公司的实际情况和需求定义价格，及时通过上下架产品管控对外销售，或新增产品。管理好公司的产品，让内部核算更清晰，让人事考核更明了，对员工的奖励更及时。对管理系统中产品管理模块的设置，可以参考管理系统截图（如图 9 - 3 所示）。选择相应的产品，在其中进行简单的设置即可。

板块	大类	产品	描述
工商服务	注册	内资注册（标准）	
		外资注册	
		海外注册	
		自定义	
	变更	企业变更（普通）	园区注册，不涉及股权、注册地、许可证变更
		企业变更（实地）	
		公司转让	股权变更
		自定义	
	注销	企业注销（简易）	企业未核税
		企业注销（复杂）	
		自定义	
	其它	特殊核名	
		重新核名	已核准名称情况下，再次核名
		年度公示	
		地址服务	服务商提供地址
		调档	
		自定义	

图 9－1　工商服务板块的分类

板块	大类	产品	描述
财税服务	代理记账	代理记账	
		自定义	
	财务服务	审计报告	
		上门服务	
		理账	
		财务软件备案	
		会计上岗证服务	
		自定义	
	税务服务	核定税种(税务报到)	
		汇算清缴	
		出口退税	
		办税员证	
		代理申报个税	
		数字证书（报税U棒）	
		税控器	
		代缴税款	
		税务筹划	
		自定义	
	发票相关服务	认证发票	
		代买发票	
		发票升级	发票版本升级，如：千元版升级为万元版
		代开发票	帮客户去税务局开；客户的税控器放在我司代开
		开票系统维护	
		自定义	
	其他	自定义	

图 9－2　财税服务板块的分类

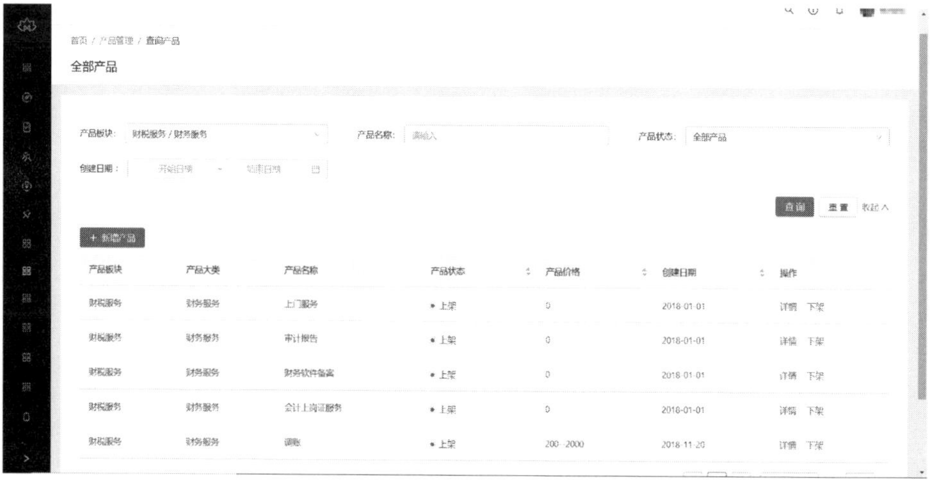

图 9－3　产品管理模块设置

关于商机和结构化咨询

线索是我们销售的联系源头。商机是有确定需求的线索。结构化咨询就是将最优化的销售过程固化在系统中。

有客户商机过来的时候，我们的业务人员一旦开始与客户沟通，将客户的需求与系统中的九大服务相匹配，系统就立即显示相关服务的结构化咨询内容，我们的业务人员就按照系统固化的结构化咨询“用客户熟悉的语言”与客户“我问你答”地沟通。

管理系统提供行业和政策的知识库，让业务人员以专业的知识更加快速地响应客户的问题。我们对结构化咨询设置了几个点，分别是主营行业、经营范围、是否涉及行业资质许可、注册地址来源、注册地/区域、企业类型和年营业额，并在最后要求业务人员记录客户的联系方式等信息。

我们以客户要注册广告公司为例，只要员工点击广告这个业务，系统就立即显示设计、制作、代理、发布各类广告的经营范围，以及对于税率、注册区域的政策、办理要求和材料准备的要求（如图 9－4 所示）。

图 9－4　广告业务的结构化咨询

>> 结构化咨询背后的数据支撑

我们现在用起来很舒服的结构化咨询是用大量行业数据支撑起来的。这其实是系统通过人工智能，不断优化更新知识库的数据结构与内容，让业务员得到最新、最全面的咨询内容，包括：(1) 几十个行业的经营范围；(2) 几十个行业的工商和税务常识；(3) 不同注册行政区域的政策和注册要求；(4) 不同类型的企业在不同注册行政区域所需要的注册材料；(5) 办理行业资质许可所需要的材料和要求（如图 9－5 所示）。

图 9－5　结构化咨询内容提示

>> 合同

代理记账公司销售两类产品：合同产品和非合同产品。绝大多数业务需要签订合同，这类业务就定义为合同产品。非合同产品是指金额很小、一次性的产品，如购买 U 盾，这种产品大多数不需要签订合同，直接记录即可，系统形成虚拟合同记录。

对于合同，系统中只记录合同的关键信息，包括来源、甲方、乙方、签订人、签订时间、收款（应收）等（如图 9－6 所示）。系统中一旦签订合同，就会触发收款（应收）与任务，这两类会在后面的 BPM 与账务模块中详细介绍。

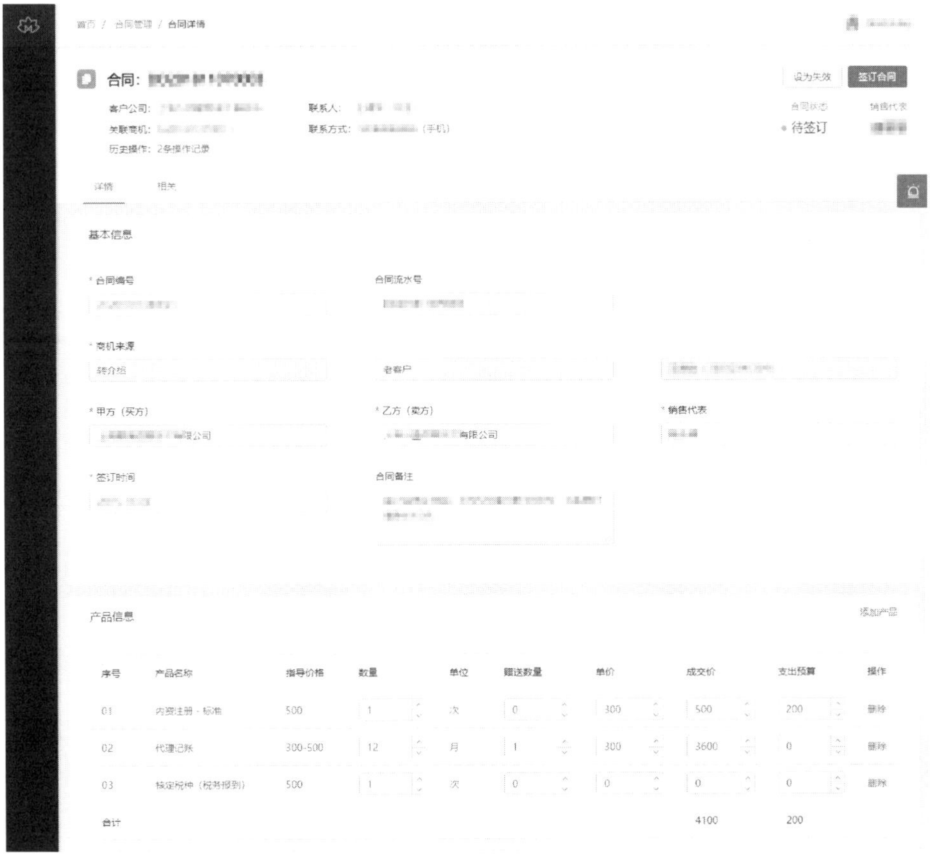

图 9－6　合同管理系统

>> 客户分类

在签订合同时，产生了我们服务的对象：客户。

客户可以分为普通客户、VIP 客户和高风险客户(如图 9－7 所示)。

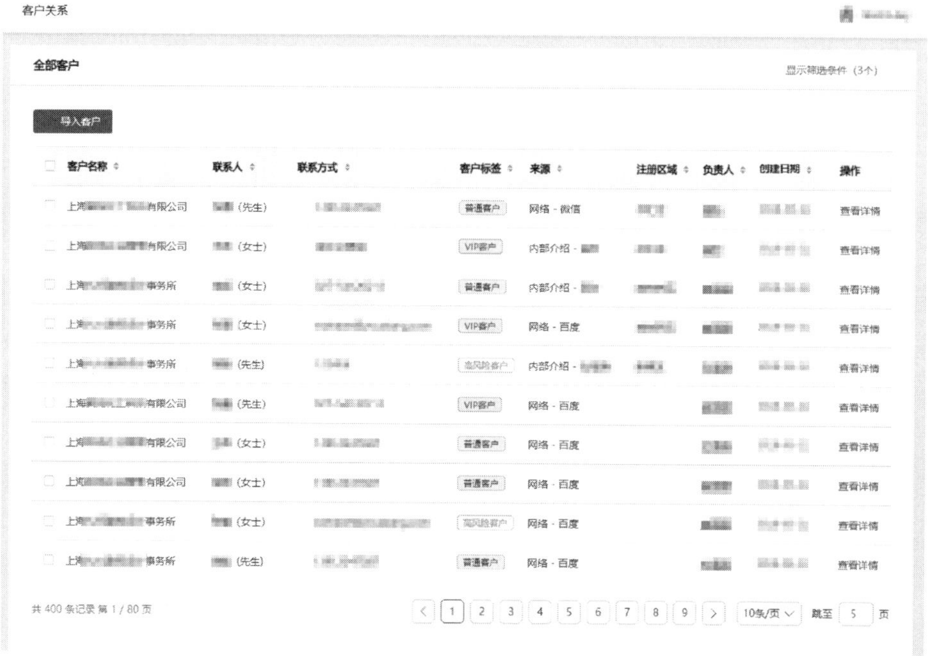

图 9－7　系统中的客户分类

思考题

看了我们的“黄金 60 秒”和结构化咨询，你有更好的关于公司注册的话术吗？

第 95 讲 | 代理记账管理系统：BPM

什么样的 BPM 才能提升客户的满意度？

>> 系统固化关键流程，避免部门之间扯皮

在服务鱼骨图中，我们专门讲了服务流程，其中代理记账公司使用最多的是企业注册流程。

企业注册是代理记账公司业务占比最大的业务。执行这项业务，客户提供了相关注册材料，公司的员工去政府部门办理就可以了。可是大家都觉得很简单的业务，员工在实际操作过程中却不一定办得好，常常出现本来几天就可以将客户的营业执照办下来，却一拖再拖，两个多月还没办下来。部门领导在协调时了解到，业务部门与工商服务部门出现了互相扯皮的现象，业务部门说客户的材料早就提交给工商服务部门了，工商服务部门却迟迟不给办理；而工商服务部门说，材料是收到了，但缺少法人身份证原件，没法去办理业务。最终受影响的是代理记账公司的利益和客户的满意度。

企盈的做法是明确关键流程（如图 9－8 所示）。

对于注册业务，我们设置了三个关键流程节点，分别是准备材料、名称核准和出执照。只要把材料准备好，然后提交给政府部门，就等待名称核准，名称核准后就可以等待出执照了。

首先来看“准备材料”环节。在这个环节，业务人员需要将注册企业的需求信息准备好。例如，申请企业的名称；企业属于哪种类型，是有限公司还是合伙企业；希望的注册资本是多少；注册地以及法人、投资人、监事的信息。准备齐全后，提交到系统中待用（如图 9－9 所示）。

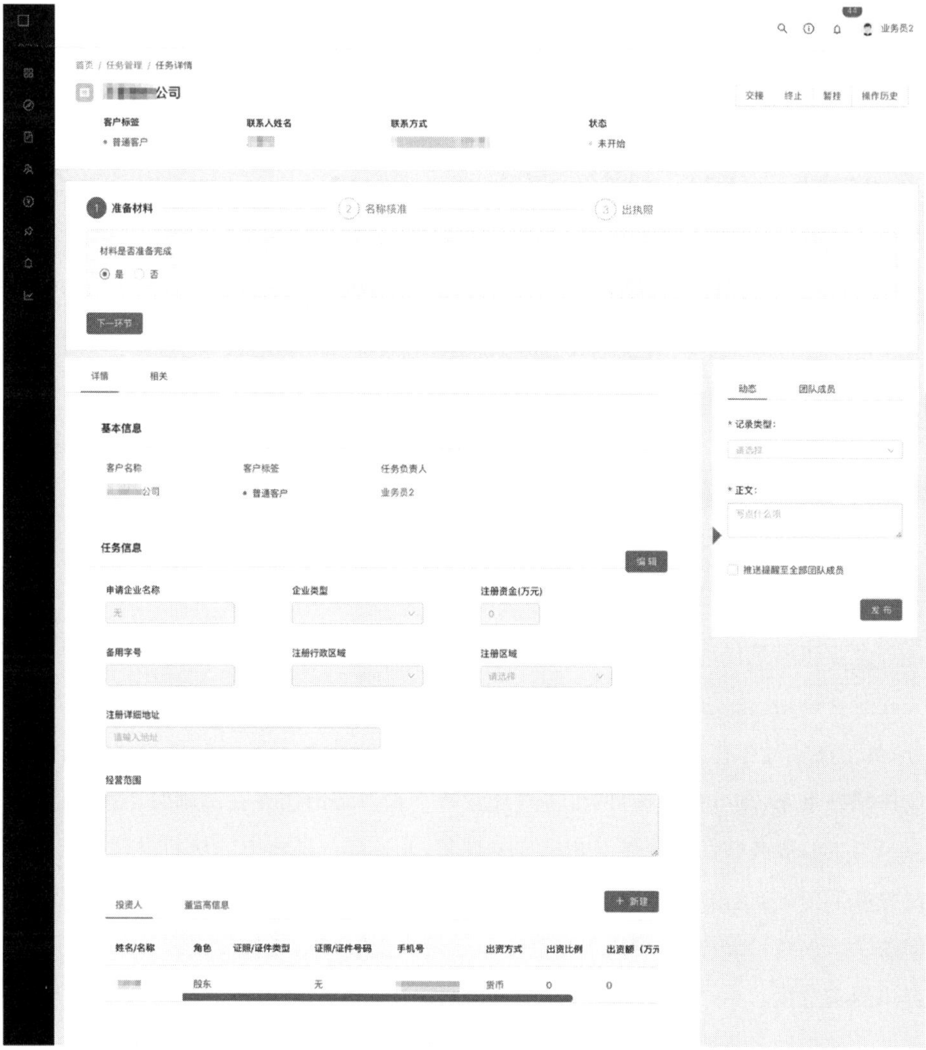

图 9-8　企业注册流程

进入“名称核准”环节后，需要将核准的企业名称、核准文号等信息确认后，才能进入“出执照”环节。但上一步，业务人员已经将待提交的材料提供了，现在需要由工商服务部的人员进行操作。这时，就涉及跨部门交接的问题，当前任务还在业务人员的工作界面上，他可以点击右上角的“交接”，选择需要办事的服务人员（如图 9-10 所示）。

图 9－9　“准备材料”环节

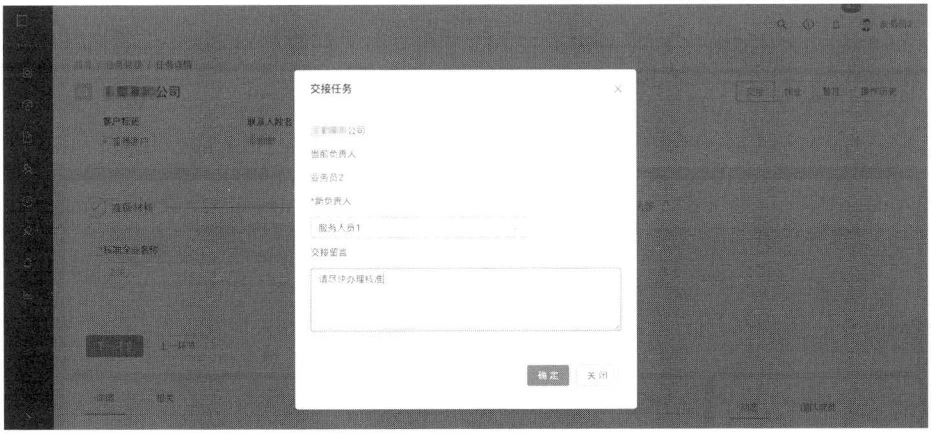

图 9－10　交接任务

这样,这项任务就交接给了工商服务部的人员,此时,工商服务部就可以看到该项工作,图 9－11 显示的是工商服务部人员的工作界面。

工商服务部的人员收到交接过来的任务,并不能马上操作,而是先要确定上一环节业务人员提交过来的材料是否齐全,如果不齐全,可以将这个任务撤回给相关业务人员,在系统中告知其缺少的材料,让该业务人员补全后再进行交接。如果工商服务部的人员确认提供的材料准确、完备,当他点击“确定”后,该任务才真正流转

图 9－11　工商服务人员的工作界面

到其手中。这样,我们在业务环节上,通过系统分清了部门之间的责任,有效地做好了部门之间的交接,避免了部门之间的扯皮。这就是通过系统让员工没有机会犯错。

待名称核准后,服务人员即可完成最后一个环节:出执照(如图 9－12 所示)。

图 9－12　“名称核准”环节完成

当工商服务部的人员完成“出执照”环节后，系统会给客户的手机号发送一条注册成功的消息，告知其什么时间注册完成了某某名称的公司。这里除了简单的通知外，还有一个很重要的环节，就是通过系统规范了话术，因为每个员工按照自己的话术去与客户沟通会非常混乱。用系统统一的、标准的温情话术去与客户沟通，就形成了公司与客户之间标准又温情的服务。

当然，客户可能因为各种原因而导致工作无法继续开展，此时，我们可以通过系统中的“暂挂”或“终止”功能，将项目停止。这样可以帮助代理记账公司更好地分析停止业务的原因，并为业务绩效提成提供依据。

>> 工作游戏化，做到及时激励

游戏化思维方式就是让员工将工作当成打游戏一样着迷。通过管理系统，员工按照固化的关键流程只要顺利完成工作任务，就可以在系统的界面上显示自己应得的提成奖励，这些奖励是实时变动的，一直刺激着员工用最短的时间、最高的效率完成最多的工作任务；同时，系统还设有奖励提成排行榜，按照不同的岗位进行排名，刺激员工竞争。工作任务做得越多，赚得就越多，一个具有高效率的狼性团队就这样简简单单地通过系统建立起来了。

>> 客户全视图

通过完成 BPM 中的各类任务，我们会不断地用数据完善客户信息。查找到某个客户后，我们会通过三个维度来展示客户的全视图信息。

第一个维度是“详情”信息（如图 9－13 所示），其中主要包括客户的基础信息、联系信息、工商信息、代理记账信息、账户信息等。这些信息构建了一个客户的基本形态，方便我们日后做其他的服务推广。

第二个维度是“相关”信息（如图 9－14 所示），展示了从商机到合同，再到任务，直至收款等与客户相关的工作信息。

第三个维度就是企业图谱（如图 9－15 所示），在这里，我们能看到对这家企业所提供的服务的进展情况。例如代理记账，客户现在还有多少钱、还能帮客户做几个月的代理记账、什么时候需要提醒客户续费等。

图 9－13　客户的“详情”信息

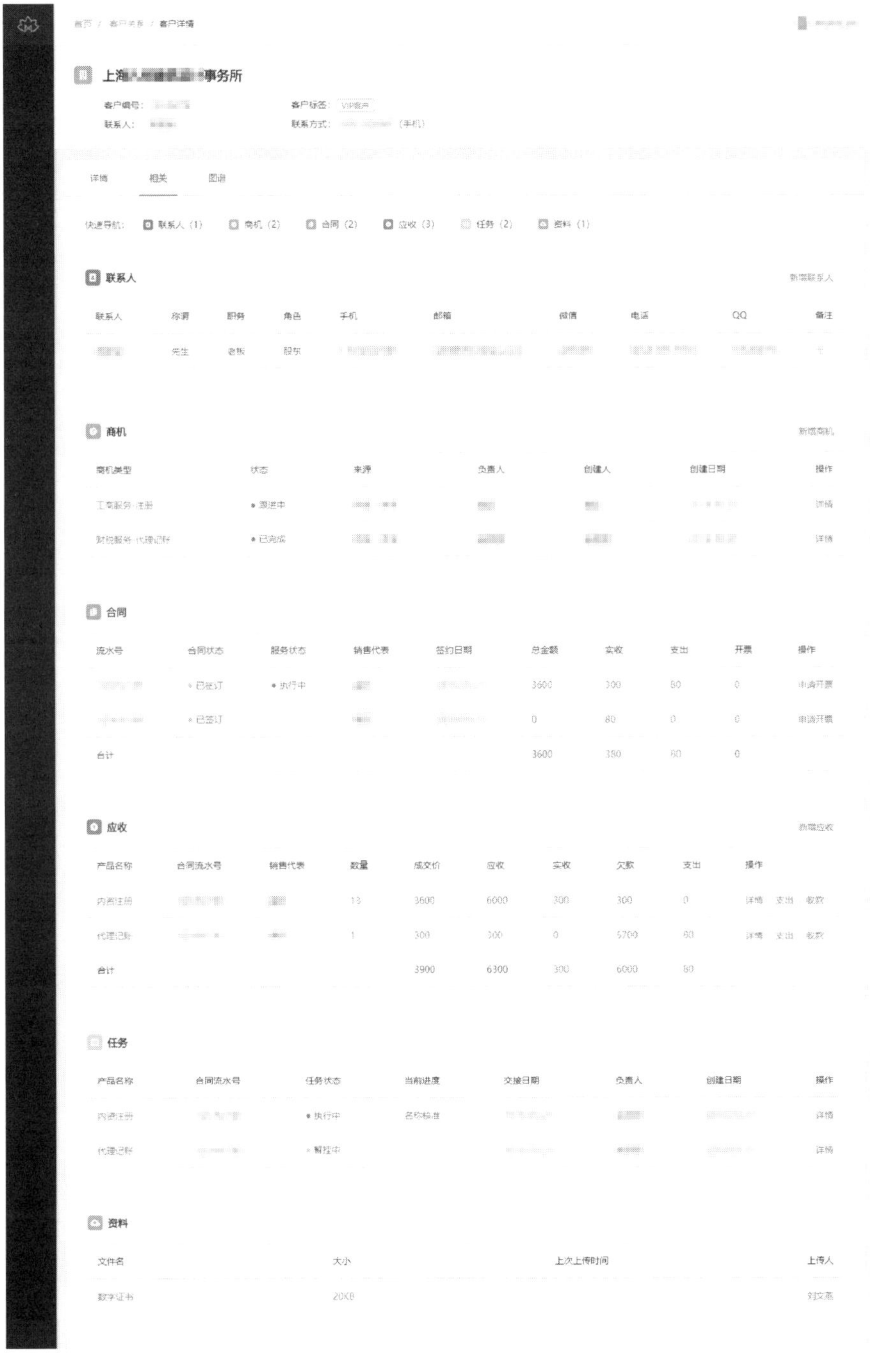

图 9-14 客户的"相关"信息

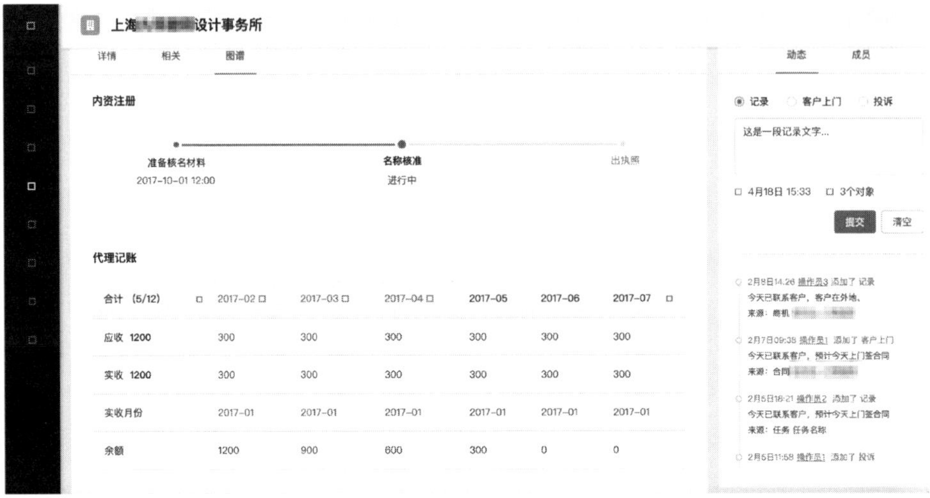

图 9－15　企业图谱

思考题

在你的公司，业务部门和工商服务部门有过扯皮的现象吗？

第 96 讲 ｜ 代理记账管理系统：内部财务管理

内部账务不清问题如何解决？

公司内部的钱可以分为两大类：与业务直接相关的、与业务非直接相关的。

与业务非直接相关的钱，如差旅费、办公用品，这些在 OA 系统中管理。通用管理软件已经非常完善，如企业微信、钉钉等都集成了很多好的 OA 系统，直接使用即可，而且它们都有开放接口，可以与公司的管理系统连接。

与业务直接相关的钱就是销售的产品的收益，这些都在我们的管理系统中管理起来，因为一个“企业注册 + 代理记账”的合同包括流程、不同节点的收款，还要循环收款，有的还有支出需要审批，这些功能是通用管理软件无法为我们定制的。

我们这里的财务管理，指的是管理与业务直接相关的钱。

>> 内部财务管理清晰的必要性

我们是代理记账公司，但遗憾的是，我们自己公司的账却不够清晰。造成这种情况的大致原因如下：(1)“小老板”思维，只管钱，不管账；(2) 现金流正向即可，不管权责发生的利润；(3) 一次性业务和长期业务混在一起，难以核算清晰；(4) 单一股东，或者“夫妻老婆店”，认为没有核算的必要。

但是，公司要发展、要做大，这样做肯定不行，下面三点必须注意：(1) 当公司引进合伙人、有多个股东的时候，必须算清楚；(2) 打造一个狼性的团队，必须清晰、及时地核算和激励；(3) 保障公司高效稳定地运行，财务支出必须有严格的流程和制度。

>> 合同驱动收款

商机促进了合同的签订，那合同签订之后，又驱动了哪些内容的开展呢？一方面，合同中记录了需要帮客户完成的工作内容，即我们在 BPM 管理中提到的任务，通过合同来驱动任务的有序实施。另一方面，合同记录了各项与客户相关的收款事宜，如需要在什么时间付款、是按照季度付还是半年付或是其他的付款方式，这些在代理记账公司内部就形成了系统化的收款方案，系统就可以定期提醒业务人员进行收款，同时给公司内部的财务提供更直观、便捷的应收、预收报表(如图 9－16 所示)。

图 9－16　合同驱动收款

在这个界面中，我们可以直观地看到，基于“合同流水号”，客户在哪些业务上已经支付了费用，还需要支付多少钱，系统通过使用显眼的红色进行标示，提醒业务人员及时收款；同时，系统也会定时发送站内信及短信，提供业务人员或客户需及时按照合同约定的付款方式进行收付款。

对于我们内部的财务，如图 9－17 所示，我们提供完整的有效收入报表，详细记录每项业务的收支情况，帮助财务更加方便地管理、核对好内部财务账目。

>> 多种收款方式，方便业务收款

基于长期的管理经验，我们总结出三种常用的收款方式，预设到系统中，分别是在线收款、现收和认领。

1. *在线收款*

对于这种收款方式，客户扫码支付即可(如图 9－18 所示)。

在收款前，首先选择客户希望的付款方式，然后按照设定好的收款金额，系统会

图 9－17　有效收入表

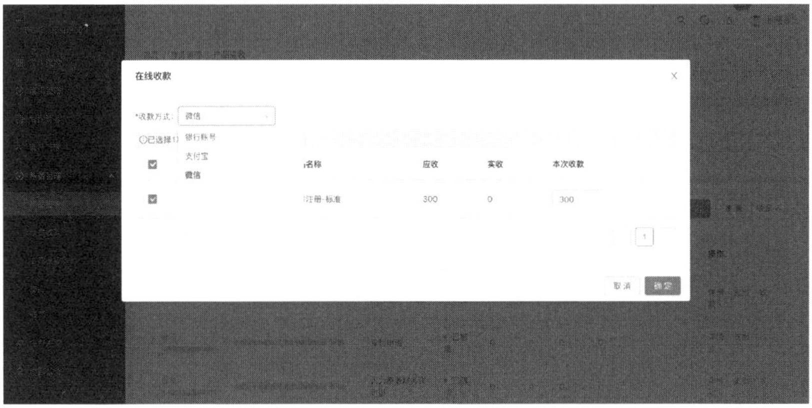

图 9－18　“在线收款”界面

自动生成带参数的收款二维码。当业务人员将这个二维码发给客户时，客户只需扫一扫，就可以看到待付款的详情。因为这个二维码植入了合同参数，所以只要客户通过扫码付款成功，即可直接将所付款项关联到具体的合同，免去了业务人员及公司财务的确认操作环节。

2. 现收

很多代理记账公司存在这样的现象：客户办理一项业务，直接将现金支付给公司的业务人员。那么，这笔钱应该怎样在系统中做好记录呢？这时就可以使用“现收”功能，业务人员只需要将现金收款的金额及单据信息录入系统，并将实际单据和现金转给公司财务入账，当财务确认这笔钱进入公司账后，就可以将这笔钱记入系统中(如图 9－19 所示)。

图 9－19　现金收款

3. 认领

这可能也是使用得比较多的一种收款方式。客户常常喜欢直接将钱转到合同规定的公司账户上,一来可以确保转账安全,二来可以保证在银行系统中有明确的付款记录,避免责任纠纷。“认领”这种方式就是用来满足这种情形的(如图 9－20 所示)。

图 9－20　非现金收款

公司的出纳会定期将公司账户上的入账导入系统,这样系统中就会形成“可认领”的收款信息,业务人员只需到认领界面,将属于自己客户的钱认领到相应的合同就完成了收款操作。

>> 业务支出审批

这里的支出指的是与业务直接相关的支出(如图9－21所示)。

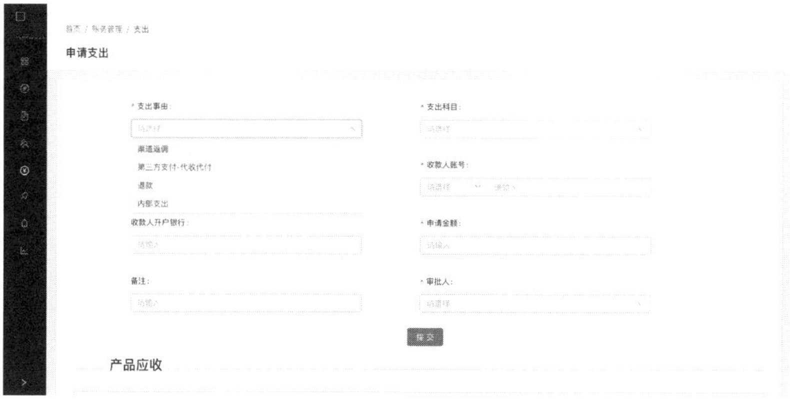

图9－21 业务支出审批

系统对“支出”项目进行细化，涵盖四大“支出事由”，每个“支出事由”又细分成多个“科目”，包括返佣、代收代付、退款、内部支出等，可以保证财务科目全覆盖(如图9－22所示)。

图9－22 支出详情

同时,系统支持支出工作流程审批,会以支出表单的形式记录每项支出业务的审批细节,保证支出金额及类目的准确。这样,每项业务的支出都会按流程进行。

通过系统化做好以上工作,保证了公司的内部账目清晰,也支持了公司人力资源的绩效考核。

思考题

你公司的内部账目管理清晰吗?

第 97 讲 | 财务软件：核心是提升效率

财务软件到底哪家强？

最近几年出现了很多财务软件，其中不少是为代理记账公司定制的。从软件开发商的思路来说，大多是想通过这么一个财务工具，切入代理记账行业。正如前文所说，代理记账行业是企业服务的入口，因此软件开发商也想通过财税这个入口进入企业服务市场，尤其是代理记账行业所在的中小企业服务市场。

>> 代理记账财务软件与传统财税软件的区别

代理记账财务软件的三要素就是我们通常所说的业、财、税，这与我们以前用的传统财税软件，如金蝶、用友的主要区别有以下三点：

第一，批量处理的便利性。代理记账公司一般是一个会计做多套账，而以前用的金蝶、用友等软件本身的标准设计模式是一个客户一套账。所以，这种传统的财税软件并不适合代理记账公司，因为代理记账公司有批量处理的需求。所以，现在那些专门针对代理记账公司的财务软件都支持批量处理。

第二，网络版。以前我们用的很多财税软件是单机版的，而网络化会给我们带来很多好处。我们可以提取很多数据来进行统计，也可以进行一些任务的切分，还可以实时给客户传递信息，无论从管理的角度还是服务的角度，网络版的财税软件都为我们带来了很大的便利。

第三，业、财、税一体化。代理记账公司本身的账务相对于大公司而言并不复杂，所以，实现业务、财务、税务一体化既非常有价值，难度也不是很大。

就业务而言，中国的税务端业务是以票据为基础的，这些票据与财务的会计科目之间有一个匹配的对应关系。从财务上来说，财务软件输出的结果与税务也有一定的匹配关系，是根据一定的规则定下的。所以，如果把业、财、税三者之间的规则整理清楚的话，一个代理记账财务软件就能真正实现一体化，由此就可以实现真正的自动化报税，自动通过发票等凭证，甚至直接通过业务本身生成财务报表，再通过财务报表与业务的结合直接生成税务报表。

>> 云与数据

三四年前有人开始做基于云端的代理记账财务软件的时候，大家还不能接受，觉得数据放在云上安全吗？而现在大家已经普遍接受了。今天，我们在阿里云上付费，真的跟马云当年所说的一样，像日常付水电费一样方便。

关于数据问题，前几年推广的时候，大家很关心这个数据到底属于谁、谁能使用。实际上对于一家小小的代理记账公司而言，数据不多，远远算不上大数据。关于数据属于谁，有一种观点认为：数据属于用得最好的那些人。也就是说，数据属于谁并不重要，谁会用且用得好，这些数据实际上就属于谁。就像矿工挖出了钻石，但钻石不属于他，而属于矿主。但最后钻石在哪里呢？可能戴在某位女士的脖子上。这个时候，钻石又属于谁呢？属于这位女士了，因为她是能把钻石用得最好的人。

数据也是一样的，我们在淘宝上创造了那么多数据，那些数据到底是属于用户，还是属于淘宝商家？实际上，把这些数据用得最好的永远是淘宝。谁能把它用得好，数据就属于谁。

>> 如何选择代理记账财务软件

我觉得，应当从业务、财务、税务三个方面来考量，并且首先看财务上的好用度。因为财务软件最基础的功能是一个好的会计软件，首先要能方便我们把账做清楚；接着就是业务上，票据的便利获取很重要，要能提升效率；最后是税务上，我们需要自动报税。这三个方面我是按照 6∶2∶2 的比例来考量的。也就是说，只要财务方面比较好用，能够批量地网络执行，这个财务软件就不错了，能打 60 分。然后再看它获取票据是不是方便，能不能实现自动报税。

另外，当我们选择代理记账财务软件时，还要考虑某一种软件到底适合哪一类客户，是适合零报税的客户，还是适合普通客户；能适合账务复杂的客户吗？大部分财务软件对零报税客户和普通客户更为适用，尤其是小规模纳税人，年营业额很少，增值税是0，又是季度申报，代理记账财务软件能很好地提升报税效率。

随着代理记账财务软件的不断完善，处理账务复杂的客户实际上也会越来越有优势。

现在市面上有很多代理记账财务软件，我们可以根据公司的实际情况，从以下几个方面综合考虑：(1) 公司所在区域的智能化程度；(2) 服务与迭代的能力和速度；(3) 与其他管理系统的包容度；(4) 公司的管理模式。

思考题

你的公司选择的是什么代理记账财务软件？使用效果怎么样？

第 98 讲 | 软件实施：一把手工程

员工不习惯软件，怎么办？

>> 先认同管理理念，再实施软件

千万不能把软件实施仅仅理解成安装和培训。我们必须先认同管理思想，再实施系统。如果不认同软件设计者的管理理念，就不可能用好这个软件。

>> 何时上系统

有的人说：“我要等公司做大一点再上系统，现在就 20 个人，用软件是不是没必要？”

我强调过：是因为有了好的管理，公司才会做大，而不是因为做大了才需要去管理。在公司规模还小的时候就应该从内部去规范它，让它有可以扩张的基因。

携程最初成立的时候还没有网络，他们当时就把客户的数据用软盘拷贝好之后放在保险箱里，而且这个保险箱需要两个人的钥匙才能打开。那个时候携程才创立不久，就有非常好的管理系统，使得所有员工都非常重视客户数据。

我们现在有这么多客户，每个客户又能产生这么多数据，如果没有一个系统把这些数据管理起来，而仅仅是放在几张 Excel 表格中，这里放着联系方式，那里放着每个月的税金，另外还有些客户证件的清单全都要靠人工整理。这样，时间长了、客户多了，数据怎么可能管理得好呢？

从简单的客户资料管理的角度来讲，哪怕只有 3 个人的公司，也应该使用最简单的管理系统，把最基础的资料管理起来。只有从一开始就建立标准化的流程，才能把公司逐渐做大。

因此，关于什么时候给公司上软件系统这个问题，我认为在如今的 IT 时代，任何一家公司都应该上，时间并不是问题，重要的是软件系统是否适合公司。

如何实施

软件的实施不仅仅是IT的事，而且是企业管理思想的反映。正如我前几讲中阐述的，表面上看，公司只是在使用一个软件，但实际上，软件是公司管理思想的一个固化模式，将管理者如何管理公司的思维固化到一个系统中来实现。

在这里，我再次详细解释一下任正非的那九个字："先僵化，后优化，再固化"。

IBM拥有优秀的管理方式，但我们直接拿过来用，一定会有很多不适合的地方。这个时候，我们首先要做的是向优秀的企业学习，通过适应别人的优秀管理方式，先学起来、做起来，这就是"先僵化"。在适应了一段时间后，我们能逐渐摸索到对方的核心内涵，学习到他们的优秀思想，这时我们再融会贯通，根据我们的实际情况对管理方式进行优化，这就是"后优化"。最后，根据我们自身的情况，将优化好的内容推广到公司的各个部门进行操作落实，并放在系统中做进一步的设置，由此固化下来，公司的发展就会变得井然有序，这就是"再固化"。

软件改变了什么

第一，软件改变的是一种思维方式。它要求整个公司用一种系统化的方式来思考和运营，而不是这一块、那一块分散地去思考，碰到问题之后再来解决。

第二，软件改变的是做事方式。实施软件后，做事的方式是流程化的，而不是一个人做到底。即使一个人做了很多工作，也是把一个人分成了不同的角色，因为软件系统里面一定是分角色来做事情的，而不看个人。

第三，软件可能会改变组织构架。以前是一个人做几十套账，现在是要用"会计工厂"的模式来做：有的人贴凭证，有的人把凭证催过来，有的人做账，有的人审核，有的人负责与客户沟通……整个组织构架与以前不一样了。

如果要采取这种"会计工厂"的模式，首先要改变公司的组织构架。随后，薪酬体系也要改变，这可不是一件简单的事。

软件的实施是一项"一把手工程"

所谓"一把手工程"，就是老板必须重视的事情。习惯是很难改变的，可是我们不主动去改变，别人就会改变我们——我们的公司就会被竞争对手比下去，所以我们必须坚持改变。这个改变的过程就是一个学习的过程，就是一个内部改革和优化的过程。这个时候，只有老板坚定信心，碰到问题的时候保持坚定，积极协调各个部门，才能让整个公司支持软件系统的实施。

企盈最初在没有自己的软件的时候，上过一个 CRM。刚开始大家都觉得不习惯，但我们相信用系统一定比不用系统好，所以依然强制推行，时间长了，大家就习惯了。后来，我们自己开发了现在的管理系统让大家用，大家一开始也不习惯，但我们依然强制推行。经过一年多的实施，现在大家都依赖这个系统，所有客户的进入，所有商机的记录，所有与客户的沟通，所有的合同、付款，包括我们每个月的工资、奖金，都离不开这套系统。即使是业务上想换一种管理方式，也不再需要像以前那样去发指令，然后再“盯”员工的执行情况，而只需要在系统中做一些设置，大家跟着系统执行就好了。

思考题

我们在实施软件系统的时候，有哪些东西根本不需要改变？

第 99 讲 | 会计工厂：美丽的梦想

会计工厂什么时候能真正解放我们？

>> 代理记账公司老板的主要精力应该放在哪里

在代理记账公司中，代理记账部很重要，但不是最重要的。代理记账公司的老板需要时刻从公司整体的角度来看问题。如果是用一个立方体来比喻一家公司，它拥有点、线、面、体多个维度。一个角就是一个点，两个点形成一条线，数条线形成一个面，六个面形成一个立方体。一家代理记账公司就相当于这么一个立方体，代理记账部只是其中的一个面，我们不能仅仅从面的角度去看待整个公司。

现在很多代理记账公司的老板容易纠结于一个点或者一个面，如这一阵纠结于社保问题，过一阵又纠结于会计的薪酬体系问题等。但公司最大的问题在哪里，他们往往不得要领。那么，当我们看到一个点或者一个面上出了问题的时候，怎么样去做改变才最有效呢？

一个点需要其他的点、其他的面，甚至整个立方体的支持，只有这样，这个点才能做改变。所以，我们解决问题时的思维方式也应该更系统化一些。代理记账部的工作依赖于整个业务体系。如果公司有大量的业务，这个时候再去管理这个部门或者这个部门中的代理记账会计，就容易管得好。如果公司没业务、没有竞争力，甚至无法持续经营，我们还关注一个点、一条线、一个面又有什么意义呢？

>> 会计工厂的逻辑

会计工厂的逻辑：从 A 到 B 到 C 到 D，就像工厂一样，把一个个节点梳理好，分开处理。落实到代理记账公司的具体流程，就是有人去与客户沟通、催凭证，再把凭证拿过来；接着有人来做账；账做好后，有人来审核；再往后有人来报税。每个环节都安排专人做，把业务变成流水线作业。

这种类似工厂化的分工一定会比一个人把全部事情都做完的效率高。例如，一个会计如果能一个月独立完成60套账，那么这个会计就算是一个比较优秀、高效的会计了。但是，在他贴凭证的那段时间，他的效率就是很低的，因为这类工作找一个3 000元/月的实习生就能够完成，没有必要让一个6 000元/月的会计去做。就如生产一根绣花针，如果一个人从头到尾把一根铁杵磨成针，那不知道要多久；但是工厂化后，有的人负责机床，有的人负责打磨，有的人负责包装，在这种流程化的分工协作下就可以高效生产无数根针。所以，从协作的角度来看，工厂化一定会提高效率。

但是，在代理记账行业，为什么大部分会计工厂实施的效果不太理想呢？我觉得，一个很重要的原因是没有考虑沟通成本。

我们把一根铁杵磨成一根针，只要放到流水线上去做就行了，中间需要沟通的地方比较少。可是代理记账这件事就很麻烦，因为我们需要与客户沟通。如果我们的内部管理系统不完善，凡事都得分别去问做凭证的人、做会计的人、做税务的人，客户一定会不耐烦。此外，还有一种常见的情况，是内部员工之间的物理隔离。例如，公司在上海或者深圳，代理记账工厂却建在武汉等成本较低的地方，人和人没有见过面，沟通机制的建立就比较困难，沟通成本也较大。所以，我们在建立会计工厂的时候，务必重视沟通成本。

>> 如何建立会计工厂

各家公司应根据自身的情况，分步骤实施。

第一步，网络化，把所有数据上云上网。网络化可以使所有数据在一个平台上进行监控、管理和优化。这样，很多数据就可以随时提取，哪个会计做的账多、哪个会计的客户难度大、凭证到底有多少等都可以进行数据测算，通过数据来进行管理。

第二步，实现个人的批量化。现在的会计软件基本上能够做到个人处理的批量化，例如，现在我们做成本费用的时候，很多发票可以批量地从销项、进项处导入，银行的一些回单也可以直接导入系统。这些批量的操作可以大大降低时间成本。

第三步，做实验。做到网络化和个人批量化至少可以提高10%～20%的效率，在这个基础上，我们再小范围地进行会计工厂的测试。例如有三个会计，一共做200

套账，那么把这三个人组合起来，同样是这200套账，让他们用工厂化的模式来处理，测试一下，看看是否可行。

第四步，在测试成果上逐步推行。我们在测试的时候，要重点关注与客户的沟通情况：客户的反应以及公司内部的沟通状况。要把这个流程一点一点理顺，在能够理顺的情况下再去做第二条流水线、第三条流水线，逐步把代理记账工作工厂化。如果实验成功，就可以把经验和教训总结出来，在公司里推广，让整个公司实现工厂化。

会计工厂不是物理属性的，不要把它想象成生产车间，非得会计员工搞到某个地方集中起来工作才叫工厂。实际上，公司内部的架构不需要改变，只要虚拟地把某几个人的工作安排成一条流水线，让他们把工作按照新的方式实施好，能够提升效率就行。会计工厂是一个虚拟的工厂。

思考题

你怎么看待会计工厂？

第 100 讲 | 代理记账公司如何选择软件："懂"我们

"懂"我们的软件在哪里？

>> "懂"我,才能帮助我

一个女孩在朋友圈里发了一个字："烦"。就这么一个字,别的什么都没有。女孩有三个闺蜜。第一个闺蜜回复她说："又吵架了?"当女孩看到这句话时,会怎么想?会觉得这种沟通不痛不痒,甚至感觉对方像是在围观看戏。第二个闺蜜回复说："亲,你怎么了?我能帮你什么吗?"这是一种善意的关心,愿意帮她解决问题,这是一个比较热心的闺蜜。第三个闺蜜回复说："家人相处肯定会有小摩擦的,好好把事情说开,互相包容就好了。"这是默契,因为第三个闺蜜太"懂"她了,不用她细说也知道问题出在哪里,并且给她提供了解决方案。

同样,我们在选择软件的时候,不能要第一种情况。软件提供商如果因为客户的企业出现了问题而幸灾乐祸,觉得又可以赚一笔了,这样的软件是要不得的,不知道里面会藏着多少陷阱。我也不推荐第二种情况,虽然我们出了什么问题,他来帮我们解决,但解决的方式是由我们自主发起的,我们说一点他做一点,是客户推着服务商走。我们最想要的是第三种情况,他了解我们,知道我们出了什么问题、有什么样的诉求,并且早就为我们准备好了解决方案,这就叫"懂"。能做到这一点的软件才是好的软件。

那么,为什么第三个闺蜜能够如此清楚女孩的问题所在,并且还能给她提供解决方案?是因为第三个闺蜜对女孩不仅非常了解,而且还发自内心地理解她;另外,这个闺蜜还非常关注女孩的动态,才能做到及时感知。

有一句坊间戏语："友谊的小船说翻就翻的唯一原因,是因为我的经历你都没有参与。”如果对方认真地参与了我们的经历，那么他就会懂我们，这样我们才会是好朋友。选择软件也一样，我们应该选择那些懂代理记账行业、懂代理记账公司的“好朋友”。

>> 不“懂”我，我也不需要

前面说了“懂”的表现，那么在代理记账行业的软件中，什么样的表现是不“懂”呢？

第一，软件什么功能都有，但我们不知道怎么用。它看起来好像非常灵活，功能很多，可以随意设置，可我们又不是软件行业的人，不知道怎么去设置。这样的软件其实不是一个好的软件，看起来什么都能做，但实际使用过程中对外行并不友好，导致使用者什么也做不了。

第二，软件只是一个工具，没有思想。软件是管理思想的固化，公司在使用软件的过程中，管理思想和管理特色都会通过软件的实施反映出来。如果一个软件没办法体现这一点，没办法提升公司的管理，那么这样的软件是不“懂”公司的。

第三，过于僵化，无法优化。有的软件，操作者只能按照设定好的内容来做，丝毫不能更改。这就很不妥了，因为每个公司的情况不一样，多多少少需要一些个性化的定制，如果完全僵化，那就如同鸡肋一般。

第四，开发者用外行人的眼光看代理记账行业。这就是“我们的经历他没有参与”，他们完全不是代理记账行业的人，他们是凭借自己对这个行业的想象做事情，所以开发出来的软件很难真正适合我们。

第五，软件是个空壳，里面的功能看着也很好，但就是没有任何数据。实际上，软件背后的数据才是代理记账业务支撑中非常重要的部分，空壳软件是没有意义的。

>> 什么才叫“懂”

怎样的软件才算“懂”代理记账行业呢？

第一，理解代理记账行业的“痛点”。代理记账行业的第一个“痛点”是获客问题。软件要怎么解决我们的获客问题？怎么帮我们提升获客效率？怎么帮我们把客户管理好？第二个“痛点”是内部管理问题，公司内部各个部门之间的交接、业务执行的流程、对客户的沟通以及内部的账务等，软件要怎么帮公司管理好？这些“痛点”，软件和它背后的开发团队都得“懂”才行。

第二，我们要的，软件都有。就像我们之前提到的行业“痛点”问题，软件不仅能理解我们，而且能针对这些问题设置相关功能。例如，我们要的客户资料管理、我们要的业务流程跟踪、我们要的部门交接无障碍等，这些系统都能提前帮我们想好，并且给出相应的功能。

第三，我们不知道的，软件能教我们。有些事情我们没有经验，不知道该怎么去做，但由于软件是专门针对代理记账行业的专业软件，我们不懂的工作事务，系统中都已经设置好了，我们按照它的模板去做就可以了。所以，我们不知道的，软件能教我们，才是真的“懂”我们。

第四，有内涵、有数据。产品怎么定价、薪酬体系怎么设置、员工培训如何展开等，软件系统中都有，我们按它给的去做就可以了。系统给了我们丰富的数据支持，不需要我们再去自定义。

能符合上述条件的软件，该有多么棒啊！

思考题

你觉得选择软件时，有哪些方面是不需要考虑的？

第10章
领导力

第101讲 | 领导力不等于权力

"90后"不愿意听我讲道理，怎么办？

在本章开始之前，我们先来回顾一下之前100讲的主要内容。首先我们讲了代理记账公司的战略；接着，把魔鬼般的细节融合到两张鱼骨图中，一张是客户界面的服务鱼骨图，另一张是员工界面的人力资源鱼骨图；然后，我们又结合代理记账公司的特点，讲了人力资源和市场营销体系；最后，我们讲了怎样把上面的所有战略、细节和体系固化到软件中。这些都做好了，我们准备怎样带领大家去实现战略？这就是本章要讲的内容——领导力。

>> 领导力≠权力

领导力不等于领导，也就是说，它不等于权力，也不等于职位。领导不一定具有领导力，而不是领导的人有可能具有领导力。

记得我女儿还在上小学的时候，有一次回家，她很开心地跟我说，她们学校在组织义卖活动，就是要大家把自己的物品拿出去义卖，看谁卖得多。老师把班级里的同学分成了8个小组，我女儿所在的小组有5个小朋友，其中有一个是班长。

当看到别的小组都卖得很好，自己这个小组却卖得不尽如人意的时候，我女儿就很着急，觉得自己的物品也是精心准备的，怎么会卖得不好呢？于是她就主动召集4个小朋友一起商量，想讨论出一个好办法。

有一个小朋友说，要不我们像集市上一样吆喝吆喝？还有一个小朋友说，我们现在回家去，把值钱的东西拿过来卖，肯定卖得好。最后我女儿说："我们的商品都是自己亲手做出来的手工制品，每一个都饱含着想要去帮助他人的心意，我想把这些故事告诉大家，让大家知道我们的商品是有意义的。"她当场就让其他4个小伙伴去把人召集过来。当那些小伙伴召集了几十个人过来后，她就现场做了一次演讲，告诉大家自己的商品都是精心准备的，既实用又饱含爱心，是很有意义的。之前并没有其他小朋友这么做，家长和别的小朋友都看得目瞪口呆，后来他们的商品就全部卖完了。在这之后，很多家长和老师都跟我说，你女儿那天的表现真的很不错。

事实上，她这个小组里有班长，她本身也不是领导，为什么其他小朋友甚至班长本人都没能做到，她却能把这件事情做好？我觉得，在这件事情中，她能带领大家面对困难、解决困难，获得了大家的信赖和支持，这实际上就是领导力。

>> 领导力＝责任

领导力就是带领大家去解决问题，达成愿景的能力。从另一个层面来讲，领导力等于责任。

我后来问我女儿，当时为什么要这么做？她说，她当时很着急，想赶快把东西卖出去，大家都那么努力，她希望能得到一个好的结果。从这个角度来看，女儿对他们小组的成员和产品都是有责任感的。这种责任感驱动她站出来，号召大家去解决问题。

对于代理记账公司的老板而言，想让大家帮助我们实现我们的创业梦想，我们就有责任带领大家去实现大家的梦想——把公司做得更大、更强，去获取更多客户，让大家赚更多钱。尤其在我们准备去"打硬仗"的时候，以及我们决心变革的时候，我们一定会面对很多困难。这个时候，我们如果能承担这个责任，我们就具有了领导力。

>> 领导力＝影响力

从另外一个层面来说，领导力也相当于影响力。如果我们能够对他人产生影响，让大家愿意跟我们一起去解决问题，实际上这也是一种领导力。哪怕是一名普通员工，平时做事靠谱、能够解决问题，在碰到困难的时候能提出方案，让大家都能够朝着正确的方向去做，这也是领导力。

所以，关于领导力的本质，内在是强烈的责任感，外在是对他人的影响力。

有些代理记账公司的老板会问我："何老师，我公司的销售人员都不行，没有好的销售，你能不能给我一个？"或者说："我这里的会计都不靠谱，老想跳槽，流失率很高，你给我想个解决办法吧。”这实际上都是在回避问题的本质，只想用一种简单的办法，一招就解决问题。这样把问题推给别人、不思考内在本质，是缺失责任感的。作为管理者，我们有责任把公司踏踏实实地做好，而不是想办法走捷径，用简单的、表面的办法解决问题。不把问题推到别人身上，而是自己担下责任，其实问题就已经解决了一半。因为承担了责任以后，我们肯定会下决心行动起来去寻找办法，带头来解决问题。

前面讲销售团队的时候，我讲过：我们作为老板，每个星期找 2 个客户并不难。我们可以把这种方法教给我们的小伙伴，让他们能够每个星期找一个客户。如果我们教了两个这样的小伙伴，那他们每个星期就能找到 2 个客户，加上我们自己的 2 个客户，每个星期就能找到 4 个客户，一个月就有 16 个客户，由此慢慢扩大，不就解决了获客问题吗？获客问题其实并不难，关键在于我们是不是首先承担了去找客户的责任。

老板的高度决定了公司的高度。代理记账公司能够走到哪里、能够走多远是由老板决定的。只有老板敢担当，愿意负责任，才能带领员工把事情做好、把公司做好，才有可能具有领导力，才能真正地让员工感知到我们工作的热情，才能把大家的潜力激发出来。

前面我们讲了那么多的战略以及鱼骨图的细节，只有具备了领导力，才能真正地带领团队去落实人力资源、市场营销、软件实施，才能从战略到细节的方方面面都做好。

思考题

没有责任感的人有没有可能成为一个好的领导？

第 102 讲 | 建立领导力的必经之路：跟我来

怎样培养出属于我们的骨干？

这一讲我来讲一个领导力的口诀——“跟我来”。[①]

>> 什么是“跟我来”

关于这个问题，刘澜老师举过一个例子：以前国共两党打仗的时候，国民党的将领往往是拿着手枪在后面说：“大家给我上。”而共产党的将领则会说：“兄弟们，跟我上。”“给我上”是依靠权力，让自己的下属冲锋陷阵；而“跟我上”是身先士卒，让同伴们跟我们来。“跟我来”叫领导力，“给我上”叫权力。权力不是领导力，“跟我来”才是领导力的体现。

>> 如何从获客的角度做到“跟我来”

我前面讲过，老板应该身先士卒，带领员工把事情做好。销售做得不好，那老板可以从自己开始开发客户，把实践过程中的方法总结出来，根据自己公司的情况，筛选出可以复制的有效方法教给员工，然后带着他们一起做，一点一点积累新客户、转化老客户。我不是说要老板自己去当业务员，而是说我们要找出方法来，这叫“跟我来”；找到方法以后，动员大家去完成，这叫“领导力”。

>> 如何在日常行为中做到“跟我来”

例如公司考勤，如果公司是 9 点上班，作为领导者，我们 8 点半能到办公室吗？

---

① 这是北京大学的刘澜老师在讲领导力的时候讲到的一个口诀。

如果公司是下午五点半下班，那么领导者是不是要七八点钟才能离开？只有让员工看到领导者的努力，他们才会被领导者带动起来。领导者的示范作用对员工来说太重要了。

当然，我们现在早出晚归、努力奋斗，是因为在公司的困难时期、在公司走入正轨之前，我们需要这么做。如果有一天公司不用我们“盯”着都能够做得非常棒，我们有非常尽责的中层管理者帮我们把公司管理得井井有条，那我们就不再需要那么做了。

作为领导者，我们必须善于发现。如果公司的同事中有人发现了一些好的办法，我们要尽快吸纳过来，把它复制并且让它普适化。

我们要与员工一起解决困难。公司每天都会有各种问题，碰到问题后，我们不能对员工说“我来帮你解决”，也不能说“你去给我解决”，而应该说，“跟我来，我们一起来解决”。领导者一次次地跟员工一起解决问题，每一次都能收获一些小成功，长此以往，整个公司就能有一个良好的氛围。

此外，我们每个月至少要与员工分享一次学习心得。实践要身先士卒，思考也一样。世事变化太快，领导者只有一直保持学习的状态，才能应对当前纷繁复杂的变化。领导者要把每个月的学习情况找到有效的方法分享给员工，让他们感受到学习的重要性，从而一起学习、一起解决问题、一起提高。这样才能建立起学习型的组织，在这样的组织里，领导者才有更强大的领导力和号召力，才能把每项战略落实，把每个细节优化，最终把公司做大。

思考题

你在公司里的哪些方面做到了“跟我来”？

第103讲 | 包容：领导成熟的标志

有些员工，我们看不惯，怎么办？

“包容”是领导成熟的标志。如果我们不够包容，就说明我们不够成熟。

绝大部分人只喜欢自己看得惯的人。什么叫“看得惯”？就是与我们的价值逻辑一致的人，我们就喜欢，愿意与之沟通。

我们不愿意跟那些自己看不惯的人沟通，其实反映了我们的包容度不够。一个公司要做大，一定会有越来越多的人加入。不可能所有人都是我们看得惯的，或者说，不是所有人在所有的时间都能让我们看得惯。如果我们不能包容那种看不惯，本质上就是一种自私的表现。因为我们不想从别人的角度来思考问题，而只想别人遵循我们的意图。

在这里，包容有两层含义：一是要包容不同的人，二是要包容犯错。

>> 包容不同的人

我曾经跟一个人力资源总监聊天，我问他招聘什么样的人才合适，他说最合适的是有缺陷的人。我有些震惊，什么叫要招聘有缺陷的人？他说，假如公司要招一个非常牛的程序员，正常情况下这个程序员的收入要3万元/月，但是他就能为公司招到2万元/月的优秀程序员。我问他为什么，他说，因为那个程序员有明显的缺陷——腿部有些残疾，不太好找工作，但是那个人的专业能力非常强，写程序非常棒。虽然这个例子有点极端，但是他愿意招一个腿部有问题的人，只要不影响写程序，专业能力过关就可以了，这就是一种包容，而且这种包容，从人力成本角度来考虑，确实带来了更大的价值，性价比更高。相比之下，如果我们要招一个各个方面能力都非常强、没有缺点的人，那就要付出更高的成本。所以，不包容就意味着要承担更高的成本。

不同的人有不同的个性：有的人性子急，有的人比较慢节奏，这些我们要包容；有的人圆滑会说话，有的人生性耿直，总是直接提反对意见，这些我们也要包容。急性子不代表不牢靠，慢节奏也并非不能成事；圆滑不代表心眼偏，耿直也不是想和我们对着干。如果管理层不能包容别人的个性，不喜欢别人和自己不一样，那公司里就只剩下马屁精了。尤其是那些能够提出反对意见的人，我们要分析一下他们反对的原因是什么，如果他们真的是为了公司好，那么我们反而要鼓励他们，因为他们实际上是公司的财富。就像大家都知道的一个著名案例——唐太宗纳谏。唐太宗李世民是个性急且果断的人，但他听得进意见。有一次魏征批评他，他一气之下要把魏征杀掉，但皇后一劝，他马上就听进去了，改变了对魏征的态度。因为唐太宗有这份包容，魏征才敢进谏，群臣才会信服，历史才会赞颂他。所以，如果我们的下属愿意向我们提出意见，说明我们在大家的心中是英明的人。如果下属都喜欢阳奉阴违，都是马屁精，那我们就该好好反省自己的表现和做法了。从这点来看，包容是英明的一个显著特征，英明的人才具有领导力。

包容犯错

任正非说，如果一个干部既没有犯过错，又没有任何改进，那可以就地免职了。

一个人在什么情况下才能够不犯错？俗话说，多做多错，少做少错，不做就不错；还有一种情况就是，犯了错不上报，刻意掩盖错误。

所以，一个公司一定要有一种容忍犯错的文化，尤其是创业型的公司，如果没有一种允许犯错的文化，实际上就是不能容忍那种愿意干活的人、愿意承担责任的人，这样的话就没有人愿意做事、没有人愿意承担责任，这样公司怎么可能会有良好的氛围和良好的企业文化呢？

当然，包容犯错的目的是避免类似的错误再犯。在能够包容犯错的氛围下，大家都愿意正视自己的错误，敢于把错误上报，我们就可以分析犯错的原因，然后解决问题，以降低类似错误的发生率，这才是我们对待错误的正确态度。

某些公司在出现错误时会陷入两个误区：第一个误区就是“谁干的”，先把犯错的人揪出来批判，让这个人害怕，以后不敢再犯；第二个误区就是匆忙解决，不思考、不分析，一对一式地解决完单个问题了事。

既然说这两点是误区，那我们应该怎么做呢？其实面对错误的时候，重点应该是分析产生错误的原因，举一反三，解决这一个错误的时候把整个公司的这一类错误都解决掉，这才是有效的解决方式，才能使公司快速发展。

思考题

除了包容不同的人和包容犯错外，你觉得领导还应该包容哪些内容？

第 104 讲 | 女性的领导力：身份自由切换

柔软的身段怎样发挥出有魅力的领导力？

>> 三个我亲身经历的女性领导力的故事

第一个离我比较远。我前年春节是在欧洲度过的，其中一站是德国。在离开柏林之前，导游特别给我们指了一下默克尔居住的地方。当时我震惊了，因为那是一栋很矮的公寓楼，门牌号也很普通，写着她先生的名字，导游说默克尔就住在里面。我不由地感慨万千，美国总统住在白宫，英国总理住在唐宁街 10 号，中国领袖住在中南海，而德国的女总理作为一名众所周知的女强人、铁娘子，在生活起居上却如此平易近人。导游说，她的住址不仅不是秘密，邻居们还能经常在她光顾的超市遇见她购买生活用品。尤其是后来，在难民问题上，默克尔展现出她母性的、仁爱的一面，让很多难民得到解救。从默克尔的例子，我感觉到了女性特有的魅力。

第二个例子是关于我的一个朋友，她在上海管理一家文化公司，现在做得不错。有一次我去她公司，谈到企业人力资源问题的时候，我推荐她使用企业微信这类软件，高效且易于落地操作。在此之前她没使用过软件来管理人事，对此也不太了解，但在我描述了信息化操作的好处之后，她立马把她的人力资源经理叫过来，雷厉风行地安排工作：让人事经理自己去研究软件操作模式，并且要求他在一个星期内解决问题。当时我就对她刮目相看，看她平时柔美斯文的模样，没想到在工作的时候居然那么有魄力，能展现出那么强的领导力。

第三个例子是我的一位同行，厦门满钇财务的陈雅娜。她平时很活泼，大家可以看到她总是发美美的照片，显得很自恋。但在公司里，我看到她处理事务时却非常果断。有时在解决某个问题的时候，底下会有反对意见，她就会立马说，先执行再讨论。大家可以看出来，她的领导方式也是非常的雷厉风行。

>> 女性的领导力优势

第一，女性拥有柔软的外表，这能让身边的人感觉很舒适。

第二，女性总能从对方的角度考虑事情，体谅他人的感受，因此显得更容易沟通。

第三，女性总是具有很强的韧性和耐心，她们总是能不厌其烦地把事情做好，这一点是不少男性难以做到的。男性在面对事情时，往往直来直去，而女性就会有很多巧思。

>> 角色的自由切换

女性在生活中常常会有不同的角色。对一个成熟的女性而言，首先她是一个女人，其次她有女孩纯真的一面，再次她可能还是家庭中的母亲。这三种角色她可以自由切换。也就是说，在该做一个女人的时候，她是一个女人；在该做妈妈的时候，她扮演妈妈的角色；同时，她还能展现出女孩的一面。当她能够自由切换这三种角色时，她已经是一位优秀的女性了。如果她还能够进一步切换到那些传统观念里男性才能扮演的角色，那就更棒了，如极具领导力的管理者，就像默克尔、我的那个朋友，以及陈雅娜，她们能够有效地管理团队，这在传统观念里，是男性才能做到的事情。

对于男性而言，也应该能够自由切换不同的角色。在通常情况下，我们是男人的角色；在有些场景里，我们是男孩，调皮而有个性；回到家里，我们是父亲。当我们是长辈、是领导时，我们对晚辈、下属会产生那种父爱般的感召力和包容心。当我们展现出男孩的一面时，我们又是可爱的、好相处的。

再进一步想，一个男性如果还能时不时切换到女性的视角来看待问题，那也会是一个很不一样的角度，英雄未必不柔情嘛。大家还记得读书时学过的一篇课文《林觉民与妻书》①吗？这封写给妻子的信，感人肺腑。当一个男子汉展现柔情的时候，也是非常具有魅力的。

---

① 革命烈士林觉民在 1911 年 4 月 24 日晚写给妻子陈意映的一封绝笔信。

发挥女性的领导力

摩羲商学院在全国采访领先的 30 家代理记账公司时，发现一个有趣的现象：女老板都很有特色，而男老板背后的核心管理层中女性又占据了非常大的比例。代理记账行业的管理者中，会计出身的比较多，因此女老板比较多。所以，对代理记账公司而言，发挥女性的领导力非常重要。

第一，柔美是女性最坚硬的武器，不管是对员工，还是对客户，女性的柔美都让人（尤其是男性）无法拒绝。在人的决策系统中，感性永远是最先启动的，女性的柔美占据了优势。

第二，知性是女性最具魅力的能力。代理记账行业是强调专业性的行业，女性的知性会给员工和客户传递专业的印象，如果我们能利用女性的专业性去面对客户演讲，就会给我们带来不少粉丝，能为我们的员工开拓市场，也能带领员工解决问题，也就具有了领导力。

第三，果断是女性最需要坚持的行为方式。管理一家公司或者一个部门，关键时刻果断才能高效地解决问题，这是女性管理者必须具备的"男性"素质。

第四，"走出去"是女性认识自己所必需的跨越。很多女性不敢"走出去"，或者是因为羞涩，或者是因为胆怯。但当女性真正"走出去"的时候，去面对陌生人演讲的时候，就会发现，原来自己那么有魅力，自己的成就感会强很多。其实，创立了一家公司，而且在持续经营，这已经是非常了不起的事情，继续"走出去"，女性就会更有魅力。

思考题

历史上，男性是社会的主导力量，但是在男女平等的现在，女性也能撑起半边天。那么在公司里，在哪些方面女性能做得和男性一样好甚至更好呢？

第 11 章

落地实施

第 105 讲 | 刚创业的代理记账公司

现在还可以进入代理记账行业创业吗？

想要进入代理记账行业创业的人，要么以前在这个行业里干过，觉得这是个机会，要自己出来闯荡一番；要么从其他角度看到了这个行业的机会，觉得要杀进来，在这个行业里做一番事业。这都没有问题，代理记账行业是一个比较好的行业，有巨大的机会，也极度分散，确实充满了创业机会。接下来，我就把前面讲的知识结合起来，讲一下怎么落地实施。

>> 战略

对于刚刚创业的代理记账公司而言，战略就是生存，就是活下来。要生存，首先要有客户，如果没有客户，再好的管理也没用。

除了活下来，还要有自己公司的定位。刚开始做这个行业，凭什么跟这个行业里的大企业竞争？客户凭什么选择你？这个定位就是战略。顺着这个往下想，你的愿景目标、资源和能力三者结合的结果就应该是你的战略选择。

>> 怎么获取客户

我认为是要聚焦。既然决定创业，就一定有你的理由，要么你搞定了某一个获客渠道，要么你搞定了某一个产品，否则你为什么进入这个行业呢？理智的创业前提，是你搞定了某一方面，无论是产品，还是获客渠道，你都应该聚焦，把你现在已经搞定的东西好好做下去。我在回顾自己当年刚开始创业的时候提到过，我只做上海崇明区的业务，只做上海崇明岛的合理避税这一个产品，我当时的整个网站就只有这一个页面，聚焦显著。虽然我的公司当时只有 3 个人，可做这件事情我是专业的。

所以当你聚焦明显的时候，你就能把产品做好，就能够以这个产品为切入点，提高办事效率。

除此之外，你应该自己“盯”，而且要“盯”细节。一方面，只有“盯”才会有效率；另一方面，只有“盯”才能把团队培养出来，才能形成一个良好的习惯，以后公司的发展才会是良性的。

>> 人力资源

创业初期，薪酬体系一定要简单，而且可以相对激进。这个时候对老板而言，以下两个词最关键：

一是“招聘”——亲自去招聘，公司本来就没几个人，只有你才知道公司需要什么样的人，赶快把好的人招进来，加入你的团队。这个阶段，“人”对你来说无比重要，而且你的公司在初创时期其实是蛮难招到好的人的，所以你只能努力地发挥你的一切资源和智慧去打动人，让愿意跟你一起奋斗的人加入你的团队，以扩大你的团队。

二是“学习”。在此期间，学习是必需的。学习怎么进一步获客，学习怎么管理，然后提升自己的认知，提升对这个行业的理解。有太多需要学习的地方了，所以学习应该是你的常态，而且是你提升自己的必经之路。

>> 领导力

在初创时期，领导力体现为两个字——“我来”，就是“自己来”。

>> 财务

在创业初期，利润暂时没那么重要，但是现金流很重要，因为公司没有现金流就无法生存。所以，这个时期怎样去收款很关键。例如代理记账费，尽量先收一点预收费用，把控好现金流。要在收入和成本之间找到平衡点，要能支撑公司的现金流，不要做了一段时间就没钱了，到时候要去筹钱，那是一件非常麻烦的事情。解决正现金流最好的办法就是尽快获取客户，尽量收预收款，控制必要成本。

代理记账行业可以收取客户的预收款，这是很多行业没有的优势，这个优势对创业初期来讲尤其明显。所以创业初期的代理记账公司一定要抓住这个优势，但千万不要滥用这个优势。有一个同行，创业初期很成功，但到客户开始做账的时候，发现现金流支撑不了了，之前的几个分公司大多散掉了，他非常沮丧。原来，他把预收款当作利润，要么用于扩张，要么发奖金，都用掉了，根本没有考虑后面做账是需要成本的。由此可见，初创企业必须做好规划，有节奏地用钱。

对财务的管理，一开始就应该形成一个规范的、清晰的习惯，后面的发展才会顺畅。我这里说的规范，不是说要把方方面面用规定定死，而是对于一些关键的、重要的点，要及时把控，如钱从哪来，是些什么样的收入，成本费用是多少，自己得把账算得清清楚楚。

>> 软件

初创时期的企业软件，最重要的就是 CRM，哪怕只有几十个客户，也必须通过系统把他们管理起来，从一开始就形成管理客户的习惯，客户会感知到你的专业和努力，公司日后的发展也一定会方便很多。至于代理记账，这个时候有一个会计就够了，有没有财务类的软件其实没那么重要。

不是做大了才需要管理系统，而是管理好了公司才做得大。

思考题

除了我上面讲的几点外，你觉得创业初期的代理记账公司还必须注意哪些问题？

第 106 讲 | 5 年以上还在几百家客户徘徊的代理记账公司

一直做不大，怎么办？

经营了 5 年以上还在几百家客户徘徊的代理记账公司在代理记账行业里非常普遍。它们往往有一定的历史，也相对稳定，但就是没有发展。对于这类公司，我想给出以下几个关键词：

>> 决心

对老板而言，关键词就是“决心”。因为这么长的时间，如果公司一直停滞不前，那就一定要变革，其中的关键点就是老板要有决心去变革。

>> 发展

从战略方向上来说，关键词是“发展”。这个阶段的公司，发展是核心命题，老板有了决心之后，就一定要在战略上好好想想怎么从 600 家客户快速地发展到 1 000 家客户甚至 2 000 家客户。

>> “盯”

对市场而言，关键词就是“盯”。对于处于生存期的初创代理记账公司而言，要“盯”，对于几百家客户规模的代理记账公司来说，更要进一步紧“盯”。具体来说，要“盯”住以下两个方面：

一方面是“盯”市场，“盯”当前的客户来源。有销售团队的公司，要选择销售团队和渠道做得好的方面，认真地“盯”细节，然后在公司里复制；没有销售团队，完全靠转介绍获客的公司，就要想办法开发新的渠道，同时“盯”住现有的转介绍。

另一方面是“盯”流失率。在几百家客户徘徊的代理记账公司，这么长时间没有大的发展，流失率一定是个很严重的问题。老板必须搞明白公司客户流失的情况和原因，是服务的原因，还是客户本身的结构有问题，或者是其他的原因。

让少部分人先富起来

一个有历史，但是发展缓慢的公司，最大的问题是团队没有狼性。老板想变革，但支持者寥寥。对要变革的公司而言，首先要有人愿意跟着老板一起变革。那么哪些人是愿意跟着老板一起变革的呢？我们千万不要陷入一个认识误区，觉得员工都是习惯了传统、沉闷的工作的。事实上，即使是在习惯了沉闷工作的人中，也有 1/10 的人是愿意变革的。所以，老板要给愿意变革的人相应的变革红利，让他们看到希望，然后就可以带着他们一起变革。

我们所要的变革不是在公司里大张旗鼓地喊口号，很多时候，变革是润物细无声的。一些组织机构的调整从表面上看风平浪静，实施一段时间之后可能会给公司带来本质的变化。例如，在设置了阿米巴以后，阿米巴团队的负责人就开始激发员工，而以前的管理者就起到辅助和服务的作用。所以，你可以把组织结构做这样一些巧妙的设计，既不影响现在的管理者，又把“头狼”激发出来。

在这里我想提醒一下，在激励“头狼”的时候，我们可能会跟这个负责人签订协议，此时要注意两点：

第一，约定一定要形成文字，双方签字要非常正式。

第二，一定要留下足够的试行期。因为公司以前的数据是非常保守的，没有什么业绩增长，把“头狼”激发出来之后，他们可能会有快速的成长，到时候做出业绩来了，也会产生各种问题，如果因为这些问题而产生不信任，就会伤了那些愿意改革的人的心。所以，在设计激励机制的时候，一定要有试行期，如 3 个月或者半年，在这个试行期中，他们的收入一定不能比以前少。如果是多的，则可以设定一定的比例，然后让这个薪酬走入正常轨道。这样，让少部分信任你的人先做起来，让他们先富起来，渐渐地就会有更多人参与变革，公司就会越来越好。

从我开始

在领导力方面，关键词就是“从我开始”。为什么说老板得有决心？因为只有老板有了决心才有动力做到从自己开始，哪里变革，老板就在哪里。就像张瑞敏当时在海尔一样，自己在现场把那些质量不过关的冰箱砸掉，从头开始。老板开始坚决行动，改革的土壤也就从这里开始培育了，整个改革就能进行下去。

核算

财务部门的关键词是“核算”。那些参与改革的组织会因为改革而导致薪酬体系的变化，这时财务要做到的就是核算清楚。只有及时地核算清楚之后，你才能发现变化，才能选择更好的办法，才能够让那些先行者踏踏实实地跟着你去干，也才能让他们看到希望。

重视软件

关于软件，一是要通过 CRM 软件把客户管理好；二是管好 BPM，也就是业务流程。为什么一定要重视流程？因为只有把流程管好了，客户的满意度才能提高。要发展，必须要靠客户，以客户为中心。我们只有上了流程管理系统以后，部门之间的管理才会理顺，理顺了之后，客户的体验才会好。所以，这个时候的软件——CRM、BPM，还有内部的财务核算就很重要。

最后我还要强调一点，就是学习，尤其是参与变革的团队，一定要不断地学习。因为在变革中、发展中一定会碰到各种问题。市场在变化，客户在变化，公司也在变化，在这个过程中，需要大家在学习中打造一个学习型的组织，形成一个强有力的团队，然后共同去面对变革，变革才能成功。

思考题

你的公司准备变革吗？你准备从哪里开始呢？

第 107 讲 | 2 000 家以上客户的代理记账公司

2 000 家客户了，下一步走向哪里？

我认为，2 000 家以上客户的代理记账公司想做大做强，有两个途径：一个是自己就是生态，把自己做大，然后让别人融入我们，进行规模化复制；另一个是自己积极地融入一些更大的生态，在这些更大的生态环境中寻求自我发展。不管采用哪个途径，有一个很重要的关键词，就是合作。

时代、行业、政府端的一系列改革变化非常快，这个时候竞争不如合作重要，因为我们已经有一定的规模，跟谁合作能得到更多资源才是当务之急，具体还是从公司内部的各个层面来分析：

第一，在市场策略上，我认为这个时候应该平台化。在有一定的客户基础后，要把这些客户进行转化，转化出多种产品，然后用平台化的模式来提升自己的核心竞争力，增强客户黏度，然后降低获客成本。

第二，从人力资源的角度来讲，这个规模的企业最好的模式一定是阿米巴化，就是把大公司变小。虽然 2 000 家客户的代理记账公司与其他行业的大公司相比还是小公司，但在代理记账行业算是大公司了，要把这么个大公司管理好，就要把那些核心人员激发出来，让他们自己做老板。自己有老板的心态，才能真正地把工作做好。这个就是阿米巴化，把公司做小，把客户做大，在这种思维体系下，公司的发展才会好。还是我之前说的那句话，“一定要让下属来找你，让他比你急，而不是你去找他”，因为这个时候公司中的员工比较多，老板的管理半径有限，不可能管得那么细。

第三，这个阶段的老板，更多的是要进行战略性的思考，包括公司的文化、战略、合作、怎样获取更多资源等，而具体操作应该让那些“大将”去执行。

第四，这个时候领导力的重点与之前有所区别。在创业时期，或者在改革时期，领导力主要体现为“跟我来”;而现在,我们要激发下属,碰到问题的时候应该说4个字:“我不知道。”这是什么意思? 一种情况是,有可能我们真的不知道,所以要让下属自己去解决,或者我们跟他一起想办法;一种情况是,我们可能知道一点,但是知道得不那么清楚,那么我们跟下属讨论,协助他们最后得出结论,他们会很有成就感,这比我们告诉他们一个不确定的结果要好得多;当然,还有一种情况是,虽然我们知道确定答案,但佯装不知道,目的是让下属——阿米巴的负责人自己去想办法,或者给他们一点关键性的引导,让他们顺着正确的路径得到正确的答案,这个工作效果比我们直接告诉他们正确答案要好得多。

所以,在2 000家客户的阶段,公司具有了一定的规模,相当于变成一个创业平台,这时老板的重心是带领很多人一起去创业,一起去把公司做得更大,做成一个自己的生态。所以,这个阶段老板的使命就变成了帮助他人成功。

第五,这个阶段的财务重点依然是核算,但是除了核算每个单元的财务数据外,还有一个很大的功能,就是支持公司的业务。其实从财务数据中是可以分析出业务的精细度和逻辑的。我们之前制订的计划反映在财务指标上,两者是不是匹配? 如果不匹配,肯定是哪里出问题了,要么是公司的战略有问题,要么是公司的规划有问题,要么是执行出了问题。这时,财务就能起到比较好的业务支持作用了。

第六,在软件方面,CRM非常重要,BPM也非常重要,除此之外,还要上代理记账系统,因为代理记账系统会大大提升会计的效率。这个阶段我们的软件就要承担系统化的工作了。可以肯定地说,如果没有完善的管理系统,公司再做大就非常困难。当公司人数超过100人时,公司的管理已经没有办法依靠“人治”,而必须依靠科学的方法论,并通过管理系统固化。

此外,拥有2 000家以上客户的公司一定有它过人的能力和资源,这时候有两个问题特别跟大家沟通一下:

一个是思想,很多老板开始进行哲学层面的思考,自己的认知提高到一个新的水平,这个时候开始有孤独感,因为感觉没有人聊天了,特别是感觉自己的员工听不懂自己了。这里我想说的是:让自己变优秀是不容易的,但是当自己优秀的时候,还要让团队一起进步,否则会造成负面效果:老板天马行空,员工不知所措。这个时候,老板必须站在普通员工的角度去理解他们,特别是站在管理层的角度去思考,才能与团队不脱节。

另一个就是关于开分公司。这个时候，很多老板想扩大规模，去开分公司。但是，我们需要明白开分公司的管理逻辑：将总部的成功模式复制。但所有复制都是会衰减的，总部做得好，并不代表分公司就一定能做好。其实，现在几乎所有代理记账公司都没有太大的规模，尤其是传统的代理记账公司，在本地的市场份额还很小，因此，没有必要急着去开分公司。如果要用分公司的方法扩张，那么自身的管理必须形成基础的机制和方法论，能够复制，而且在预算的时候要考虑到衰减。

思考题

你的公司开分公司或者分部了吗?

第108讲｜有特色的代理记账公司

只做高端客户，可以吗？

“有特色”的范围比较广，可以指各种特色。例如，有只做工商的，变更和加急是优势；有只做外资代理记账的，虽然客户数量不多，但是利润很好；还有以培训为主的，作为入口来做代理记账；等等。

特色公司大部分规模不大，它们与普通的只有几百家客户的代理记账公司不一样，一般具有非常明显而独特的优势。这些特色公司的战略方向就是要把优势规模化。但它们在发展中往往会落入两个陷阱：一个是总做不大，一直是一个小公司；另一个是在做大的过程中牺牲了服务，导致客户满意度下降。这背后反映的是管理能力的问题，是管理的不到位导致在规模化复制的时候出了问题。

那么，对特色代理记账公司来说，该怎么把优势规模化呢？

第一，对原有的渠道、客户来源、服务体系都进行扩张，还要对内部做进一步的提升和整合，梳理出服务标准和能够向外扩张的标准，才能够进行复制。此外，就是为同行服务，因为其具有特色的产品往往是普通代理记账公司不具备的，那么，把你们的服务给同行，让同行把那些特色业务，如一些高端的、特殊的业务给你们，然后中间做个结算，这样既能提升同行的转化率，又能获取潜在客户和利润。

第二，如果公司在某个细分方向上做得很好、很有特色，那就可以输出其人力资源体系。例如，一些专做外资且做得很棒的同行，可以为行业培训人才。原本人力资源是公司的成本项，由此可以变成公司的收入项，不仅可以帮同行做培训，而且可以做成人力资源的外包服务，把内部的人力资源外部化、体系化、产品化。

第三，对于想要把优势规模化的公司，管理层要求的领导力更多的就是我说的“包容”。一方面，这样的公司一定有很多有特色的人，需要包容；另一方面，要与同行合作，同行里也有各种各样的人，更需要包容。不仅如此，公司要去扩大市场，外面那么多的合作伙伴，也需要包容。因此，这个时候的领导力强调的就是容忍多元的文化，容忍各种各样的人，只有在包容的状态下，公司才有可能实施规模化战略。

第四，在财务方面，主要还是核算清楚，支撑业务。尤其是与同行的合作，结算非常重要，核算清楚之后才可以知道，与各个不同的同行合作、与各种渠道合作所带来的市场价值分别是多少，为公司的业务做数据支持，以便于决策。

第五，在软件方面，依然是使用 CRM 和 BPM。当然，还会用一些特殊的软件：做外资的，就有专门给外资代理记账的软件；做出口退税的，有对应的软件；做业内培训的，也会有一些针对 C 端的管理培训软件；等等。

总之，具有特色的同行在某一个领域有自身非常独特的优势，而把这种优势与同行共享，既可以帮助别人，又可以帮助自己，是典型的合作共赢的收益方式。这个时候，要求公司的领导能够包容不同的人，与不同的伙伴合作，这样公司就会越做越有价值，越做越大。

思考题

在代理记账行业里，你见到过的最有特色的代理记账公司是什么样的？它们做什么样的业务？

第 12 章

复习回顾

第 109 讲 | 老板：战略决定细节

如何制定公司的发展战略？

上一章我从不同阶段、不同类型的代理记账公司出发，把本书所有内容做了一个总结，顺便讨论了一下不同类型的代理记账公司该如何落地。这一章，我想通过老板、鱼骨图、故事、学习 4 个关键词把之前的内容复习回顾一下。这一讲我先说第一个关键词：老板。

大家会发现，我从头到尾都在讲老板，因为我的初衷就是将我自己这么多年的管理及营销经验分享出来，针对的就是现在以及未来的老板们。毕竟公司是老板的公司，老板决定公司的战略，而战略决定成败。所以“老板”是本书最重要的一个关键词。

如今，代理记账行业进入了一个飞速发展的时期。但说句实话，我们已经过了那段最好的红利期。

过去，代理记账行业从业人员的总体素质不高，可是到了今天，老板们的水平越来越高了，新加入的老板中，有的是传统的财会出身，有的以前是搞互联网的，甚至还有 BAT 出身的，越来越多优秀的人才进入代理记账行业，对行业的发展产生了极大的促进作用，同时也增大了竞争的压力。

在当前的市场环境下，想把公司做好，就要看清楚自己的发展状态，找到现阶段最合适的道路。如果你是初创公司，就要想办法赶快活下来；如果你是一个传统的、还在徘徊的公司，就要想办法快速发展；如果你已经做得比较大了，就要想办法变得更大更强。这个时候，一个很大的决定性因素就是老板的战略决心。

我说的不光是战略，更多的是决心。当战略想明白之后，是不是能下决心去做到呢？只有当你下决心去做，你才能由内而外地爆发驱动力。

我自己是从3个人的小团队开始做起的。从我有了第一个客户开始，到一年的营业额超过1 000万元，团队从3个人到50个人，再从50个人到100个人、200个人、300个人，这些不同的阶段我都经历过。我从事这个行业10年了，在这10年间，有时候会有停滞，有时候会有懈怠，有时候甚至还会有失落。企业越做得大，你会越孤独，因为越来越多的人会不理解你，只有你自己最理解自己。那么，如何去面对这种孤独，面对你发展事业的欲望和动力，这都是非常大的挑战。所以任何一个阶段，不管你是刚刚开始，还是正在变革，或者是快速发展，你的战略决心都成了你最终是否能成功的关键。

>> 老板是“天花板”

老板的认知决定了公司的战略方向，老板的认知是公司的“天花板”，老板的高度决定了公司的高度。

>> 老板是第一人力资源

如何把员工的积极性激发出来？你不能指望一个人力资源经理能解决公司的人力资源问题。这个时候，老板就是第一人力资源，甚至最重要的人要让老板自己去招聘。薪酬体系、阿米巴，老板要参与进来一起设计、一起试行、一起修正。

>> 老板是首席学习官

好的公司必须是学习型组织，学习不仅仅是学习知识，更重要的是学习一种思维方式。前面讲过，学习的人和不学习的人是完全两种不同的工作状态，尤其是在面对问题的时候，学习的人才能坦然面对，才能努力解决问题。

>> 老板是宣传队长

在公司变革的时候，老板必须亲自去动员，亲自去讲“我们是谁”“我们要到哪里去”“我们为什么要改革”。只有做好动员，员工清楚公司的目标，改革才能顺利进行。

>> 老板是软件实施的“一把手”

软件系统不仅仅是工具，而且是管理思想的固化，不管是内部管理系统还是代理记账软件，流程再造必须有好的人力资源组织的配合和薪酬体系的匹配；更重要的是，软件的实施会改变习惯。因此，软件实施是“一把手”工程，必须由老板亲自重视。

>> 企业文化就是老板的文化

对小公司而言，企业文化就是老板的文化，因此，老板自身的认知、风格决定了公司的文化。

>> 老板必须为业务团队赋能

如果小公司的销售太难做，要么是产品有问题，要么是市场来源有问题。这两个问题都不是普通员工能解决的，对小公司而言，必须由老板亲自闯出一条路来，然后带领下属去干，实现真正的“跟我来”。

>> 老板必须是领导者，不要做管理者

我前面讲过，管理者是让员工“给我上”，领导者是让员工“跟我上”。只有成为领导者，公司才可能做大。

最后，我想重复一下那个终极问题：老板到底要什么？如果讲赚钱，每年赚 100 万元其实很滋润，每年赚 1 000 万元可能很痛苦。

老板们，你们的目标是什么？

让我们不忘初心，砥砺前行！

思考题

作为公司的老板，你幸福吗？

第 110 讲 | 鱼骨图：细节决定成败

战略和细节，到底哪个决定成败？

这一讲我来谈谈本书的第二个关键词——鱼骨图。

本书一百多讲几乎是用两张鱼骨图串起来的，一张是客户界面的服务鱼骨图，另一张是员工界面的人力资源鱼骨图。

如果上一讲——关于“老板”这个关键词——我们说战略决定成败的话，那么“鱼骨图”这个关键词，讲的就是细节决定成败。如果没有鱼骨图，战略就仅仅是老板的战略，只有用鱼骨图来把细节管理好，战略才能落地，员工才能执行，客户才能感知，那才是真正的战略执行。

其实鱼骨图理论不仅在代理记账行业有用，整个服务行业都需要它。我前面讲到过，去酒店消费，酒店提供的服务，除了硬件以外，还有它的软件：从预订房间、前台接待到退房离开，整个过程中那么多环节，都能够用鱼骨图来管理。

20 年前，我在学习一些初级管理课程的时候，记得老师讲过鱼骨图，但从来没有应用过。2017 年，我参加硅谷企业服务的销售宝典《硅谷蓝图》（［美］雅各·范德库伊、［美］费尔南多·皮萨罗著；蔡勇译）的学习，感受到的核心逻辑是“复利原理”。联想到代理记账行业长长的服务链条，我就自然地将服务节点、复利原理、鱼骨图结合起来，形成了代理记账鱼骨图。我在企盈边实践，边改进，取得了一些效果。最重要的是，我的思维方式发生了重大改变：服务不再是成本，而是营销机会。

客户界面的服务鱼骨图分三段：前面一段是业务部门，核心是销售转化率，从线索、商机到签单；中间一段是工商服务，包括名称、执照等；后面一段是长期的代理记账服务。

首先，这些节点都是营销机会。

其次，必须全流程提升，每个节点提升一点点，就会带来"利滚利"的巨大差异。

最后，我们对鱼骨图的节点进行了量化，提出了服务的三个层次：基础服务是 60 分的服务，满意服务是 80 分的服务，感动服务是 90 分的服务，用来判断我们的服务在行业中的水平。如果我们能够有积极的态度与进取心，不断地抓住每一个节点去提升服务层次，让它从最基础的服务提升到满意的级别，那整个公司的面貌就会焕然一新。

要让客户界面的服务鱼骨图实现，还必须有员工界面的人力资源鱼骨图。

>> 先感动员工，再感动客户

我们希望客户能感知我们专业、用心的服务，希望他们能满意甚至被感动，那么首先要做的就是感动我们自己的员工。我之前向大家推荐过《海底捞，你学不会》，它的精华是什么呢？就是尊重员工，感动员工。所以，我根据员工在企业里的职业进程，总结出了员工界面的人力资源鱼骨图。

员工界面的人力资源鱼骨图也分为三段：前面一段是招聘，从邀约和面试开始，让好的人进来；中间一段是日常工作，包括培训学习、薪酬体系、员工关怀；最后是离职环节。

首先，招聘是人力资源最重要的工作。

其次，日常的人力资源工作非常细致，要落到实处并不容易。

最后，服务的思维：老板服务员工，后台服务前台，人力资源是服务部门。

本书的整个人力资源章节，我讲了阿米巴，讲了倒三角的组织结构，讲了招聘与薪酬体系，讲了培训学习，讲了员工关系……我从各种角度，其实都只讲了一个问题，就是怎样让员工界面的人力资源鱼骨图落地。

另外，我想说明以下三点：

第一，这个鱼骨图是我的原创，大家能将其用于公司实践，并为公司带来价值是我最开心的事。

第二，这个鱼骨图更多的是思维方式，如果大家能将服务的复利原理、服务即营销的思维方式融入内心，其实可以忘掉鱼骨图本身。

第三，每个公司的重点不一样，很乐意大家对鱼骨图提出改进的意见和建议。

思考题

在客户界面的服务鱼骨图和员工界面的人力资源鱼骨图中，你觉得还需要增加哪些节点？

第111讲｜故事：有故事，才有江湖

我不会演讲，怎么办？

这一讲我们来复习全书的第三个关键词——故事。

我相信，每家公司都会有很多自己的故事，不管是老板的创业故事，还是员工的成长故事，这些故事公司都要想办法整理出来，收集好，再传播出去，讲给公司的员工听，讲给公司的客户听，讲给公司的合作伙伴听。从这些故事中，大家能感受到这家公司内部的温度，能对公司产生认同感。所以，我们要做一家有故事的公司。

那么，如何成为一家有故事的公司呢？

>> 老板一定要会讲故事

在前面的内容里我讲过，老板一定要亲自为新员工做培训，要把公司的愿景、使命、价值观讲出来，但绝不能只是干巴巴地喊口号，而是要用故事的方式生动地将每个口号、每个标语背后的故事、蕴含的精神，以及公司为什么要设置这样的企业文化讲给新员工听，让新员工能感同身受。我每次给新员工培训的时候，都会讲我经历的故事，让新员工了解我是一个怎样的人，了解我为什么要这么做。只有让他们先了解我，才能进一步理解我要做的事。

当公司碰到困难的时候，更要讲故事。讲故事可以是用语言，也可以是用行为。1985年，张瑞敏刚刚接手当时还叫"青岛电冰箱总厂"的海尔，发现工厂生产的冰箱质量不好。为了整顿纪律，让大家都重视产品质量，张瑞敏当着所有员工的面，将那些质量有问题的冰箱一一砸毁。通过砸冰箱这个行为，张瑞敏向他的员工强调了质量的重要性，展示了他们要做一家质量第一的公司的决心。如今的海尔早已是全球顶尖的家电公司，而当年张瑞敏砸冰箱也成为一段广为流传的行业佳话，激励了很多后来的创业者。所以有的时候，用行动去讲故事比语言更有力量。

我在书中经常强调，老板要身先士卒地去做一些事，这实际上也是在用行为来讲故事，这种方式往往具有很强的感染力。

>> 要善于发现员工的故事并且整理出来、传播开来

员工的身上也会有很多感人的、有趣的故事，我们要善于发现，并加以整理和传播。

正如前面章节里我讲过的一个故事，我们有一位员工第一次用微信“附近的人”这个功能获得了客户。在这个开发新渠道、打开新世界大门的过程中，她经历了一个可以说过程步步惊心，结果又颇为圆满的有趣历程。她把她的这段从获客前的满心疑惑，到与陌生人交流的惴惴不安，再到合同签好时的欢欣雀跃的经历分享给大家，让其他员工产生了共鸣。这就是很好的员工故事。

将员工的故事细心收集起来，用文字记录下来再传播出去，对员工来说是非常好的鼓励方式。如果让客户也看到这些故事，让客户知道公司有这么一个积极努力的团队，他们是不是也会更信任公司，更愿意与公司合作呢？

>> 多收集公司与客户之间的故事

公司与客户之间的故事也同样温暖、充满积极性。例如企盈在 2018 年遭遇了火灾，损失很大，有客户知道后给公司发慰问信，甚至还有客户主动续交两年的代理费来支持公司，让我们非常感动。

当然，除了这些正面的故事外，也有一些负面的故事，如客户投诉。我们也可以把它们整理出来编成故事，从中吸取教训，时常警醒，以后不再犯错。

要成为一家有故事的公司，就要安排专门的人来整理和收集公司的故事。企盈每周会做一个“企盈一周”，通过邮件的形式把公司内部一周的重大事件发布给全体员工，做到信息的透明和公开。其中最后一个栏目叫“企盈故事”，就是把这一周内公司里发生的故事收集上来，挑有价值的讲给员工听。

这一讲我之所以要复习回顾“故事”这个关键词，是因为我在十多年做代理记账公司的过程中，深深感受到故事的神奇力量，以及它能给公司带来的激励作用。有时候一个好的故事的确可以把一家公司提升到一个高度。例如马云就是一个非常

会讲故事的人，他的创业故事我们耳熟能详。从海博翻译社到中国黄页再到阿里巴巴，从十八罗汉东拼西借凑出来的 50 万元创业基金到世界顶级的电子商务平台，每一个故事都成了传奇，阿里巴巴有太多故事让我们记住它。

想到阿里巴巴，就想到马云的创业传奇；想到海尔，就想到张瑞敏砸冰箱的故事；想到华为，就想到任正非的狼性拼搏。故事具有很强的传播性，所以我们在做公司的过程中，也应该把自己公司的故事收集起来。我们的公司要成为一家有故事的公司。

思考题

请讲一个在你公司里发生的、让你觉得最感动的小故事。

第 112 讲 | 学习：成长的决定因素

我成了公司的"天花板"，怎么办？

相信读我这本书的人，要么是企业的管理者，要么是对未来有抱负的人。那我在这里对大家强调，"学习"决定了公司成长的速度。

>> 学习是一种思维方式

我前面讲过，学习是一种思维方式，学习的人会变得谦虚。当你好好地学习了之后，你会发现过去的自己有很多不足，那么你就进步了。

但谦虚之余，也要保持自信，也就是对我们的学习本身要自信。我之前讲过能力分为四种，分别是选择能力、职业能力、学习能力和沟通能力。那么，我们选择持续地学习就是一种正确的、积极的选择能力。当我们选择成为一个学习者之后，我们就要向着这个方向去行动，去直面自己的缺点，去正视自己不够优秀的一面，这样我们就可以明确自己的学习方向，也能不断提升学习能力。

不学习的人只能用现在的，甚至以前的能力和视角看待世界、处理事情。然而世界时时刻刻都在变化，永远保持着更新和淘汰，如果只能用以前的能力对待事物，就会发现自己和其他人的差距越来越大，而因为不肯学习、不去做出改变，我们就会误以为别人是错误的。在这种情况下，要维护自己的正确性，只有一个方法，那就是指责别人，以此来维护自己的尊严。这样的人，肯定是不谦虚并且没有包容力的。

所以，学习是一种重要的思维方式。而且在教与学的关系中，重要的是学而不是教。我们如果想学的话，有太多的地方、太多的方法、太多的途径可以去学。只要自己想学，那么很多东西就容易学会。如果非得是教的人来强制我们学习，那我们是很难学好的。

>> 制定战略也需要学习

当我们的认知水平不一样时，制定战略的高度和水平也不一样。说战略不能随便调整，是指在一定的范围内、一定的认知水平下。可战略也不一定全对，因为它是基于我们现在的认知、现在的资源和现在的能力的。如果我们的认知提高了，我们的愿景就会变化，愿景变化之后，人力资源就会变化，这个时候战略就会随之调整，这是学习带来的效果。

>> 人力资源的各个模块都需要老板不断摸索学习

代理记账行业的公司是非常依赖人的，而老板是公司的第一人力资源。我们怎样来提高我们的人力资源管理能力是永远也学不完、怎么强调都不为过的。因此，人力资源的各个模块都是值得我们去学习的。老板要学习，管理层要学习，员工自身也要学习。只有在不断的学习中，我们才能把人力资源鱼骨图更好地落实，让我们的团队得到更好的提升。

>> 市场营销更需要学习

面对那么多的渠道、平台、方法、媒体、合作伙伴，我们该怎样把营销做好？我们自己有那么多员工，我们该怎么样把他们的能力激发出来？这一点，我们有很多同行做得非常棒，他们的销售团队有非常强的狼性，而且营销成果也非常好，他们的会议营销能力、演讲能力都非常强。关于营销能力的学习，永远都有比我们强很多的人，总有人能开拓不同的路径，所以我们要时刻保持信息的更新，最直接的途径就是虚心向别人学习。

>> 领导力学无止境

我们有什么样的领导魅力？这种魅力是否能够带领我们的团队走向更高的位置？作为一个领导者，我们需要对我们的团队说“跟我来”，亲自带领他们去克服困难，达成既定的目标，获得满意的结果。在这个过程中，我们该如何去更好地动员团队？这其中有很大的学问。

我之前讲了各种领导力，现实中也有各种不同类型的领导，有的强势，有的柔和;代理记账行业中的领导还有很多是女性;每个公司都有中层领导,他们对上有老板,对下有员工,那么他们该怎样向上管理、向下管理,以及横向管理?这都是需要我们学习的。

领导力是各行各业通用的,所有公司都存在这个问题,并不仅仅是代理记账行业的特点,所以本书中讲得比较少。

我想强调一点,不仅仅是在领导岗位上的人需要学习领导力,只要想承担责任,我们就应该加强领导力的训练。领导力是可以培养的。

>> 团队学习非常重要

除了老板自己要学习外,整个团队的学习也非常重要。因为只有形成学习的氛围,让整个团队都保持学习的思维方式,这个团队才会变得上进、谦虚。在某种程度上,团队的学习力也决定了公司的成长速度。

为了打造学习型组织,企盈推出了"每日一题",每天花 10 秒做一道行业相关知识的选择题,每天进步一点点,在公司形成学习的习惯;企盈还尝试建立了企盈大学,体系化地打造学习型组织,并通过学习型组织去推动变革。

思考题

你认为你的公司或者你自己最需要学习的是什么?

彩蛋1

代理记账行业六种营销方式的比较与实施

传统代理记账公司要得到提升，关键是老板的思维方式必须跟上互联网时代的节奏。我现在把代理记账行业的六种营销方式梳理出来，供大家参考。

代理记账行业六种营销方式的比较

项　目	源头要求	典型客户画像	对人的要求	公司关键配套
电话销售	数据精准度	价格敏感度	狼性团队	激励、招聘
会议营销	参会人员精准度	学习型	演讲水平	专业培训
百度推广	投放运营水平	网络型	立即转化率	资金预算
户外广告	投放性价比	传统型	专业性	办公室
微信营销	微信好友数	社交型	勤奋	全员动员
渠道营销	渠道拓展能力	关系型	信任度	渠道维护与激励

电话销售

电话数据的来源非常重要，精准性与及时性保证了转化率。电话营销的难度是销售团队管理，公司人力资源部和销售负责人必须保证大量招聘、快速淘汰和必要的心理疏导。电话销售是所有营销方式中最“鸡血”的一种，因此也是对狼性团队要求最高的一种营销方式。

会议营销

代理记账行业是可以以专业性制胜的，会议营销是代理记账行业性价比最高的一种营销方式。

会议营销最大的优势在于：在会议上演讲会使演讲者在参会人员的心目中形成“专家”的形象，不仅能够提高成交率，而且客户往往对价格不敏感。

会议营销的难度在于：找到合适的会议以及好的演讲者。每座城市都会举行各种各样的活动，我们去参与即可，适当赞助一个会议比自己组织会议要容易得多。只要敢讲，30 分钟就足够把我们想表达的意思说清楚。企盈经过几番尝试，税务筹划是最合适的会议营销切入点。因为税务筹划的收益很好，各行各业的老板都很关心，且内容所占时间不长，容易上手。

百度推广

百度推广的关键是及时转化。百度推广的用户是通过搜索得到我们的联系方式的，他们大多是熟悉互联网的快节奏人群，希望能立即解决问题，所以，百度推广必须有专门的线上团队，他们应该有快速转化客户的基因。

百度推广若投入金额太小，则意义不大，因为一个月至少几十万是同行或者无关人群点击的，只有大额投放，有效点击的效率才能体现出来。正是因为百度推广的成本较高，所以要求强运营、强转化。投放关键词需要深入研究，如长尾词的选择、投放哪个时段效果最好、晚上的人员值班怎么安排、销售话术如何训练等。因为强调“及时”，所以必须有严格的结构化咨询。这一系列问题必须整合好，才能有好的效果。

户外广告

总体说来，户外广告并不是好的方法，因为我们的服务并不是面对普通大众的，但下列几种情况除外：一是工商局、税务局、行政服务中心门口的户外广告；二是成本极低的资源性户外广告；三是小城市中的垄断性宣传。因户外广告而来的大多是传统客户，他们注重传统因素，如办公室环境。好的办公室环境对他们具有极大的影响力。如果花钱做了户外广告，客户来拜访时看到的却是一间很 low 的办公室，广告的效果会大打折扣。

微信营销

微信营销的关键是好友数量，所以，微信营销实际上是全民营销，利用公司员工数量上的优势，再配合严格自律，就能使微信营销有效运营起来。

渠道营销

各种与企业有关的渠道——会计师事务所、律师事务所、孵化器、商会等——都是代理记账公司的渠道。

对代理记账公司而言，渠道获客有明显的好处：成本低，信任度强。但它也有明显的问题：频率低，维护难度大。

实践证明，渠道营销是不错的营销方式，以下几个关键点提请注意：

第一，系统记录渠道来源，及时激励渠道。就算渠道一年只帮我们推荐了一项变更业务，也要把佣金发给渠道，这样渠道会因为我们的认真而认真地为我们推荐客户。

第二，客户也可以是我们的渠道。很多客户会推荐朋友给我们，这种口碑传播式的推荐我们要珍惜，一方面要做好服务，另一方面要给客户激励。

第三，借助管理系统维护渠道。不要忽略低频的介绍，时间长了，累计客户多了，渠道给我们带来的客户其实是很可观的。

总之，不管采用什么营销方式，必须有规划地去执行，也就是说，得有战略。一旦战略确定，就投入资源去坚决执行。不再问是否可行，只问如何能行。这样，任何一种营销方式都会给我们带来客户数量的大幅增加。

以上方式企盈都在用，除了电话营销的占比较小外，其他方式的获客数量都不错。期待大家能有规划地做营销、做获客，增加客户数量。

彩蛋 2

岁月如歌——致敬改革开放 40 周年

我的生命经历了 40 多个春秋，经历了中国改革开放 40 年。

对中国而言，这 40 年是中国历史上波澜壮阔的 40 年。对我自己来说，这 40 年也是我激情燃烧的 40 年。

1978～1989 年：贫穷的农村，开心的童年

1978 年，十一届三中全会召开，那年我才 4 岁，由此开始的中国改革开放深深地影响了每一个中国人，当然也包括我。

从安徽滁州小岗村偷偷开始的家庭联产承包责任制，在 1982 年作为国家制度确立，并在我的家乡湖北农村开始全面推广。那年，我上小学二年级，从那时起，我亲眼见证了家乡的农村从贫穷变得富裕。

小时候最怕过暑假，因为暑假正好是农村的“双抢”，是农村最忙碌的时候，我还记得放学后放下书包就赶紧到田地里，帮妈妈抢种抢收。晚上在水田里移秧苗，腿上全是蚂蝗，现在回想起来真的有点佩服当时的自己。

那时候，爸爸在工厂，一个月才回来 4 天，我就成了帮妈妈解决家里的问题的得力帮手，印象最深的是遇到夏天突来的暴雨，要去抢回晒在外面的谷子。后来我去上大学，妈妈真的有点舍不得。

妈妈是一个普通的农村妇女，但她固执地认为必须学知识，认为这样才有前途。面对当时各种艰难的条件，她独自承担各种压力，带着我解决当时的各种困难，现在看来，这是最让我敬佩的“领导力”。妈妈的坚韧和智慧，还有农村的艰苦与贫穷，是我生命中最大的财富。

后来，“为了母亲的微笑，为了大地的丰收”成了我的座右铭，也是我人生的目标，我固执地认为，这是一个真正的男人最基础的标准。

我家是农村改革的受益者，产稻谷的水田承包到户后，集体的旱田承包种橘子树，1993年，我家第一年橘子丰收，卖了1 500元，我是拿着妈妈卖了橘子的钱去上大学的。

后来在商学院的课程上跟教授一起讨论农村问题，我深有感触。长期以来，为了扶持工业，国家被迫采用"剪刀差"，工业生产出的化肥、农药相对高价卖给农民，而农民生产出的粮食相对低价卖给国家，中国的农民付出了巨大的代价。直到2006年，国家正式取消了在中国有千年历史的农业税，国家逐步对农村采取了一系列扶持政策，接连出台了一系列文件，农村合作医疗基本解决了农村因病致贫的问题。

农村人口逐渐向城市流动，中国改革从某种程度上讲就是"城市化"的过程，后来我在上海亲眼目睹了这个过程。

从小学到初中，在湖北农村经历了我人生的童年——贫穷，但很开心。20世纪80年代盛行的那首由彭丽媛演唱的歌曲《在希望的田野上》，是那个时代最开心的写照。

1990～2000年：寒窗的苦读，甜蜜的学习

1990年，我因为参加全国中学生数学联赛获得地区二等奖被保送进我们县唯一一所重点高中，在那里，我寒窗苦读，留下了最美的青春记忆。我的那些同学，大多成为当今社会的中坚力量。

中国第一部校园青春偶像剧《16岁的花季》上映那年，我正好16岁。电视上上海中学生的生活让我感觉如梦幻般。那时候我就有个梦想，一定要到拍摄这部电视剧的上海光明中学去看看。

1990年，上海浦东开放，"宁要浦西一张床，不要浦东一间房"快速成为历史。

我万万没有想到，上海这座城市会成为我的第二个故乡，当我拿到上海居民身份证的时候，我也没有想到我会对这座城市产生如此的依恋之情。

在武汉读完大学，我考上了华东理工大学读研究生。我原本想成为一名机械专家，但上海改变了我。我喜欢上海这座城市的公平与包容，也喜欢这座城市海派的优雅与浪漫。

1992年，邓小平的南方讲话让改革开放顺利前行。1993年，出台了我国第一部正式意义上的《公司法》，在1999年、2004年、2005年、2013年进行了多次修订。这部法律是我现在工作的重要基础。也是因为市场经济体制的确立,才有了公司在中国的快速发展,才有了我现在所从事的代理记账行业的快速发展。

1992年,对我的家乡意义非凡,全国人大通过了三峡工程的决议,这大概是湖北宜昌近40年来的最重大事件,从此宜昌成为名副其实的水电城。

1994年,国家开始实施分税制,中央财政和地方财政进行了明确的划分,极大地促进了地方政府的积极性,这是地方政府重视招商引资的最根本的原因,也是我们为政府提供招商服务外包业务的基础。这个政策对我现在的工作影响巨大。

1997年7月1日,我和同学们在大学的阶梯教室彻夜看完了香港回归的直播,这是我在大学里的最后一个夜晚,那一晚我们见证了人民解放军进驻香港,在五星红旗冉冉升起的那一刻,我感到无比的兴奋与自豪。

离开大学,过完暑假,我来到上海,开始了为期3年的研究生的学习。在学校里,我最值得骄傲的是尝试了第一次创业。

2000年,又一个千年的开始,全世界都担心“千年虫”,但灾难没有发生。然而,计算机和互联网却不可逆转地成为时代的标志。那一年,我走出校园,第一次真正意义上参加工作。

在县城读高中、在武汉上大学、到上海读研究生,这10年花季的年华让我沉淀了厚积薄发的力量。

2000～2008年:波折的工作,激情的创业

2000年走出校园,我真正意义上去上班。硕士毕业做销售,说实话我有点不情愿,但老板说:世界上90%的CEO都是销售出生的。我天真地信了,不过后来我真的喜欢上了销售。

后来在中国电信,有机会接触到麦肯锡的“七步法”,我第一次感受到市场营销原来跟数学一样精美。

2001年,中国正式加入WTO,当时争议不断,但回过头来看,中国抓住了享受世界“红利”的一次绝好机会。WTO让中国真正走向了世界,特别是让中国企业家在心灵上走向了世界。

2004年我南下广州,跟同学开启了一次创业,做出了中国第一本保险黄页。

回到上海后,我折腾了好几份工作,但都跟老板没有缘分。

2007年,一个偶然的机会,我进入了代理记账行业。那一年,我的女儿诞生了,做父亲给我最大的感受是责任感的增强。从幼儿园到小学，再到现在上初中，她给了我无穷的欢乐和努力的动力。

令所有中国人无比兴奋的是2008年的北京奥运会。精彩绝伦的开幕式展示了逐渐强大且底蕴深厚的中华文明。记得8月8日那天晚上8点，我在浦东见完客户匆忙赶回家，正好赶上开幕式。奥运会的主题歌《我和你》是那一年最动人的旋律。

2009～2018年：艰难的改变，快速的发展

2009年，公司有了点规模后该如何发展，我一时间没有了方向。那年我走进上海交大读了EMBA，2年的学习，虽有了些收获，但没有得到公司发展的答案，那几十万元的学费，单从学习知识、提升认知的角度来看，不如花199元听一门在线课程。知识分享让这个世界越来越平，学习的门槛越来越低，这是我现在感觉到的非常有价值的学习方式。现在，我也把行业管理的内容做成了在线课程，也得到了大家的认可，我很开心能跟随时代，通过这种方式来实现人生的价值。

2010年，中国经济总量超过日本，成为世界第二，这是中华民族一次历史性的超越。

2011年是中国移动互联网的元年。2013年年底，我和同学也去这个大潮中"玩"了一把，后来这家创业公司并入了携程。在携程工作了1年半，让我的认知有了升级——那么复杂的服务，原来可以通过系统来标准化。这使得我对代理记账行业的标准化、流程化充满了信心。

2012年，"营改增"在上海试点，这是中国税制的重大改革，直到2016年，营业税退出历史舞台。

2013年，上海自贸区成立，这是中国第一个自贸区，在自贸区注册公司成为热潮，其中，负面清单制度是一项重要变革。

2014年3月，实行公司注册的注册资金认缴制，国家提倡"大众创业、万众创新"，全国每天新增公司数量约为1万家，代理记账行业进入了企业数量的"红利"期。

此后，国家几乎每年都在实施小微企业优惠政策。

2016年11月和12月，企盈发动冬季战役，连续2个月新增客户突破1 000单。企盈开始进入发展快车道。

在世博会开幕式上，毛阿敏演唱的那首经典的《长江之歌》让我印象深刻。我出生在长江三峡峡口的江边小城，从中学到大学，再到研究生，我都生活在长江边，沿着长江一路向东，我对长江有着特别的感情，在此，谨此以下文字致敬我国改革开放40周年：

致敬改革开放40周年

致敬农民
——从农村出发
和妈妈一起
忙碌在希望的田野上

致敬青春
——花季般的少年
和同学一起
迎接未来的太阳

致敬梦想
——我和你
心连心
永远一家人

致敬奋斗
——我沿长江走来
我和伙伴一起
我向未来奔去

致谢

通过感恩的桥梁，我们一起走向光明的未来

历时 7 个月，我们总共播放了 112 节正式课程、28 次总结、28 个彩蛋，一共 168 次播放，超过 1 200 分钟的播放时长，如果连续听完，每天听 8 个小时，要持续听 3 天。这 168 次内容总共超过 40 万字。

经过努力，如今，这本书终于面世了，这对于我来说是一次巨大的挑战，内容量也超出了我自己的想象。

能够完成这件事情，我首先必须感谢课程的听众，摩羲的同学们：是你们的支持让我坚持学习，并将学习的内容在企盈实践，再将实践的结果输出；是你们的鼓励让我有信心在录音室里将 40 万字的内容逐步录制完成。在课程留言区和学习群里，你们的反馈和互动也成了课程内容的一部分，你们让内容更完整，感谢你们的参与。

很感谢摩羲商学院的团队，我的同学汪晓波帮我开启了这份事业，“摩羲”这个名字是他取的，“摩羲”是犹太先知“摩西”的谐音，他期待我们能成为行业的先知和智库。我们正在努力中，汪晓波后来定居加拿大，著名出版人金丹华主持了整个内容的审定，并负责图书的出版。感谢饶思嘉，中国科技大学核物理专业的她，播音和主持都那么专业，她负责了课程的剪辑，还有每周总结和部分彩蛋的录制。感谢夏春颖，她负责了课程中所有的插图，使得我们的内容图文并茂。感谢我的合伙人邵奇，3 年来我们深入探讨了很多问题，有些内容已经呈现在课程中了。

感谢把《硅谷蓝图》引入中国的蔡勇先生，在《硅谷蓝图》的私董会上，我感受到了销售过程中复利原理的魅力，结合我们行业的服务链条，我将这个服务链条用鱼骨图的形式展现出来，这是客户服务鱼骨图的最初来源，后来在工作实践中逐步完善，就是今天大家看到的代理记账客户服务鱼骨图。

感谢得到平台和上述给予过我帮助的优秀老师，他们不仅提升了我的认知，帮助我高性价比地学习了管理、历史、哲学等各个方面的知识，而且促使我开启了在代理记账行业用知识付费的方式与大家沟通的大门。

感谢企盈和风景线的小伙伴们，十多年来的经验和教训，还有那么多曾经的胡思乱想在我们的工作中进行的实践是这门课程的基础，正是因为有实践的成果，才让我敢于将它逻辑化地整理，然后输出。

我还必须感谢我的妈妈，一位非常普通的农村女性，在20世纪80年代初期非常贫困的农村，她鼓励我好好学习，碰到困难的时候她总是勇于担当，她让我从小富有责任感，妈妈是我最早的“领导力”老师。在录制“领导力”课程的时候，我无比感慨，领导力等于责任。我最初创业的动力就是来自妈妈，“为了母亲的微笑，为了大地的丰收”一直是我的座右铭，这也是我心目中对男子汉的基本要求。

感谢励伟巍同学近20年的陪伴和对我创业的支持。也感谢我的两个孩子，他们让我更有责任和动力去努力奋斗。

感谢摩羲技术团队，他们连续几个月“996”的工作模式开发的摩羲云让很多内容固化在管理系统中，能通过系统来解决代理记账公司的“痛点”。

感谢云帐房的全国伙伴们，感谢全国各地的代理记账行业协会，在你们的支持下，本课程的内容得以快速传播。

感谢上海市代理记账行业协会的王友军会长，他提出了很多宝贵的意见和建议，给了我很多鼓励和支持，他还是这门课程忠实的听众。

感谢上海财经大学出版社总编辑黄磊和他的团队，在时间紧迫的情况下，排除万难，加班加点地为这本书的出版做出了巨大的努力。

还有很多朋友也对课程的内容、制作、传播给予了很多支持与帮助，在这里一并感谢。

输出是最好的输入。这个输出的过程让我更有逻辑地去总结，包括经验和教训，去展望未来，也迫使我必须去学习更高维度的知识。在这个过程中，我也得到了非常大的提升。跟大家一起进步，这是一件非常愉快的事情。

谢谢大家！

何明涛

2019年8月